管理学案例与实战

陈映雄 主 编
洪旭斌 陈晓俊 副主编

清华大学出版社
北京

内 容 简 介

本书根据高职高专教育的特点,以计划、组织、领导、控制等管理职能为主线,系统地介绍了管理学的相关知识。全书共八章,主要包括管理学概述、管理理论的演变与发展、现代管理原理与管理方法、计划、组织、领导、控制、管理创新等内容。

本书结构清晰,层次分明,内容完整,注重理论研究与实际应用的关系,设计了配合教学的案例讨论、思考与练习、案例分析、增值阅读等。

本书既可作为管理类、财经类高职高专学生专业基础课教材;也可作为机关、事业单位基层管理人员或企业基层管理人员的培训教材或参考书。

本书封面贴有清华大学出版社防伪标签,无标签者不得销售。
版权所有,侵权必究。举报: 010-62782989, beiqinquan@tup.tsinghua.edu.cn。

图书在版编目(CIP)数据

管理学案例与实战/陈映雄主编. —北京:清华大学出版社,2024.3
ISBN 978-7-302-65445-2

Ⅰ. ①管… Ⅱ. ①陈… Ⅲ. ①管理学－案例－高等职业教育－教材 Ⅳ. ①C93

中国国家版本馆 CIP 数据核字(2024)第 020483 号

责任编辑:王剑乔
封面设计:刘　键
责任校对:袁　芳
责任印制:丛怀宇

出版发行:清华大学出版社
　　　　网　　址: https://www.tup.com.cn, https://www.wqxuetang.com
　　　　地　　址: 北京清华大学学研大厦 A 座　　邮　编: 100084
　　　　社 总 机: 010-83470000　　　　　　　　 邮　购: 010-62786544
　　　　投稿与读者服务: 010-62776969, c-service@tup.tsinghua.edu.cn
　　　　质量反馈: 010-62772015, zhiliang@tup.tsinghua.edu.cn
印 装 者: 北京同文印刷有限责任公司
经　　销: 全国新华书店
开　　本: 185mm×260mm　　　　印　张: 17　　　　字　数: 387 千字
版　　次: 2024 年 3 月第 1 版　　　　　　　　　　 印　次: 2024 年 3 月第 1 次印刷
定　　价: 56.00 元

产品编号: 102382-01

本书编委会

主　　任　王小辉　吴　萍

副 主 任　方小铁　林育青

编　　委　（排名不分先后）

　　　　　张海涛　林扬东　刘钦创　陈明忠　刘汉清　李　湲

　　　　　张文腾　黄小铭　周小酉　林文雄　詹丽峰

前 言

党的二十大对全面建设社会主义现代化国家，全面推进中华民族伟大复兴进行了战略谋划，对统筹推进"五位一体"总体布局、协调推进"四个全面"战略布局作出全面部署，为新时代新征程党和国家事业发展，实现第二个百年奋斗目标指明了前进方向，确立了行动指南。要实现中国式高等教育现代化，促进高等教育高质量发展，必须深入学习和贯彻党的二十大精神，深化高等教育改革。

高等职业教育具有鲜明的职业特点，在改革课程体系的基础上，还要认真研究和改革课程教学内容及教学方法，努力加强教材建设。基于这一目的，本书立足于培养高职高专学生的管理素质与管理技能，以计划、组织、领导、控制等管理职能为主线，系统地介绍了管理活动的基本规律、原理和方法。

本书的体系与结构是以管理职能为线索进行设计的，即围绕管理的计划、组织、领导和控制职能展开各章内容，进而探讨相关的基本知识、基本理论和基本方法。全书分两篇，共八章。第一篇管理概述，主要介绍管理的基础知识，包括管理概念、管理思想、管理原理与管理方法等内容；第二篇管理职能，比较系统地介绍管理的一般职能以及相关的理论与方法，这是全书的重点内容，具体包括计划职能、组织职能、领导职能和控制职能以及管理创新职能。

本书面向高职高专经济管理类专业，以学生就业所需的专业知识和操作技能为着眼点，坚持"实用、适用、先进"的编写原则，在编写过程中力求将管理理论和管理实践更好地结合起来，通过大量的案例模拟来缩短理论与实际的距离，以培养学生运用管理理论和管理方法解决实际问题的能力。因此，本书在每章设计了理论联系实际的案例讨论、思考与练习、案例分析等。

本书由多年从事管理学一线教学工作的教师编写，并聘请有企业管理咨询经验的人员担任编写顾问。各章的编写分工为：第一章、第二章、第六章由洪旭斌编写；第四章、第五章和第七章由陈映雄编写；第三章、第八章由陈晓俊编写，汕头市本道企业管理咨询有限公司温奕俏总经理提供部分案例。陈映雄对全书进行了修改定稿。汕头职业技术学院的陈映雄副教授任主编，洪旭斌、陈晓俊任副主编。

在本书的编写过程中，直接或间接地参阅和借鉴了国内外的论著、教材、论文等，书中引用若有未标注之处，请联系编者删除，在此向这些作者表示由衷的感谢与深深的敬意。

管理学是一门涉及范围极广、发展较快的学科。同时，由于编写高等职业教育的教材经验不足，成书过程中难免存在缺点和疏漏之处，敬请专家和读者指正。

编　者

2023 年 10 月

目 录

第一篇 管 理 概 述

第一章 管理学概述 ·· 3
- 第一节 管理概要 ·· 3
- 第二节 管理者 ·· 13
- 第三节 管理对象与环境 ··· 20

第二章 管理理论的演变与发展 ··· 32
- 第一节 中国古代的管理思想和管理实践 ··· 32
- 第二节 古典管理理论 ·· 35
- 第三节 行为科学理论 ·· 44
- 第四节 现代管理理论 ·· 48
- 第五节 当代管理思想的新发展 ·· 51

第三章 现代管理原理与管理方法 ·· 58
- 第一节 现代管理原理 ·· 59
- 第二节 管理机制 ·· 67
- 第三节 管理方法 ·· 71

第二篇 管 理 职 能

第四章 计划 ··· 83
- 第一节 计划工作概述 ·· 84
- 第二节 目标与目标管理 ··· 91
- 第三节 决策 ·· 98

第五章 组织 ·· 117
- 第一节 组织工作概述 ··· 118
- 第二节 组织设计与组织结构 ·· 122
- 第三节 职权分配与人员配备 ·· 134

第四节　组织变革与组织文化 …………………………………………… 143

第六章　领导 ……………………………………………………………… 162
　　第一节　领导工作概述 …………………………………………………… 162
　　第二节　人性假设理论与领导方式 ……………………………………… 170
　　第三节　激励理论与激励方法 …………………………………………… 181
　　第四节　人际沟通 ………………………………………………………… 190

第七章　控制 ……………………………………………………………… 205
　　第一节　控制工作概述 …………………………………………………… 205
　　第二节　控制过程 ………………………………………………………… 212
　　第三节　控制的方法 ……………………………………………………… 218
　　第四节　考核与奖惩 ……………………………………………………… 223

第八章　管理创新 ………………………………………………………… 232
　　第一节　管理创新概述 …………………………………………………… 234
　　第二节　管理创新的内容 ………………………………………………… 239
　　第三节　管理创新的原则和理念 ………………………………………… 243
　　第四节　管理创新的程序和方法 ………………………………………… 248

参考文献 …………………………………………………………………… 263

第一篇 管理概述

第一章 管理学概述

第二章 管理理论的演变与发展

第三章 现代管理原理与管理方法

管理学概述

 学习目标

通过本章的学习,读者应当能够:
1. 掌握管理的概念,理解管理的性质;
2. 理解管理者的分类及素质要求;
3. 了解管理对象的构成要素及组织形态分类;
4. 掌握影响管理的环境因素;
5. 理解管理学的研究对象、特点及学习方法。

 思政目标

通过对我国在国家治理和为人类命运共同体所贡献的一系列"中国方案"的理论学习和案例分析,在引导学生深入理解管理的二重性的同时,使学生理解中国式现代化是中国共产党领导的社会主义现代化,既有各国现代化的共同特征,更有基于自己国情的中国特色的深刻内涵。从而增强学生对祖国的高度认同感、归属感、责任感和使命感。从专业角度看,使学生理解未来从事相关管理工作,与国家的进步、民族的复兴息息相关。

第一节 管理概要

北京南站成"难站",根源还是管理问题

北京南站怎么就成了"北京难站"?一些乘客吐槽北京南站的各种难,慨叹这座硬件设施高标准的现代化车站竟然存在各种匪夷所思的低水平管理现象。比如打车难,有段子说"在北京南站和朋友道别,他转身去打车,我到了天津东站发消息报平安,他还在排队";比如上车难,大厅中央是等客的椅子,乌泱乌泱的人群,只要乘客一起身排队上车,整个大厅都会被阻断,人们穿行都很费劲;比如进出站难,其中更让人焦虑的是出站,手扶电梯无一例外都比楼梯短一截,出口是凹字形。

按道理,这是一座设计高标准的高铁站,配套服务原本也应现代舒适,可为什么这些配套的软设施却如此不舒适？根源问题是管理不细心、不用心，缺乏细节化的管理，让原本先进的硬件设施没法充分地发挥出它应有的作用，进而出现以上怪象。

"天下大事，必作于细。"近几十年来，我们国家经历了大规模、超快速的城镇化，城市建设是日新月异，让很多国家都望尘莫及。但是，一个先进的城市光有高楼大厦、地铁高铁这些光鲜外表还不够，还要将精细化管理思想引入城市管理领域。管理者只有如匠人般苦下精雕细琢的功夫，用细节化管理的药方治疗城市粗放发展引起的痼疾，才能使城市建设的成果不断造福人民。所以，"城市管理应该像绣花一样精细"，才能使我们的家园变得更加和谐温润，才能使我们国家在各个方面都能赶上发达国家。

（资料来源：郭婧婷，路炳阳.北京"难"站乱象背后：多头管理导致权责不分[N].中国经营报，2018-08-05.）

一、管理的概念

管理学发展到今天产生了许多管理理论学派，哈罗德·孔茨（Harold Koontz）称之为"管理理论丛林"，丛林中的每个学派都有自己秉持的理论和观点。到目前为止，管理学的各个流派对管理的定义还没有一个统一的认识。我们先来看几个具有代表性的学者对管理的定义。

"科学管理之父"弗雷德里克·泰罗（Frederick Taylor）认为："管理就是确切地知道你要别人干什么，并使他用最好的方法去干。"在泰罗看来，管理就是指挥他人能用最好的办法去工作。

诺贝尔奖获得者赫伯特·西蒙（Herbert A. Simon）对管理的定义是："管理就是制定决策。"

彼得·德鲁克（Peter Drucker）认为："管理是一种工作，它有自己的技巧、工具和方法；管理是一种器官，是赋予组织以生命的、能动的、动态的器官；管理是一门科学，一种系统化的并到处适用的知识；同时管理也是一种文化。"

亨利·法约尔（Henri Fayol）在其名著《工业管理与一般管理》中给出管理的概念之后，它就产生了整整一个世纪的影响，对西方管理理论的发展具有重大的影响力。法约尔认为：管理是所有的人类组织都有的一种活动，这种活动由五项要素组成：计划、组织、指挥、协调和控制。法约尔对管理的看法颇受后人的推崇与肯定，形成了管理过程学派。哈罗德·孔茨是"二战"后这一学派的继承人与发扬人，使该学派风行全球。

斯蒂芬·罗宾斯（Stephen P. Robbins）给管理下的定义是：所谓管理，是指同别人一起，或通过别人使活动完成得更有效的过程。

综合上述学者的观点，本书给出的管理定位为：管理是指一定组织中的管理者，通过计划、组织、领导、控制等职能来协调以人为中心的组织资源与职能活动，以有效实现组织预定目标的过程。

对于管理的定义，可以从以下几个方面来理解。

（1）管理是一种有目的的活动。管理的目的为了实现预定的目标。即要创造一种环境，以最少的投入完成组织的目标；或者说使用现有的资源，完成的预期目标越多越好。

（2）实现目标的手段是计划、组织、领导和控制。任何管理者（大到国家总理，小到企业班组长）在管理实践中都要履行这些管理职能。

（3）管理的对象是以人为中心的组织资源与职能活动。一方面，指出管理的对象是各种组织资源与各种实现组织目标的职能活动；另一方面，强调人是管理的核心要素，所有的资源与活动都是以人为中心的。管理，最重要的是对人的管理。

（4）管理的本质是协调。要实现目标，就必须使资源与活动协调，而管理职能执行的结果就是使资源与活动协调。因此，所有的管理行为在本质上都是协调问题。

二、管理职能

（一）管理职能的含义与内容

在不同管理者的管理工作中，管理者往往采用程序具有某些类似、内容具有某些共性的管理行为，如计划、组织、领导、控制等，人们对这些管理行为加以系统性归纳，逐渐形成了"管理职能"这一被普遍认同的概念。所谓管理职能，是对管理过程中各项行为的内容的概括，是人们对管理工作应有的一般过程和基本内容所作的理论概括。

对于管理职能的内容，管理学界普遍接受的观点是：管理职能包括计划、组织、领导和控制。为实现目标、实施有效管理，任何管理者都要履行计划、组织、领导、控制这几项管理职能。

（二）四大管理职能

1. 计划

计划职能是指管理者为实现组织目标对工作所进行的筹划活动。计划职能一般包括调查与预测、制定目标、选择活动方式等一系列工作。任何管理者都有计划职能，要想将工作做好，无论大事小事都不可能缺少事先的筹划。计划职能是管理者的首位职能。

相关链接

马拉松世界冠军的获胜秘诀——目标分解

山田本一是日本著名的马拉松运动员。他曾在1984年和1987年的国际马拉松比赛中，两次夺得世界冠军。记者问他凭什么取得如此惊人的成绩，山田本一总是回答：凭智慧战胜对手！

山田本一在自传中这样写道：每次比赛之前，我都要乘车把比赛的路线仔细地看一遍，并把沿途比较醒目的标志画下来，比如第一标志是银行；第二标志是一棵古怪的大树；第三标志是一座高楼……这样一直画到赛程的结束。比赛开始后，我就以百米的速度奋力地向第一个目标冲去，到达第一个目标后，我又以同样的速度向第二个目标冲去。40多公里的赛程，被我分解成几个小目标，跑起来就轻松多了。开始我把我的目标定在终点线的旗帜上，结果当我跑到十几公里的时候就疲惫不堪了，因为我被前面那段遥远的路吓到了。

在向目标迈进的过程中,我们也常常会半途而废,这其中的原因往往不是因为难度较大,而是觉得目标离我们较远。确切地说,我们不是因为失败而放弃,而是因为倦怠而失败。

我们应该学会山田本一那样把大目标分解成一个一个小目标,然后分阶段地来实现它。

(资料来源:诺津零售咨询.学会把大目标分解,更容易达成业绩[EB/OL].(2021-02-04)[2022-09-13].https://sports.sohu.com/a/448632728_803370.)

2. 组织

组织职能是管理者为实现组织目标而建立与协调组织结构的工作过程。组织职能一般包括设计与建立组织结构、合理分配职权与职责、选拔与配置人员、推进组织的协调与变革等。合理、高效的组织结构是实施管理、实现目标的组织保证。因此,不同层次不同类型的管理者总是或多或少地承担不同性质的组织职能。

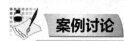

案例讨论

什么是管理?

春运期间的某省会火车站人山人海,候车室里早已人满为患,车站工作人员只好在广场上立起一个个开往各地车次的标牌。开往南昌的××次标牌下的旅客已经整装待发,挑着扛着挤着闹着乱作一团,这支队伍看上去至少有六列,早已不成队伍,大家烦躁不安。离开车时间还有半小时的时候,一位二十刚出头的女工作人员微笑地走来,不紧不慢地举起车次牌,声音不大却很悦耳地说:"乘××次到南昌的旅客请跟我走。"于是,她身后的几百人便开始跟着她走动起来。她头也不回地向前走去,顺着车站广场人群中间那少许的通道不慌不忙地走着,这样绕了一大圈之后,她的身后不再像刚才那么拥挤,队伍开始变得越来越瘦,越拉越长,秩序也越来越好。绕场三周后,看到身后已是一列有序的纵队,她会心地笑了笑,走到离刚才大家排队不到三米的地方,叫开了铁门,旅客秩序井然地走进了站台。

思考:这位女工作人员的所为是否属于管理工作呢?为什么?

3. 领导

领导职能是指管理者指挥、激励下级,以有效实现组织目标的行为。领导职能一般包括选择正确的领导方式;运用权威,实施指挥;激励下级,调动其积极性;以及进行有效沟通等。凡是有下级的管理者都要履行领导职能,不同层次、类型的管理者领导职能的内容及侧重点各不相同。领导职能是管理过程中最经常、最关键的职能。

4. 控制

控制职能是指管理者为保证实际工作与目标一致而进行的活动。控制职能一般包括制定标准、衡量工作、纠正出现的偏差等一系列工作过程。工作失去控制就要偏离目标,没有控制很难保证目标的实现,控制是管理者必不可少的职能。但是,不同层次、不同类型的管理者控制的重点内容和方式则是有很大差别的。

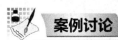

某日,东南沿海一家三星级大酒店内,经营自助餐的"君子餐厅"装修一新,开门迎客。该餐厅的经营负责人表示,为了扩大酒店影响,报答各界关怀,也为了营造轻松、文明、高雅的环境气氛,决定实行一种新的经营方法,即餐厅不标价格,顾客可在用餐之后,根据饮食的质量、服务的好坏、满意的程度自由付账。餐厅内备有冷菜、点心、水果等共40个左右品种的食品,质量很好。依事前的预算,每位成本价约55元。开业四天,虽顾客盈门却血本无归,餐厅不得不暂停营业,回到明码标价、按价收费的老路上去。

思考:请你分析原因是什么?

(三)正确处理各管理职能之间的关系

管理的四项职能分别回答了组织要做什么、怎么做、靠什么做、做得怎么样等基本问题。

(1)要正确理解各管理职能之间的关系。一方面,在管理实践中,计划、组织、领导和控制职能一般是顺序履行的,即先要执行计划职能,然后是组织、领导职能,最后是控制职能。另一方面,上述顺序不是绝对的,在实际管理中这四大职能又是相互融合、相互交叉的。没有计划便无法控制,没有控制也无法积累制订计划的经验,没有组织结构便无法进行领导。管理的过程就是一个各项职能活动周而复始的循环过程。

(2)正确处理管理职能的普遍性与差异性。首先,这四大职能是一切管理者(即不论何种组织、所处何种层次、属于何种管理类型)都要履行的。但同时也必须认识到,不同组织、不同管理层次、不同管理类型的管理者,在履行具体管理职能时,又存在着很大的差异性。例如,高层次管理者更关注计划和组织职能,而基层管理者则更重视领导和控制职能。即使对同一管理职能,不同层次的管理者关注的重点也不同。例如,对计划职能,高层管理者更重视长远、战略性计划;而基层管理者则只安排短期作业计划。

三、管理的重要性

管理在这个高速发展的社会中已经占据了非常重要的地位。在日常生活中到处都可体现出管理,从个人、家庭、国家到世界。在生活的每个角落都存在着管理的智慧,管理也在生活中得到非常好的体现。因此,人们称管理是一种主要资源,是一种生产力;称管理和科学技术是经济飞速发展的两个轮子。概括起来说,管理的重要性主要表现在以下三个方面。

(一)管理是有效地组织共同劳动所必需的

随着生产力和科学技术的发展,人们逐渐认识到管理的重要性。从历史上看,经过了两次转折,管理学才逐步形成并发展起来。第一次转折是泰罗的科学管理理论的出现,意在加强生产现场管理,使人们开始认识到管理在生产活动中所发挥的作用。第二次转折是第二次世界大战后,人们意识到,不依照管理规律办事,就无法使企业兴旺发达,因此要重视管理人员的培养,这促进了管理学的发展。

管理也日益表现出在社会中的地位与作用。管理是促进现代社会文明发展的三大支柱之一,它与科学和技术三足鼎立。管理是促成社会经济发展的最基本、关键的因素。先进的科学技术与管理是推动现代社会发展的"两个轮子",二者缺一不可。管理在现代社会中占有重要地位。经济的发展,固然需要丰富的资源与先进的技术,但更重要的还是组织经济的能力,即管理能力。从这个意义上说,管理本身就是一种经济资源,作为"第三生产力"在社会中发挥作用。先进的技术要有先进的管理与之相适应,否则,落后的管理就不能使先进的技术得到充分发挥。管理在现代社会的发展中起着极为重要的作用。

(二)管理可以保证组织发挥正常功能

管理是一切组织正常发挥作用的前提。任何一个有组织的集体活动,不论其性质如何,都只有在管理者对它加以管理的条件下,才能按照所要求的方向进行。管理是保证组织有效运行必不可少的手段。通过管理可以协调各部门为共同实现组织目标而进行活动,并使组织与环境相适应。正如一个乐队没有指挥,就没有和谐的演奏效果那样。一个组织没有管理,就无法有效地协作和达到既定的目标,其集体活动发挥作用的效果取决于组织的管理水平。

组织对管理的要求和依赖与组织的规模是密切相关的。当组织规模较小时,管理活动会比较简单,显现不出管理的特别重要性。如小企业凭借经验,也可以维持自身的发展。随着组织的发展,管理所起的作用越来越大。一般来说,协作劳动的规模越大,越是需要强化对协作劳动的管理;协作劳动的复杂程度越高,越是需要深化对协作劳动的管理;协作劳动持续的时间越长,越是需要优化对协作劳动的管理。因此,生产社会化程度越高,劳动分工和协作越细;组织系统越庞大,管理问题也就越复杂,就越要有严密而科学的管理,否则就无法正常运转。

(三)管理可以保证组织目标的有效实现

管理的任务就是获取、开发和充分利用各种资源来确保组织目标的实现,通过有效的管理,以使组织系统的整体功能大于组织要素各自功能的简单相加之和,起到放大组织系统整体功能的作用。在现实生活中常有这种情况:有些企业尽管拥有较为先进的设备和技术,却没有发挥其应有的作用;而有些企业尽管物质、技术条件较差,却能够凭借科学的管理,充分发挥其潜力,反而更胜一筹,从而在激烈的社会竞争中取得优势。在相同的物质条件和技术条件下,由于管理水平的不同而产生的效益、效率或速度的差别,就是管理所产生的作用。

在组织活动中,需要考虑到多种要素,如人员、物资、资金、环境等,它们都是组织活动不可缺少的要素。

有效的管理,就在于寻求各种组织要素的最佳组合,使得人尽其才,物尽其用。例如,每个人都具有一定的能力,但是却有很大的弹性。如能采取有效的管理措施,积极开发人力资源,使每个人的聪明才智都得到充分发挥,就会产生巨大的力量,从而有助于实现组织的目标。可见,管理的有效性集中体现在它善于将资源转化为组织优势,使组织以最少的资源投入,取得最大的、合乎需要的成果产出。

四、管理的性质

(一) 管理的二重性

1. 管理二重性的含义

管理二重性是指管理的自然属性和社会属性。

管理的二重性是马克思主义关于管理问题的基本观点。它反映出管理的必要性和目的性。所谓必要性,就是管理是生产过程固有的属性,是有效的组织劳动所必需的;所谓目的性,就是管理直接或间接地同生产资料所有制有关,反映生产资料占有者组织劳动的基本目的。

一方面,管理是由于有许多人进行协作劳动而产生的,是由生产社会化引起的,是有效地组织共同劳动所必需的,因此它具有同生产力、社会化大生产相联系的自然属性;只要是社会化的大生产,只要是集体劳动,就必须要管理。它与企业的生产关系性质无关,不因社会制度的改变而改变,不论在何种社会制度下,企业均有生产力要素的合理组织问题,它是在不同社会制度下,企业共有的职能,具有普遍性和永久性的特征。

另一方面,人们总是生活在一定的生产关系和社会文化之中,管理活动涉及人与人的关系,必然反映相关生产关系和文化要求,体现着生产资料所有者指挥劳动、监督劳动的意志,具有同生产关系和社会制度相联系的社会属性。这种社会属性是指管理要处理人与人之间的关系,要受一定生产关系、政治制度和意识形态的影响和制约,通常也称作管理的生产关系属性。不同的生产关系和社会文化使管理思想、管理目标和管理方式呈现出不同的特色,使管理带有特殊的个性。例如管理权属于谁、管理的目的是什么,等等。这些问题归根结底要反映社会制度的性质。在这个意义上说,管理是一定社会生产关系的反映。国家的管理、企业的管理、各种社会组织的管理概莫能外。

管理的二重性是相互联系和相互制约的。

一方面,管理的自然属性不可能孤立存在,它总是在一定的社会形式、社会生产关系下发挥作用;同时,管理的社会属性也不能脱离管理的自然属性而存在,否则,管理的社会属性就成为没有内容的形式。

另一方面,管理的两重性又是相互制约的。管理的自然属性要求具有一定社会属性的组织形式和生产关系与其相适应;同样,管理的社会属性也必然对管理的方法和技术产生影响与制约。

2. 掌握管理二重性的重要意义

掌握管理二重性,对于学习管理学、从事管理工作,以及形成具有中国特色的管理理论和管理科学有十分重要的意义。

(1) 掌握管理二重性能使我们正确地对待管理的自然属性。充分认识各种原理、技术和方法形成的历史条件和使用环境,注意学习和引进对我们有益的部分,取其精华、去其糟粕,博采众长,使其成为我国管理理论体系的有机组成部分,可以为我们开拓国内外市场,利用国内和国外两种资源发展国内建设和对外关系服务。

(2) 掌握管理二重性可以使我们科学地认识管理的社会属性。任何管理理论、技术与方法的出现都有其时代背景,都是与当时的生产力及社会条件相适应的。学习管理二重性可以使我们在应用管理理论、技术与方法时,自觉结合本部门、本单位的实际情况因地制宜,以取得良好的效果。

(3) 掌握管理二重性可以使我们正确处理生产力和生产关系的辩证统一关系。掌握管理二重性,正确处理生产力和生产关系的辩证统一关系,可调动一切积极因素,合理组织生产力,努力改善生产关系,积极建立国家富强、人民富裕、安定有序的和谐社会,充分体现社会主义制度的优越性。

相关链接

中 国 之 治

中国之治是指新中国成立以来,中国共产党领导人民治理国家的中国治理体制和中国治理道路。中国之治是历史上从没有过的新型国家治理体系,体现着对解决人类面临共同问题的中国智慧,更具有中国气派、中国特色、中国风格。

1. 治理逻辑

中国之治得益于中国制度科学管用,具有合实际、合规律、合目的的制度逻辑。合实际是指中国制度符合中国历史实际、国情实际和时代实际;合规律是指中国制度符合经济社会发展规律和制度发展规律,能够集中力量办大事,充分发挥优势和潜力;合目的是指中国制度始终坚持以人民为中心,保障人民当家作主,在促进人的全面发展中解放和发展生产力。

2. 治理智慧

中国之治体现着对解决人类面临共同问题的中国智慧,更具有中国气派、中国特色、中国风格。中国的高效治理具有明显制度优势和强大自我完善能力,跳出"其兴也勃焉,其亡也忽焉"的历史周期率,实现了人类历史上罕有的经济发展和社会进步。新时代中国的国家治理体系和治理能力现代化,超越了西方政治家提出的"民治、民有、民享"的理念,创新实践着中华民族"大道之行,天下为公,选贤与能,讲信修睦"的理想,创新实践着马克思主义创始人提出的人民当家作主、人人全面发展的愿景。

3. 治理体系

中国之治是历史上从没有过的新型国家治理体系。它不是凭空照搬的"飞来峰",不

第一章 管理学概述

是简单延续中国历史传统的母版,不是简单套用马克思主义的模板,不是其他国家社会主义实践的再版,也不是国外现代化发展的翻版,而是立足中国共产党的领导和社会主义制度这个根本,吸收古今中外一切有益经验,是先进国家治理理论和实践的集大成者。有外媒甚至认为,中国提出的推进国家治理体系和治理能力现代化,是继"四个现代化"之后提出的第五个现代化。实现"四化"主要集中在经济技术层面;推进国家治理体系和国家治理能力现代化,则是要充分发挥中国特色社会主义的制度优势,更好地集中力量办大事,让经济和社会发展更好地满足人民群众的新需要。

4. 治理成果

中国之治、中国式民主取得伟大历史性成就,得到最广大中国人民的衷心拥护。新中国成立 70 多年来,在中国共产党领导下,久经磨难的中华民族迎来了从站起来、富起来到强起来的伟大飞跃,创造了世所罕见的经济快速发展奇迹和社会长期稳定奇迹。中国早已跃升为世界第二大经济体,人均 GDP 已连续两年超过 1 万美元,绝对贫困被彻底消除。实践证明,中国特色社会主义制度符合中国发展实际,具有显著优势,中国人民有能力、有智慧解决好自身的问题。

(资料来源:王义桅,张鹏飞."中国之治"新方向[EB/OL]. (2019-12-16)[2023-12-16]. http://theory.people.com.cn/n1/2019/1216/c40531-31507969.html.)

思考:结合管理的属性,谈谈你对中国之治的理解。

(二)管理的科学性和艺术性

管理是一门科学,它是以反映管理客观规律的管理理论和方法为指导,分析问题、解决问题的科学的方法论。管理是人类重要的社会活动,存在着客观规律性,是指人们发现、探索、总结和遵循客观规律,在逻辑的基础上,建立系统化的理论体系,并在管理实践中应用管理原理与原则,使管理成为在理论指导下的、规范化的理论行为。科学性是管理必不可少的基础,管理者如果缺乏科学的管理知识,就会像哈罗德·孔茨说的那样:"医生不掌握科学,几乎跟巫医一样了。高级管理人员不掌握管理科学,则只能是碰运气、凭直觉,或用老经验。"如果有了系统化的管理知识,管理者就有可能在严谨、量化、合乎逻辑的科学归纳基础上,对组织中存在的管理问题提出可行的、正确的解决办法。管理者学好管理学,能减少因违背管理的科学规律而造成的低效率或失误。如果不承认管理的科学性,不按规律办事,违反管理的原理与原则,随心所欲地进行管理,必然受到规律的惩罚,导致管理的失败。

管理虽然可以遵循一定的原理或规范办事,但它绝不是"按图索骥"的照章操作行为。管理是一种随机性很强的创造性工作,必须在客观规律的指导下实施随机应变的管理。管理者在实际工作中,面对千变万化的管理对象,因人、因事、因地制宜、灵活多变地、创造性地运用管理技术与方法解决实际问题,从而在实践与经验的基础上,创造了管理的技术与技巧。这就是"管理是艺术"的含义。

管理艺术性强调,管理在实践中靠的是人格、魅力、灵感与创新。在现实生活中,单有管理理论知识不能保证实践的成功,事实上也不存在固定不变的管理模式,只有审时度势,结合实际应用,灵活运用管理理论才能获得管理实践的成功。

管理同时具备科学性和艺术性这两种属性。这两种属性不是相互排斥的,而是相辅相成的。管理的科学性是艺术性的基础,它能使管理者把握管理的本质,从而具有源源不断的创造力;而管理的艺术性则进一步体现出管理的科学性,它使管理科学完成由理论到实践、由抽象到具体的转变,在各种场合都得到灵活运用,充满生机和活力。脱离科学性的艺术性,将会使管理沦为盲目的经验主义;脱离艺术性的科学性,将会使管理成为僵化的教条主义。例如,在组织秩序较为稳定及正常条件下,管理科学发挥的作用最大;而在组织系统较复杂而又紊乱的非常情况下,就更多依靠管理艺术的灵活性,才能使管理发挥应有的效能。因此,管理是科学性和艺术性的有机统一。

案例讨论

宝洁公司为何失算

20世纪80年代,美国生产婴儿尿布的头号厂家宝洁公司,决定用在美国市场上最受欢迎的婴儿尿布,开拓中国香港和德国的市场。

在一般的情况下,宝洁公司的产品每进入一个市场,都要经过"实地试营销",以便发现和解决存在的各种问题。但这一次宝洁公司却胸有成竹地认为:尿布就是尿布,婴儿尿布就是婴儿尿布,这种尿布已经在美国畅销多年,受到极其普遍的好评。因此,直接进入中国香港和德国的市场是绝对不会有任何问题的。

非常遗憾,宝洁公司失算了。它没有想到,不同国家和地区在使用婴儿尿布的习惯上,存在着很大的差异。中国香港的消费者觉得宝洁公司的尿布太厚,没有必要。德国的消费者却觉得宝洁公司的尿布太薄,吸水性能不足。同样的尿布,怎么可能同时出现"太厚"与"太薄"这两种截然不同的反应呢?

宝洁公司进行了详细的调查。最后发现,婴儿一天的平均尿量虽然大体相同,但婴儿尿布的使用习惯在中国香港和德国却大不相同。中国香港的母亲把婴儿的舒适当作头等大事,只要孩子一尿,立刻就换尿布。因此,宝洁公司的尿布显得太厚了。德国的母亲比较制度化,早晨给孩子换块尿布,然后到晚上再换一次。于是,宝洁公司的尿布就显得太薄了。结果是一样薄厚的尿布,不同国家的母亲也就有了截然不同的反应。这个教训无疑是深刻的。

(资料来源:大象 IPO. 宝洁为什么会衰败[EB/OL]. (2016-04-22)[2023-05-22]. https://www.sohu.com/a/70979982_355066.)

思考:请你分析宝洁公司在中国香港和德国失败的原因。

(三)管理的系统性

管理的系统性是针对这样两个方面而言的:一是管理活动本身就是个连续不断的过程,这既体现了一个过程中各个环节的连带关系,又说明了过程与过程之间的有机联系;二是管理工作所要处理和涉及的因素是众多的,这些因素之间存在着一种客观的、必然的、固有的联系,管理工作也必须在充分认识这些联系的基础上展开。人为割裂这些关系和联系,就不能客观准确地掌握因素之间、过程之间相互影响的规律,也就不能正确有效地使管理产生出应有的效果。

正确认识管理的系统性,对做好管理工作有重要意义。一是有利于更好地适应组织生存发展的环境。因为任何组织都不是独立存在的,一个组织就是一个与其具体环境相互作用、相互依存的系统,这是系统方法对管理的客观要求。例如,汽车公司为了适应《环境保护法》的有关要求,管理层不得不决定耗费巨额资金来减少汽车尾气的排放量,并研制开发能使用替代燃料的汽车,这就是组织外部环境对管理行为所起的制约作用。二是有利于更好地整合组织的各类资源,发挥管理的放大效应:从管理的系统性要求看,管理系统的功能不是各个管理要素功能的简单相加,而是追求通过有效的管理,充分发挥管理的整体效应,实现"整体大于部分之和"。因此,通过组织管理系统的功能作用,统筹使用资源,扬长避短,优化组合,能够使组织中每个人的劳动成果产生乘数效应,即管理放大效应。

(四)管理的创新性

管理的创新性是指把新的管理办法、管理手段和管理模式等应用于管理实际的创新活动。管理活动具有创新性的性质,首先,因为管理者在实际工作中,面对千差万别的管理对象和错综复杂的组织环境,没有永恒不变的管理方法可以提供给管理者,从而使其一劳永逸。管理者在处理每个管理问题时,只能针对每个具体问题,因人、因事、因时、因地制宜,灵活多变地、创造性地运用管理技术与方法解决实际问题,寻找最佳的解决方法。而这些具体的解决方法,是不能在教科书中全部记载下来供管理者查阅的。

其次,由于科学技术迅猛发展,社会经济活动空前活跃,市场需求瞬息万变,社会关系也日益复杂。管理所处的环境因素也是多种多样的,并且是在不断发展变化的。每位管理者每天都会遇到新情况、新问题,这要求管理者必须创新,必须不断地开动脑筋,创造性地思考问题和解决问题,而且还必须未雨绸缪,具有远见卓识,这样才能发现和把握组织的发展机遇,带领组织不断前进。如果因循守旧、墨守成规,就无法应对新形势的挑战,也就无法完成肩负的任务。

第二节 管 理 者

案例导入

《红楼梦》中的管理者——王熙凤

王熙凤在贾府可以说是综合能力最强的一个人。她年轻貌美、聪明能干,组织管理能力、部门协调能力、人际关系处理等各方面都十分优秀,将贾府管理得井井有条,能在几百口人中稳坐大管家宝座,可见其管理能力和水平不一般。王熙凤在贾氏家族的荣、宁二府中具有十足的影响力,充分证明她是一名运筹帷幄的优秀管理者。

人们往往是通过《红楼梦》第十三回和第十四回,在王熙凤协理宁国府的工作中,感受王熙凤管理者的形象,体会出她出色的管理能力的。

贾家分为东府荣国府和西府宁国府两府。王熙凤是东府的管家。宁国府秦可卿死后,贾珍之妻尤氏犯了"旧疾"不能料理事务,贾珍向东府借人管理家务。由贾宝玉推荐,王夫人允准,王熙凤被借到西府代执(协理)宁国府家事。

宁国府如一家大型企业,它存在以下一些问题,涉及管理学中方方面面。

一是人口混杂,说明人力资源管理出了问题,机构臃肿;

二是事无专责,临期推诿,说明组织结构有问题,人员分工不明确,岗位职责不清;

三是需用过费,滥支冒领,说明财务管理中成本管理出现失控,财务管理、物资领用管理混乱;

四是任无大小,苦乐不均,说明薪酬管理有问题,没有绩效考核,分配体制失衡,有失公平原则;

五是家人豪纵,有脸者不服钤束,无脸者不能上进,说明用人机制存在问题,没有形成能者上而庸者下的良好的企业文化氛围。

王熙凤为了克服宁国府管理上的弊端,制定了规章制度,实行考核和奖惩并行,大胆用人,另外进行各方面的沟通、团队组织、创新改革,使宁国府的面貌焕然一新。王熙凤通过采取一系列措施,并强抓落实,立即收到了效果,宁国府乱、差的内部环境也迅速改变了。

(资料来源:杨乔木.浅谈王熙凤之管理才能[EB/OL].(2021-11-28)[2023-11-28]. https://m.thepaper.cn/baijiahao_15583048.)

一、管理工作与管理者

(一) 管理工作

就一般意义而言,管理者就是指全部或部分从事管理工作的人员。所以,要研究管理者,首先应对管理工作有大致的分析。

广义的管理工作。从广义上看,凡是对组织资源或职能活动进行筹划与组织的工作都属管理工作。这样,凡是在各级各类组织中管人的、管物的、管理某项活动的都可以看作是广义上的管理者。例如,在一个企业中,从总经理的领导工作,到会计员的账务处理工作,都可以看作是广义的管理工作。

狭义的管理工作。从狭义上看,以管人为核心的组织与协调的工作属于管理工作。即通过管理他人,进而筹划与组织资源与活动的各种工作。例如,企业中总经理和各部门经理、各作业班组长所从事的工作即为狭义上所指的管理工作。

领导工作。谈到管理工作,经常与领导工作相联系或相混淆。所谓领导工作,与上面所讲的狭义的管理工作含义大致相同,它所强调的是必须拥有下属和权力。例如,总经理的工作就是领导工作;而工程师的工作就不是领导工作。此外,领导工作更强调工作性质与内容上的高层次,如决策、指挥,从而与一般性的事务处理相区别。如狭义管理工作中基层管理者(如班组长)的工作一般就不称为领导工作。

(二)管理者的概念

关于管理者的概念有多种理解。传统观点认为,管理者是运用职位、权力,对人进行统驭和指挥的人。这种概念强调的是组织中正式职位和职权,强调必须拥有下属。而现代的观点对管理者的概念有着不同的理解,美国学者德鲁克曾给管理者下定义为:在一个现代的组织里,每一个知识工作者如果能够由于他们的职位和知识,对组织负有贡献的责任,因而能够实质性地影响该组织经营及达成成果的能力者,即为管理者。这一定义强调作为管理者首要的标志是必须对组织的目标负有贡献的责任,而不是权力;只要共同承担职能责任,对组织的成果有贡献,他就是管理者,而不在于他是否有下属人员。依据这一定义,拥有知识并负有贡献责任的工程师就是管理者。

综合以上分析,管理者的定义应为:管理者是指履行管理职能,对实现组织目标负有贡献责任的人。

管理者干什么？

林华是某新华书店邮购部经理,该邮购部每天要处理大量邮购业务。一般情况下,登记订单、按单备货、发送货物等都是由部门中的业务人员承担的。但在前段时间里,接连发生了多起 A 要的书发给了 B,B 要的书却发给了 A 之类的事,引起了顾客极大的不满。今天又有一大批书要发送,林华不想让这种事情再次发生。

(资料来源:曹小平.管理学原理案例分析[EB/OL].(2021-12-18)[2023-12-18].https://www.renrendoc.com/paper/176617168.html.)

思考:你认为林华应该怎么办?是亲自核对这批书,还是仍由业务员们来处理?

(三)管理者的类型

管理者可以按以下不同标志进行分类。

1. 按管理层次划分

(1)高层管理者。高层管理者位于层级组织的最高层,需要对整个组织负责。高层管理者需要负责确定组织目标,制定实现既定目标的战略,监督与解释外部环境状况并就影响整个组织的问题进行决策,故也称为决策层。他们需要面向更长期的未来考虑问题,需要关心一般环境的发展趋势和组织总体的成功。一般具有如下职位或称呼:总裁、董事长、执行总裁、首席执行官等。高层管理人员并不直接控制其他人员的工作,他们往往把自己绝大部分时间用在从事对于组织长期绩效至关重要的计划工作和组织工作上。

(2)中层管理者。中层管理者是指一个组织中中层机构的负责人员。他们是高层管理者决策的执行者,负责制定具体的计划、政策,行使高层授权下的指挥权,并向高层报告工作,也称为执行层。典型的头衔是部门主管、项目经理、地区经理、产品事业部经理和分公司经理等。与高层管理人员相比,中层管理人员特别注意日常的管理工作,他们把大部分时间花在部门的工作协调上。

（3）基层管理者。基层管理者是指在生产经营第一线的管理人员。他们负责将组织的决策在基层落实，制定作业计划，负责现场指挥与现场监督，也称为作业层。例如，生产车间的工段长、班组长、学校的教研室主任、医院的护士长等。基层管理人员的工作时间主要花在指导和监督下属工作上。

不同层级的管理者在管理职能方面包括计划、组织、领导、控制四个方面。但由于所处层级的不同，这四种职能对管理者的重要性不尽相同。管理者所处的层级越高，用于计划、组织资源以保持或提高组织绩效的时间就越多。相反，管理者所处的层级越低，用于领导和控制的时间就越多。

2. 按管理工作的领域划分

（1）综合管理者。综合管理者是指负责整个组织或部门全部管理工作的管理人员。他们是一个组织或部门的主管，对整个组织或该部门目标实现负有全部的责任；他们拥有这个组织或部门所必需的权力，有权指挥和支配该组织或该部门的全部资源与职能活动，而不是只对单一资源或职能负责。例如，工厂的厂长、车间主任都是综合管理者；而工厂的财务处长则不是综合管理者，因为其只负责财务这种单一职能的管理。

（2）职能管理者。职能管理者是指在组织内只负责某种职能的管理人员。这类管理者只对组织中某一职能或专业领域的工作目标负责，只在本职能或专业领域内行使职权、指导工作。职能管理者大多具有某种专业或技术专长。例如，工厂的总工程师、设备处长等。就一般工商企业而言，职能管理主要包括以下类别：计划管理、生产管理、技术管理、市场营销管理、物资设备管理、财务管理、行政管理、人事管理、后勤管理、安全保卫管理等。

随着企业的发展和环境的不断变化，企业中管理者的工作内容和职责也不断发生变化。有的组织需要管理人员越来越多元化，成为组织中管理的多面手；而有的组织却需要管理人员越来越专业化，对某个领域的管理越来越深入。作为管理者，需要根据企业和环境的变化，不断进行适应和调整。

3. 按职权关系的性质划分

（1）直线管理人员。直线管理人员是指有权对下级进行直接指挥的管理者。他们与下级之间存在着领导隶属关系，是一种命令与服从的职权关系。直线管理人员的主要职能是决策和指挥。直线人员主要指组织等级链中的各级主管，即综合管理者。例如，企业中的总经理—部门经理—班组长，他们是典型的直线人员，组织的等级链主要由他们组成。

（2）参谋人员。参谋人员是指对上级提供咨询、建议，对下级进行专业指导的管理者。他们与上级的关系是一种参谋、顾问与主管领导的关系，与下级是一种非领导隶属的专业指导关系。他们的主要职能是咨询、建议和指导。参谋人员通常是指各级职能管理者。例如，对企业而言，财务处长、总工程师、公关部经理等，都属于参谋人员。他们既向最高层领导提供咨询、建议，又对整个企业各部门及人员进行其所负责的专业领域内的业务指导。

直线人员与参谋人员，只是依职权关系进行的大致区分，在实际管理中两者经常转换,有时甚至难以严格划分。例如,财务处长对其他各部门来说是参谋性管理者,因为其只是在财务领域内进行专业指导;而对于财务处内部人员来说,财务处长却又是直线管理者,因为他对本处工作人员有直接指挥的权力。

二、管理者的角色

管理者的角色是指处于组织中特定位置的管理者被期望完成的一系列特定任务。不同层次的管理者所扮演的角色和所起的作用是不同的。就一个管理组织的高层管理者而言,加拿大管理学家亨利·明茨伯格(Henry Mintzberg)通过大量的观察和研究认为,管理者(如经理)在组织中(如企业、公司)在以下三个方面扮演十种角色。

(一)人际角色

人际角色直接产生自管理者的正式权力基础,管理者在处理与组织成员和其他利益相关者的关系时,就是在扮演人际角色。人际角色又包括代表人角色、领导者角色和联络者角色。

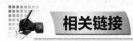
相关链接

李嘉诚连续17年出席汕大毕业典礼

"诚哥诚哥!欢迎回家!"2018年6月28日上午8时33分许,汕头大学校董会名誉主席、李嘉诚基金会主席李嘉诚甫一抵达汕头大学,早已在校内等候的汕大师生们便激动万分地喊起了迎接口号,献上鲜花,并打出创意标语,用自己的方式表达对李嘉诚的欢迎和感谢,而精神矍铄的李嘉诚也热情地回应着各位师生,频频向他们挥手致意、拍照合影,现场气氛瞬间被点燃。

又到一年毕业季,有着"超人"之誉的李嘉诚,虽然已届90岁高龄,依然坚守着自己对汕大的承诺,在每年的这个时候如约而至,参加该校的毕业典礼。而汕大的师生们也是一如既往地亲切称呼李嘉诚为"诚哥",这让作为"90后"的李嘉诚备感高兴。

据悉,李嘉诚将携其二儿子李泽楷参加29日上午在汕大体育园举行的汕头大学2018届毕业典礼并致辞,这将是他连续17年出席汕大毕业典礼,也是李泽楷继去年之后第二年出席汕大毕业典礼。

(资料来源:李颖.李嘉诚连续17年出席汕大毕业礼[EB/OL].(2018-06-29)[2023-06-29]. https://www.sohu.com/a/238490227_650077.)

(1)代表人,又称荣誉主管。作为所在单位的领导者,管理者必须行使一些具有礼仪性质的职责。如管理者有时出现在社区的集会上,参加社会活动或宴请重要客户等,在这样做的时候,管理者行使着代表人的角色。

(2)领导者,又称主管。由于管理者对所在单位的成败负主要责任,他们必须在工作小组内扮演领导者角色。对这种角色而言,管理者和员工一起工作并通过员工的努力来确保组织目标的实现。

(3) 联络者。管理者无论是在与组织内的个人和工作小组一起工作时,还是在与外部利益相关者建立良好关系时,都起着联络者的作用。管理者必须对重要的组织问题有敏锐的洞察力,从而才能够在组织内外建立关系和网络。

(二) 信息角色

在信息角色中,管理者负责确保和其一起工作的人员具有足够的信息,从而能够顺利完成工作。由管理责任的性质决定,管理者既是所在单位的信息传递中心,也是组织内其他工作小组的信息传递渠道。整个组织的人依赖管理机构和管理者以获取或传递必要的信息,以便完成工作。管理者必须扮演的信息角色,具体又包括监督者、传播者、发言人三种角色。

(1) 监督者。管理者持续关注组织内外环境的变化以获取对组织有用的信息。管理者通过接触下属来收集信息,并且从个人关系网中获取对方主动提供的信息。根据这种信息,管理者可以识别组织的潜在机会和威胁。

(2) 传播者。管理者把他们作为信息监督者所获取的大量信息分配出去。有些信息是面向全体组织成员的,要采取公开的传播方法,例如,利用职工大会、信息交流会等方式发布信息;有些信息则是特定的。

(3) 发言人。管理者必须把信息传递给单位或组织以外的个人。

(三) 决策角色

在决策角色中,管理者处理信息并得出结论。如果信息不用于组织的决策,这种信息就失去其应有的价值。决策角色具体又包括企业家、干扰对付者、资源分配者、谈判者四种角色。

(1) 企业家。管理者密切关注组织内外环境的变化和事态的发展,以便发现机会,并对所发现的机会进行投资以利用这种机会。

(2) 干扰对付者。管理者必须善于处理冲突或解决问题,如平息客户的怒气,同不合作的供应商进行谈判,或者对员工之间的争端进行调解等。

(3) 资源分配者。管理者决定组织资源用于哪些项目。

(4) 谈判者。管理者把大量时间花费在谈判上,管理者的谈判对象包括员工、供应商、客户和其他工作小组。

三、管理者的素质

管理者的素质是指管理者与管理相关的内在基本属性与质量。管理者的素质主要表现为品德、知识、能力与身心条件。管理者的素质是形成管理水平与能力的基础,是做好管理工作、取得管理功效的极为重要的主观条件。管理者的素质包括以下几个方面。

(一) 管理者的基本素质

(1) 政治与文化素质。是指管理者的政治思想修养水平和文化基础。包括政治坚定性、敏感性;事业心、责任感;思想境界与品德情操;人文修养与广博的文化知识等。

（2）基本业务素质。是指管理者在所从事工作领域内的知识与能力。包括一般业务素质和专门业务素质。

（3）身心素质。是指管理者本人的身体状况与心理条件。包括健康的身体；坚强的意志；开朗、乐观的性格；广泛而健康的兴趣等。

（二）管理者的技能

管理者的素质主要表现为实际管理过程中管理者的管理技能。管理学者 R.L.卡兹提出,管理者必须具备三方面技能,即技术技能、人际技能和概念技能(见图1-1)。

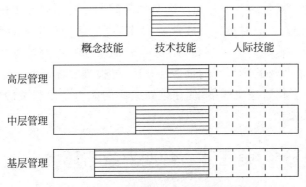

图1-1　各种层次的管理者需要的管理技能比例

（1）技术技能。是指管理者掌握与运用某一专业领域内的知识、技术和方法的能力。技术技能包括专业知识、经验；技术、技巧、程序、方法、操作与工具运用熟练程度等。如一名人力资源经理应该熟悉人力资源管理制度、招聘、薪酬设计和绩效考核的方法。管理者虽不能完全做到内行、专家,但必须懂行,必须具备一定的技术技能。技术技能对基层管理者非常重要。

（2）人际技能。是指管理者处理人事关系的能力,即理解激励他人并与他人共事的能力,主要包括领导能力、影响能力和协调能力。在以人为本的今天,人际能力对于现代管理者,是一项极其重要的基本功。没有人际技能的管理者是不可能做好管理工作的。

（3）概念技能。是指一种洞察既定环境复杂程度的能力和减少这种复杂性的能力。具体地说,概念技能包括理解事物的相互关联性从而找出关键影响因素的能力,确定和协调各方面关系的能力以及权衡不同方案优劣和内在风险的能力。其核心是一种观察力和思维力。这种能力对于组织的战略决策和发展具有极为重要的意义,是组织高层管理者所必须具备的,也是最为重要的一种技能。

不同层次管理者对管理技能需要的差异性。对任何管理者来说,上述三种技能都是应当具备的。但不同层次的管理者,由于所处位置、作用和职能不同,对三种技能的需要程度则明显不同。高层管理者尤其需要概念技能,而且,所处层次越高,对这种概念技能要求越高。这种概念技能的高低,成为衡量一个高层管理者素质高低的重要标尺。而高层管理者对技术技能的要求就相对低一些。与之相反,基层管理者更重视的是技术技能。由于他们的主要职能是现场指挥与监督,若不掌握熟练的技术技能,就难以胜任管理工作。当然,相比之下,基层管理者对概念技能的要求就不是太高。

(三)现代管理者素质的核心——创新

在社会化大生产不断发展、市场竞争日趋激烈、知识经济已见端倪的今天,时代对管理者素质提出了严峻的挑战。在当今时代进行有效而成功的管理,最重要的管理者素质就是创新。创新是现代管理者素质的核心。这种创新素质主要体现在以下几方面。

(1)创新意识。管理者要树立创新观念,要真正认识到创新对组织生存与发展的决定性意义,并在管理实践中,事事、时时、处处坚持创新,要有强烈的创新意识。

(2)创新精神。这是涉及创新态度和勇气的问题。管理者在工作实践中,不但要想到创新,更要敢于创新。要有勇于突破常规、求新寻异、敢为天下先的大无畏精神。

(3)创新思维。不但要敢于创新,还要善于通过科学的创新思维来完成创新构思。没有创造性思维,不采用科学可行的创造性技法,是很难实现管理上的突破与创新的。

(4)创新能力。在管理实践中,促使创新完成的能力是由相关的知识、经验、技能与创造性思维综合形成的。

第三节 管理对象与环境

一、管理对象

任何一个组织为了其存续必须拥有一些生产要素,包括人力、财物、信息、时间、技术、关系等。这些生产要素就是组织的资源,它们是管理活动作用的受体,即管理的客体,又称为管理的对象。任何管理活动都是针对一定的管理对象展开的,在组织管理中,管理对象要解决的是"管什么"的问题。

对于管理对象包括哪些要素,不同的学者从不同的角度或意义有不同的看法,普遍的观点认为管理对象应包括以下几个要素。

(1)人员。人是管理的主要对象。人在管理中具有双重地位,既是管理者又是被管理者。管理过程是一种社会行为,是人们相互之间发生复杂作用的过程。管理过程各个环节的主体是人,各个环节的工作都由人去做的,因此人与人的行为是管理过程的核心。它是组织最基本的资源,也是最重要的资源,是管理的最主要对象。

(2)资金。资金是任何社会组织,特别是营利性经济组织极为重要的资源,是管理对象的关键性要素。要保证职能活动正常进行,经济、高效地实现组织目标,就必须对资金进行科学的管理。对资金筹措、资金运用、经济分析与经济核算等过程加强管理,降低成本、提高效益是管理者重要的经常性管理职能。

(3)物资设备。物资设备是社会组织开展职能活动,实现目标的物质条件与保证。通过科学的管理,充分发挥物资设备的作用,也是管理者的一项经常性工作。

(4)时间。时间是组织的一种流动形态的资源,也是重要的管理要素。管理者必须重视对时间的管理,真正树立"时间就是金钱"的意识,科学地运筹时间,提高工作的效率。

(5)信息。在信息社会时代,信息已成为重要的管理对象,同时,信息也是组织运行的重要资源。信息是能够反映管理内容并可以传递和加工处理的文字、数据、图表等。信息系统是管理过程中的"神经系统"。管理中的人流、物流，都要通过信息来反映和实现。管理职能要发挥作用，也需要信息的支持。只有通过信息的不断交换、传递，把各要素有机地结合起来，才能形成现实的管理活动。

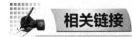

"尿布与啤酒"的故事

在一家超市里，有一个有趣的现象：尿布和啤酒赫然摆在一起出售。这个奇怪的举措使尿布和啤酒的销量都增加了。这不是一个笑话，而是发生在美国沃尔玛连锁超市的真实案例，并一直为商家所津津乐道。沃尔玛拥有世界上最大的数据仓库系统，为了能够准确了解顾客在其门店的购买习惯，沃尔玛对其顾客的购物行为进行购物篮分析，想知道顾客经常一起购买的商品有哪些。沃尔玛数据仓库里集中了其各门店的详细原始交易数据。在这些原始交易数据的基础上，沃尔玛利用数据挖掘方法对这些数据进行分析和挖掘。一个意外的发现是：跟尿布一起购买最多的商品竟是啤酒！经过大量实际调查和分析，揭示了一个隐藏在"尿布与啤酒"背后的美国人的一种行为模式：在美国，一些年轻的父亲下班后经常要到超市去买婴儿尿布，而他们中有30%～40%的人同时也为自己买一些啤酒。产生这一现象的原因是：美国的太太们常叮嘱她们的丈夫下班后为小孩买尿布，而丈夫们在买尿布后又随手带回了他们喜欢的啤酒。

按常规思维，尿布与啤酒风马牛不相及，若不是借助数据挖掘技术对大量交易数据进行挖掘分析，沃尔玛是不可能发现数据内在这一有价值的规律的。

（资料来源：杜继业. 啤酒与尿布［EB/OL］.（2015-06-08）［2023-07-08］. https://www.sohu.com/a/18087025_118229.）

二、管理环境

松下成功概要："下雨打伞"

松下为什么能够成功？成功的内因是什么？现在应往什么方向发展？

这要从松下幸之助讲过的一句话说起。有位记者问他，什么叫经营？他脱口而出："下雨打伞就是经营。"这句话看起来很简单，却包含着很深的管理学内涵。大家都知道，外部的经营环境是在不断变化的，从松下电器走过的历史来讲，它就是在不断地适应环境，在不断地变化的外部环境当中预测环境，做出正确的判断，所以才有今天的发展，这是一个很浅的道理。但现在，环境在往什么方向走？怎么预测环境？管理的走势是什么？这是摆在我们企业（无论是中国的企业还是跨国公司）面前的难题，CEO每天都在"看天气"，随时随地在调整和做出判断。

这种判断对所有的企业都是至关重要的。如果不会"预测天气"，不知道外部经营环境对企业将造成的影响以及自己将要做出的决断,那么将会给企业发展带来严重问题。

(资料来源:张仲文.松下之道就是下雨打伞[EB/OL].(2015-01-30)[2023-03-30]. http://finance.sina.com.cn/leadership/jygl/20050130/15571333618.shtml.)

(一)管理与环境

任何一个社会群体或组织都是在一定环境中从事活动的,任何管理也都要在一定的环境中进行,这个环境就是管理环境。管理环境的特点制约和影响管理活动的内容和进行。管理环境的变化要求管理的内容、手段、方式、方法等要随之调整,以利用机会,趋利避害,更好地实施管理。

管理者的一项重要工作就是弄清楚管理环境能够给企业提供机会或造成威胁的因素。要分析管理环境中机会和威胁的重要性,管理者必须掌握环境的复杂程度和环境变化的情况。社会组织的规模越大,管理者需要应对的各种环境因素就越多。只有掌握正确的分析方法,管理者才能妥当地制定计划,选择最有利的目标和行事方式。

(二)内部条件分析

企业内部条件分析是指企业对自身内部资源和能力状况及其变动趋势进行分析。企业内部条件分析的主要内容有企业资源分析和企业能力分析。企业资源是指企业从事生产经营活动所需的人、财、物的总和。企业资源一般可以分为三大类:有形资源、无形资源和人力资源。有形资源包括实物资源和财务资源;无形资源是指没有实物形态但却能为企业带来经济效益的资源,企业的无形资源有两种:一种是信誉、知名度等社会影响,另一种是企业的科技水平;人力资源是指企业人员的数量和质量的总和。企业能力是指企业的各种资源经过有机整合而形成的经济力量。按照不同的标准,企业能力可以分解为各种分项能力。按经营职能的标准划分,可以分为决策能力、管理能力、监督能力、改善能力;按经营活动的标准划分,可以分为战略经营能力、生产能力、供应能力、营销能力、人力资源开发能力、财务能力、合作能力和投资能力等。

(三)外部环境分析

外部环境是社会群体或组织之外的客观存在的各种影响因素的总和。一般有政治环境、社会文化环境、经济环境、技术环境和自然环境。它是不以组织的意志为转移的,是组织的管理必须面对的重要影响因素。影响外部环境的因素按照不同的层次可分为一般环境因素和任务环境因素。

1. 一般环境因素分析

一般环境因素有政治、社会、经济、技术、文化和自然环境等。这些环境因素涉及广泛的领域,对经营过程和结果产生影响,其影响尽管是间接的,但往往影响程度较大。一般环境分析的内容主要有以下六个方面。

1)政治环境

政治环境是指对管理活动具有影响作用的政治力量,同时也包括对管理活动进行限制与约束的法律和法规等。政治环境主要表现在地区的稳定性和政府对各类组织或活动的态度上。地区稳定性是一个组织在制定其长期战略时所必须考虑的社会性因素。政府对某种社会或经济活动的态度,直接影响着其发展规模和速度。近几年,我国政府提高了对民营企业的支持力度,扩展了他们的经营空间,降低了他们的经营成本,对国民经济发展起到了巨大的促进作用。

 相关链接

堕落的南美之光委内瑞拉,为什么会沦落到今天这个地步?

委内瑞拉是南美洲一个石油储量非常丰富的国家,但其民不聊生,国家动荡。2018年委内瑞拉恶性的通货膨胀率已经达到非常严重的地步,货币贬值到一张废纸的程度,根据国际货币基金组织统计,2018年委内瑞拉的通胀率将高达 1000000%,想一想这有多可怕。委内瑞拉曾经被誉为南美之光,20 世纪 70 年代,它是一个模范国家。委内瑞拉人民通过辛勤的劳动跨入了中等收入国家行列,中产阶级生活富足,首都加拉加斯飞往欧洲的飞机航班坐满了出国度假的人,然而只短短几十年的时间,委内瑞拉就从天堂跌入地狱。这究竟是为何?

2018 年,委内瑞拉同时出现了两个政府和两位总统,而且这两位总统还在不断互相攻击,委内瑞拉陷入持续的混乱与动荡。委内瑞拉成为同时拥有两个国家元首和两个立法机关领导人的国家,政治危机持续恶化。

(资料来源:程说. 堕落的南美之光委内瑞拉,为什么会沦落到今天这个地步?[EB/OL]. (2019-05-21)[2023-05-22]. https://baijiahao.baidu.com/s?id=1634140982290198880&wfr=spider&for=pc.)

2) 社会环境

社会环境是指人类生存及活动范围内的社会物质、精神条件的总和。广义上包括整个社会经济文化体系,如生产力、生产关系、社会制度、社会意识和社会文化等。狭义上仅指与人类生活直接相关的环境,如家庭、劳动组织、学习条件和其他集体性社团环境等。社会环境一方面是人类物质文明和精神文明发展的标志,另一方面又随着人类文明的演进而不断地丰富和发展。

3) 经济环境

经济环境包括软环境和硬环境两方面。经济软环境是指国家经济的总体状况,主要包括整个国民经济的发展状况、发展速度、市场规模、要素市场的完善程度、经济政策和国家物价总水平的稳定状况等。经济硬环境是指企业从事生产经营活动所必需的各种服务设施和工业基础设施,主要包括能源、原材料的供应情况,交通运输情况,通信情况,城市供水供电供热系统,文教、卫生、住房、娱乐、饮食等设施,金融、信息及工业基础条件等。

 相关链接

宝洁公司的经营策略变化

宝洁公司在 1989 年进入中国市场时,首先推出了包括一次性纸尿布等个人卫生用品。但该公司很快就意识到,当时大多数中国家庭的平均收入较低,这些物品难以成为必需品。宝洁公司明智地收回了一次性纸尿布等产品,转向销售香皂和卫生用品。

(资料来源:王向龙.宝洁:挥动创新的魔笔[EB/OL].(2013-01-22)[2023-02-22]. https://www.cqn.com.cn/xfzn/content/2013-01-22/content_1734822.htm.)

4)技术环境

任何组织都与一定的技术存在着稳定的联系,一定的技术是一定组织为社会服务或贡献的手段。一个组织拥有的技术先进与否,对组织的生存和发展影响极大。技术领先的医院、大学、机场甚至军事组织,比那些没有采用先进技术的同类组织具有更强的竞争力。当前,自动化的办公室、机器人、激光、集成电路、计算机技术等都为人们的管理和生活带来了极大方便。

 相关链接

手机霸主诺基亚衰败的启示

2013年9月2日,微软宣布以71.7亿美元收购诺基亚主要负责手机业务的设备与服务部门。此项交易于2014年第一季度完成,而这意味着当年的全球手机霸主——诺基亚的衰败。诺基亚成功的时间太长了,它想不到有人会闯进来改变游戏规则。诺基亚公司十分注重倾听消费者的意见,积极进行新产品的研发,希望为消费者提供更多更好的产品,但最终还是丧失了市场领导者的地位。不仅诺基亚的行为代表了当时手机市场领导者的思维,而且整个手机行业也都是按照同样的游戏规则争夺客户,以音乐手机、游戏手机、商务手机、超长待机时间手机对消费者进行细分。

(资料来源:金秀玲.诺基亚手机衰落的启示[EB/OL].(2021-11-27)[2023-11-28]. https://www.renrendoc.com/paper/169288645.html.)

5)文化环境

文化环境是指人类社会在长期历史发展过程中形成的知识、信仰、艺术、道德、法律、价值观、风俗习惯等的综合反映。不同国家、民族和地区的文化环境具有一定的差异。文化环境决定社会成员的思维方式和行为方式,对管理活动的价值取向有着重要影响。

 相关链接

上海劝阻市民穿睡衣上街引发热议

随着2010年上海世博会的临近,上海展开了"劝阻"市民穿睡衣出门的活动,距离世博会馆较近的小区更是纷纷打出"睡衣睡裤不出门,做个世博文明人"的标语。这一系列做法引起了各界的广泛热议。

有网友不无感慨地说:一开奥运会,北京的"膀爷"没了;一开世博会,上海的"睡衣族"没了。据了解,20世纪80年代末90年代初,普通市民穿睡衣上街成为一种普遍现象,穿着睡衣逛外滩的上海人更是成了中外游客眼中一道特别的风景。上海社科院社会发展研究所2006年一项调查显示,16.5%的人表示自己或家人经常穿睡衣外出,25%的人表示有时会。

上海人为什么爱穿睡衣上街？有学者分析认为是生活质量提高的体现，以前因为不富裕，是不穿睡衣睡觉的，富起来以后发现可以穿睡衣睡觉。其实穿睡衣是生活质量提高的体现，也带有炫耀的意思。

（资料来源：薛涌."睡衣上街"就是陋习吗？[EB/OL].(2010-02-04)[2023-03-04].https://www.chinanews.com/cul/news/2010/02-04/2109862.shtml.）

6）自然环境

这里的自然环境主要是指自然条件。我国古代思想家认为：一件事情的成功，天时、地利、人和是三个不可缺少的条件。这里的地利就是指有利的自然环境。对一个组织而言，自然环境条件主要是由地理位置和资源状况决定的：地理位置是指组织所坐落的地理方位，决定着一个组织可以利用的自然条件和资源禀赋情况；资源状况对于从事物质财富生产和经营的组织来说是重要的制约因素，资源禀赋特征是决定一个地区或组织取得相应资源难易的先天条件，比如在俄罗斯的秋明地区就比中国的香港地区更容易获得石油资源。

2. 任务环境因素分析

对于企业来说，决定盈利能力首要的因素是产业吸引力。任何企业都要面对以下五种竞争的压力：新的竞争对手进入，替代品的威胁，客户的砍价能力，供应商的砍价能力，以及现存同类业者之间的竞争。概括起来，进行外部环境分析，要考虑的任务环境因素主要包括五方面。

1）竞争对手

竞争对手是企业经营行为最直接的影响者和被影响者，这种直接的互动关系决定了其在外部环境分析中的重要性。领导人不仅要明白自己主要的对手是谁，而且要知道对方的情况如何。三国时刘表与张绣在安众截击曹操，曹操因后方袁绍相攻即日回兵，二人商定追击，谋士贾诩力劝不从，结果被曹操击败而还；贾诩又劝二人整兵再追，断言再追必胜，果然大获成功。贾诩深知曹操之用兵之能，他了解曹操，故能料敌决胜。

2）顾客

企业生产的每个产品都是为了满足顾客的需求，没有需求，生产就变成了一种无意义的行为。顾客的需求是不断变化的，因此顾客的需求具有潜在的不确定性，对于一个企业，只有不断地满足顾客种种变化了的需求，才能生存与发展。

 相关链接

麦当劳在世界各地的菜单如此不同

也许你对身边快餐店的菜单再熟悉不过，可是你是否知道，快餐店的食物原料在世界各国或地区会根据当地人的饮食习惯做不同的调整，以麦当劳为例说一下。

在印度，牛被奉为神圣的动物，所以在印度的麦当劳店里，巨无霸之类的牛肉汉堡原料会变成鸡肉或者羊肉。

挪威是一个喜欢吃鱼的国家,所以当地的麦当劳就有一道专门的McLaks(一种烤鱼三明治)。

德国的什么饮食最有名呢?当然是啤酒。所以在德国麦当劳店里,居然可以买到啤酒。

在加拿大的部分地区,麦当劳店里会有一种龙虾肉卷。

在法国也有一种面包内包裹有大块肉的三明治卷。

我国香港特别行政区的麦当劳菜单上有一种特殊的汉堡:汉堡皮由两片糯米制成,而不是两片薄面包。

(资料来源:宋金.世界各地的麦当劳特色菜单[EB/OL].(2019-06-06)[2023-08-07]. https://www.163.com/dy/article/EH19S8BO05372R45.html.)

3)供应商

企业想要生存与发展,必须依靠一定的人力、物力和财力。但企业本身可能并不完全具备这些条件,这就需要企业的供应商源源不断地提供这些要素。如何确定与供应方之间的互利关系,并将这种意识与之共同化为双方合作的心理基础,对于每个经营者来说,都需要给予足够的重视。

4)政府部门

各级政府机构拥有特殊的规制权力,可制定有关的政策法规,对违反法律的组织可以采取必要的行动。有的组织由于其业务的特殊性,更是直接受制于某些政府部门,例如我国的电信业、医药业和饮食业就受制于各自产业部、医药管理局等。

5)社会特殊利益集团

社会特殊利益集团是具有同样特殊利益的一些人建立的社团组织。它们虽然没有政府部门那么大的权力,但同样可以对各类组织在发展过程中施加相当大的影响。它们可以通过直接向政府主管部门反映情况,通过各种宣传工具制造舆论以引起人们的广泛注意,从而对各类组织的活动施加影响。

相关链接

美国工会有多强大?

在美国,《国家劳工关系法》出台后,工会得到了美国法律上的认可,为美国工会的大规模发展奠定了坚实的基础。

在二十世纪五六十年代,美国工业的各行业都成立工会,钢铁行业几乎所有的钢铁公司都建立了自己工会。《国家劳工关系法》规定了工会的职能,即通过劳资双方集体谈判达成的劳动协议决定工人的工资、福利,这极大地提高了工会的地位和作用。

但进入21世纪以后,美国工会也开始受到质疑,不少市场人士表示,美国工会的存在,极大降低了行业的生产效率,虽然美国工会强调保障每一位劳动者的权利,但在另一方面,也会保护部分工作不努力的人群。

(资料来源:范京川.谈谈美国工会的多重角色[EB/OL].(2020-12-24)[2023-12-24]. http://www.sdcourt.gov.cn/ytzyfy/402561/402562/6690729/index.html.)

（四）环境管理

环境对组织的生存发展及对管理的决定与制约作用,要求管理者必须抓好环境管理,能动地适应环境,谋求内部管理与外部环境的动态平衡。

1. 了解与认识环境

管理者要能动地适应环境,首先要了解、认识环境,这是环境管理的基础。管理者要把对环境的了解与掌握纳入重要管理事项。要通过各种渠道搜集有关环境的信息,掌握关于环境的各种因素与变量,把握环境发展变化的趋势与规律。对各种环境变量做到心中有数,始终保持对环境的动态监视与整体把握。

2. 分析与评估环境

在掌握组织环境大量信息、对组织环境充分了解的基础上,要对各种环境因素进行深入的分析与评估。要划分与确定环境因素的类型,确定环境对组织与管理影响的领域、性质及程度的大小。例如,根据一些因素与组织之间的联系,将环境区分为一般环境和任务环境;还可以根据环境的变化程度,将组织所面临的环境分为稳定环境和动态环境两类。

3. 能动地适应环境

在对环境科学评估、正确分类的基础上,要研究与选择对待不同环境的办法。一般是采取依据分类区别对待的管理办法。

（1）对于一般环境,是所有组织共同面临的,也是个别组织无法改变的,因此只能采取主动适应的办法。管理者要从组织环境既定条件与因素出发,去研究、解决本组织的问题,千方百计地利用环境的有利条件,发挥本组织适应环境的优势,因势利导地寻求组织与环境的平衡,以获得组织的发展。

（2）对于任务环境,既是本组织直接面临且影响巨大的环境,又是本组织在一定程度上可以施加影响的环境,因此,管理者要积极干预、创造条件,影响环境朝向有利于本组织的方向发展。例如,企业通过广告、促销等多种方式影响消费者购买心理,从而使消费者产生对本企业产品品牌的特殊偏好,导致其采取大批购买行动,利用正确的竞争策略,打败竞争者,扩大市场份额。

（3）对于稳定环境,管理者可以按正常的程序和规范进行预测与计划,并实行较为稳定和长期的战略与政策。

（4）对于动态环境,管理者则要加强监测,并采取权变管理模式,灵活应变。包括在职权配置上给基层实体以更大的自主权,以便让其独立地、灵活地适应多变的外部环境。

本章小结

管理是指一定组织中的管理者,通过计划、组织、领导、控制等职能来协调以人为中心的组织资源与职能活动,以有效实现组织预定目标的过程。管理的性质包括自然属性与社会属性、科学性与艺术性、系统性、创新性。管理是一个系统,由管理目标、管理者、管理对象、管理机制与方法、管理环境等要素或子系统所组成。管理的职能包括计划、组织、领导和控制。

管理者是指履行管理职能,对实现组织目标负有贡献责任的人。管理者可以按管层次、管理工作的性质、职权关系的性质划分为不同类型。管理者的基本素质包括政治与文化素质、基本业务素质和身心素质。管理者的技能包括技术技能、人际技能和概念技能。现代管理者素质的核心在于创新。管理者要有创新意识、创新精神、创新思维和创新能力。

管理对象包括各类社会组织及其构成要素与职能活动。社会组织可以按不同的标志进行分类；组织内的资源或要素包括人、财、物、时间、信息；最经常、最大量的管理对象是社会组织实现基本职能的各种活动。管理与所处的环境存在着相互依存、相互影响的关系。管理环境中经济环境对工商企业的影响最大，主要包括经济物质资源、国家的经济制度与经济体制、社会的经济规模与发展水平、市场供求与竞争等因素的影响。

关键术语和概念

管理　管理职能　管理者　技术技能　人际技能　概念技能

思考与练习

一、判断题

1. 管理既有科学性又有艺术性。（　　）
2. 对组织目标负有贡献责任的人，即为管理者。（　　）
3. 基层管理者相对于高层管理者来讲，更需要概念技能。（　　）
4. 并非任何组织都需要管理，实际上只有企业才需要管理。（　　）
5. 社会组织是指具有法人资格的群体。（　　）
6. 管理学是一门研究企业管理活动规律和一般方法的科学。（　　）

二、单项选择题

1. 管理对象的核心要素是指（　　）。
   A. 人员　　　　　　B. 资金　　　　　　C. 设备
   D. 时间　　　　　　E. 信息　　　　　　F. 技术

2. 下面陈述正确的是（　　）。
   A. 只有企业才需要管理　　　　　　B. 任何类型的组织都需要管理
   C. 个体企业不需要管理　　　　　　D. 社会团体不需要管理

3. 对于计划、组织、领导、控制这四项职能（　　）。
   A. 所有的管理者都要履行这些职能
   B. 只有高层管理者才要履行这些职能
   C. 高层管理者履行计划和组织职能，基层管理者履行领导和控制职能
   D. 基层管理者履行计划和组织职能，高层管理者履行领导和控制职能

4. 对管理影响最大的环境是（　　）。
   A. 经济环境　　　　　　　　　　　B. 技术环境
   C. 政治环境　　　　　　　　　　　D. 社会与心理环境

5. 管理学是一门（　　）。
   A. 纯理论研究的学科　　　　　　　B. 综合性边缘学科
   C. 追求精确结果的学科　　　　　　D. 存在着"永恒"定律的硬科学

三、多项选择题

1. 管理的基本职能有（　　）。
   A. 计划　　　　　　B. 组织　　　　　　C. 协调
   D. 领导　　　　　　E. 沟通　　　　　　F. 控制

2. 一个企业的总经理是（　　）。
   A. 高层管理者　　　B. 基层管理者　　　C. 综合管理者
   D. 职能管理者　　　E. 直线管理者　　　F. 参谋人员

3. 管理学者 R.L. 卡兹提出管理者应具备三个方面的技能是（　　）。
   A. 技术技能　　　　B. 操作技能　　　　C. 概念技能
   D. 抽象技能　　　　E. 沟通技能　　　　F. 人际技能

4. 管理的对象包括（　　）。
   A. 社会组织　　　　　　　　　　　　　B. 组织中计划等各项职能活动
   C. 组织中的人、财、物、信息等一切资源　D. 社会组织内部的单位

5. 属于企业的任务环境有（　　）。
   A. 企业的供货商　　B. 企业的合作者　　C. 企业的顾客群
   D. 企业的竞争者　　E. 企业的主管部门　F. 企业所处的宏观经济周期

四、简答题

1. 如何理解管理的概念？
2. 管理有哪些性质？
3. 管理者的传统概念与现代概念的区别是什么？
4. 管理者有哪些类型？
5. 管理者的素质包括哪些方面？
6. 如何理解管理对象的构成？
7. 如何理解管理环境的分类？
8. 管理者应如何进行环境管理？

案例分析

案例 1.1　A 项目团队的狂人们

"我们走的方向就不正确！"史密斯嚷嚷着摔门而去。在 A 项目的团队研究工作中，史密斯强硬地坚持己见，并与其他人时常发生矛盾冲突，这样的消息不断地灌进 A 项目实验室负责人琼的耳朵里。"其实，他非常聪明和优秀。"这是琼对史密斯的评价，但史密斯与团队其他人的不和又确实是事实。

"没有必要谈什么团队合作，走出实验室的每一分钟都是在浪费时间。"维克多也是一位出色的科学家，但同样对团队合作不屑一顾，让其他人感觉"伤了自尊"。

而鲍尔和迈克这两个人本是琼的得力干将，自从被分到 A 项目组后，居然水火不容起来。两人在一个重大问题上意见相左，而且看起来似乎没有协商的可能。

与实验室的科学家和工程师相比,琼的学历和资历远远不够,但她却是一个杰出的管理者,很有责任心和自信心,非常善于与人沟通,在关键时刻总能把握住方向。在她的领导下,实验室做出了许多不凡的成绩。目前,琼管理着安捷伦全球三间实验室,作为实验室的负责人,琼知道在 A 项目组中,很多人在自己的专长领域内可以称雄,也有很好的合作精神,能够顾全大局,但总有一些让琼很头痛的"牛"人。

他们很优秀,因此他们很"牛",并且开始对团队表现出杀伤力。如何让项目组的所有成员,尤其是那些有着强烈的自我愿望、自视清高的"牛"人安分地步入项目组既定的目标轨道?

关于这个问题,琼有自己的一套做法。

(1) 认识这个群体。人们需要得到尊重,需要得到倾听,对科学家和工程师而言尤其重要,因为他们需要自己的贡献被世人所认可。

(2) 准确衡量杀伤力。总体而言,那些注重团队合作的人,他们的贡献比游离于团队边界的人要大得多。但总有一些不安分的个人,他们的能力可圈可点,但也可能有一些越界行为。

(3) 对于问题员工,采取不同的方式。

① 换环境法。如果那个人不适应现在所在的研究环境,那么大可尝试将他用在其他地方,比如将他调到另外一个能让他尽情发挥的项目上去。

② 提示法。对合作表现出不屑一顾的人也许并非出自本意,那么就需要在适当的时候以适当的方式让他们意识到自己存在的问题就行了。很多时候必须与员工进行及时的沟通,以达到相互理解的目的。

③ 求同存异。对于意见有分歧的员工进行分别谈话,帮助他们找到相同点。

琼按照这种方法成功地使 A 项目研究工作顺利进行着。琼常说:"别指望靠管理的条条框框能约束这些科学狂人。和他们打交道,就像在厨房里做牛排,仅看菜谱是远远不够的,你得掌握好火候,这些都得凭感觉。"

(资料来源:达琳,陆军. 如何管理很牛的员工[J]. 英才,2005(1):98.)

思考:

(1) 为什么说 A 项目组必须进行有效管理?

(2) 现有的条件能让琼成为一名优秀的管理者吗?作为管理者应具备怎样的条件?

(3) 管理者应如何对待具有不同特征的管理对象?

(4) 案例中涉及了哪些管理职能?

案例1.2 如何进行管理

在一个企业管理经验交流会上,有两个厂的厂长分别论述了如何进行有效管理。

A 厂长认为,企业首要的资产是员工,只有员工们都把企业当成自己的家,都把个人的命运与企业的命运紧密联系在一起,才能充分发挥他们的智慧和力量为企业服务。因此,管理者有什么问题,都应该与员工们商量解决;平时要十分注重对员工需求的分析,有针对性地给员工们提供学习、娱乐的机会和条件;每月的黑板报上应公布出当月过生日的员工的姓名,并祝愿他们生日快乐;如果哪位员工生儿育女了,厂里应派车接送,厂长应亲自送上贺礼。在 A 厂长厂里，员工们都普遍地把企业当作自己的家，全心全意地为企业服务，工厂日益兴旺发达。

B 厂长则认为，只有实行严格的管理才能保证实现企业目标所必须开展的各项活动的顺利进行。因此，企业要制定严格的规章制度和岗位责任制，建立严密的控制体系；注重上岗培训；实行计件工资制等。在 B 厂长厂里，员工们都非常注意遵守规章制度，努力工作以完成任务，工厂发展迅速。

（资料来源：赵有生.现代企业管理[M].3 版.北京：清华大学出版社，2009.）

思考：这两个厂长谁的观点更有道理？为什么？

第二章

管理理论的演变与发展

通过本章的学习,读者应能够:
1. 了解管理理论与管理思想发展的基本脉络;
2. 理解和掌握有代表性重点理论的主要内容及其贡献;
3. 理解现代管理理论的特点;
4. 了解当代管理思想的新发展。

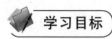

通过理论学习和《卖油翁》的故事,使学生明白劳动分工观点不仅有利于企业提高经济效率和效益,适应和促进早期资本主义社会经济的发展,而且启示我们在以后学习工作过程中要深刻领悟到"熟能生巧"的人生哲理,做到干一行,爱一行,才能专一行,只有在学习工作过程中做到专心、恒心,才能成为该行业领域的佼佼者,为社会、为国家做出更大的贡献。

第一节 中国古代的管理思想和管理实践

《卖油翁》故事

《卖油翁》故事的主人公是陈尧咨,他射箭本领很高,每次射箭十有八九能正中靶心。他依仗自己高超的射术而自命不凡、目中无人。有一次,他射出十箭,射中靶心九箭,引得围观者纷纷叫好,只有一名卖油的老头对他的成就只是微微认可。

正在洋洋得意的陈尧咨十分不解,就问卖油翁:"你凭什么小看我射箭的本领,难道你也是射箭高手?"

卖油翁说:"这没有什么值得炫耀的,只不过是熟能生巧,跟我倒油的经验殊途同归罢了。"

卖油翁说完,拿起一枚铜钱平放在葫芦口上,舀起一勺油从葫芦口慢慢注入,只见他的手很稳,铜钱上没有沾到一滴油。卖油翁对陈尧咨说:"我亦无他,惟手熟尔。"正是这句话,让陈尧咨瞬间折服,不再沾沾自喜,微笑着目送卖油翁离去。

这个故事说明了熟能生巧的道理:只要我们长期坚持不懈地从事一种操作,就可以提高熟练程度、增进技能。

(资料来源:老案.熟能生巧就是用经验提炼的思维模型[EB/OL].(2020-05-03)[2023-06-04]. https://www.jianshu.com/p/2d5e3288bd0a.)

中国在两千多年的封建社会中,中央集权的国家管理制度,在财政赋税的管理、官吏的选拔与管理、人口田亩管理、市场与工商业管理、漕运驿递管理、文书与档案管理等方面,历朝历代都有新的发展,出现了许多杰出的管理人才,在军事、政治、财政、文化教育与外交等领域,显示了卓越的管理才能,积累了宝贵的管理经验。归纳起来,我国古代的管理思想大致有以下几个方面。

一、组织方面的管理思想

《周礼》一书是儒家经典之一,书中搜集周王室官制,将周代官员分为天、地、春、夏、秋、冬六官,以天为最高职,六官分 360 职,各有职掌,层次分明,职责清楚。

在劳动组织方面,我国古代有许多伟大工程,如秦代名将蒙恬征募 30 万人修筑万里长城;隋炀帝动员近百万民工开拓大运河。这些浩大工程的建成,都是古代管理思想在劳动组织上实践的范例。在春秋战国时期,墨子就提出过"劳动过程分工"的思想,他说:"譬若筑墙然,能筑者筑,能实壤者实壤,能欣者欣,然后墙成。"元代董抟霄提出"百里一日运粮术"的具体做法,其中讲到"人不息肩,米不着地,排列成行",可减少不必要的停留时间,缩短操作过程,提高工作效率,这种办法符合现代流水作业原理。

二、经营方面的管理思想

管子是春秋初期的政治家和思想家,他提出的经营思想主要如下。

(1) 经营管理要顺应事物自身的客观规律。认为一切社会活动均有"轨"可循,"不通于轨数而欲为国,不可""如若逆之,必怀其凶不可复振也"。

(2) 强调和气生财,即处理好人际关系;认为"上下不和,虽安必危"。

(3) 办事要守信誉。主张"不欺其民也""言而不可复者,君不言也;行而不可再者,君不行也。凡言而不可复,行而不可再者,有国者之大禁也"。

(4) 办事要从实际出发,量力而行;认为"动必量力,举必量技""不为不可主张办一切成,不求不可得"。

(5) 主张办一切事情必须统筹谋划;提出"事无备则废""以备待时"的观点,其中,许多论点成为后世政治家、理论家的行为准则。

司马迁是西汉时期的历史学家、文学家和思想家,他的《史记·货殖列传》是一篇有名的经济论著,它使我国古代治生的管理思想有了较为完整的理论体系。司马迁的"自然之验"论,是其经济管理的基本思想。他肯定了"农而食之,虞而出之,工而成之,商而通之"等社会生产和流通活动在历史发展中的重要作用。他认定发展商品经济,满足人们的物质需要和求富要求,是社会经济发展的自身规律。这也是他的"自然之验"的基本思想。司马迁对发展商品经济的研究,已突破了传统封建经济思想的局限,表现出了他管理思想的历史进步性和非凡的理论创造力。

三、以人为本的管理思想

老子在《道德经》中讲过"城中有四大,而人居其一焉"。"四大"是指道、天、地、人。可见,老子十分重视人的因素。《管子》中明确指出:"凡治国之道,必先富民。民富则国易治,民贫则国难治。民富则其安乡重家,敬上畏罪,故国易治;民贫则危乡轻家,犯上犯罪,故难治也。"

在用人方面,我国素有"选贤任能""任人唯贤"的主张及"禅让制度"。在《尧典》中,就记述了尧、舜的禅让事迹。在重视人才方面,墨子主张"不辨贫富、贵贱、远近、亲疏,贤者举而尚之,不肖者抑而废之"。

这些以人为本的管理思想,比西方著名的霍桑实验中提出的人本思想在时间上要早2000多年。

四、理财方面的管理思想

孔子在理财方面主张"崇俭",他在《论语》中指出:"节用而爱人,使民以时。"墨子主张"俭节则昌,淫佚则亡"。荀况主张富国与富民并举,提倡"上下俱富",为此必须"节其流,开其源,使天下必有余,而上不忧不足"。这些观点都说明"开源节流"和"崇俭黜奢"是我国历来倡导的思想。

五、管物方面的管理思想

我国古代对物管理的一个指导思想就是"利器说"。孔子在《论语》中说:"工欲善其事,必先利其器。"

《吕氏春秋》指出,使用利器可达到"其用日半,其功可使倍"的效果。另外,在定额管理、规范操作方面,宋代李诫编修的《营运法式》一书早有系统记载。对财物保管和收纳支出也早有制度,并有专门官员分类管理。

六、法治优于人治的思想

我国的法治思想起源于先秦法家和《管子》,后来逐渐演变成一整套法制体系,包括田土法制、财税法制、军事法制、人才法制、行政管理法制、市场法制等。韩非在论证法治优于人治时,举传说中舜的例子。舜事必躬亲,亲自解决民间的田界纠纷和捕鱼纠纷,花了三年时间纠正三个错误。韩非说这个办法不可取,"舜有尽,寿有尽,天下过无已者,以有尽逐无已,所止者寡矣"。如果制定法规公之于众,违者依法纠正,治理国家就方便了。他还主张法应有公开性和平等性,即实行"明法""一法"原则。"明法"就是"著之于版图,布之于百姓",使全国皆知。"一法",即人人都得守法,在法律面前,人人平等,"刑过不避大臣,赏善不遗匹夫",各级政府官员不能游离法外,"能去私曲就公法者,民安而国治"。

七、系统管理思想

我国古代集中体现系统管理思想的言论和实例很多。春秋末期,思想家老子就曾阐明自然界的统一性,把宇宙作为一个整体系统来研究,以认识人类赖以生存的地球所处的位置和气候变化规律对人类生产和生活的影响。我国古代天文学家很早就揭示了天气运行与季节变化的关系,从而制定了历法与指导农事活动的二十四节气。西周时代,用阴阳二气的矛盾来解释自然现象,产生了"五行"观念,认为金、木、水、火、土是构成世界大系统的五种基本物质要素。我国古医书《黄帝内经》强调人体各器官的有机联系,指出身体健康与自然环境的联系、心理与生理现象的关联等,诊断疾病强调综合分析,强调因人、因时、因地制宜,并把治疗与调养、治疗与防病结合起来。

我国古代的管理思想极为丰富,有不少内容至今仍闪耀着光彩,现代管理学中的一些观点、理论和方法也都可以从我国古代思想宝库中直接或间接地找到有益的借鉴。

第二节　古典管理理论

福特推广泰罗制

1913年,福特应用创新理念和反向思维逻辑提出,在汽车组装中,汽车底盘在传送带上以一定速度从一端向另一端前行。前行中,逐步装上发动机、操控系统、车厢、方向盘、仪表、车灯、车窗玻璃、车轮,一辆完整的车组装成了。第一条流水线使每辆T型汽车的组装时间由原来的12小时28分钟缩短至10秒钟,生产效率提高了4488倍。

当然,在创建世界上第一条流水生产线的过程中,老福特也将泰罗提出的把计划(管理)和执行(作业)的职能分离的观点充分运用于自己的生产线运作当中。他首先将脑力劳动和体力劳动分工明确:设计人员负责设计,管理人员负责监督,工人只需要完成简单动作,流水线上的分工专业化到最细微的地步,保证每个工人都能以最简单的方法完成工作,并且寻找最佳的生产模式。无论在设计、生产、管理上都需要寻找最佳的模式,达到提高效率和节省成本的目的。

实践证明老福特将泰罗理论完美运用创立的生产线是绝对成功的:以前采用常规方法的时候,一个员工要做完装配的全部工序,即使他很辛苦地工作,一天从早到晚劳动9小时,也只能装配35~40台机器,也就是平均每20分钟组装1台。后来,他所做的全部工作被分解成了29道工序,每道工序由专人负责,这样装配台机器的时间就减少了13分10秒。在1914年,公司把流水线的高度提高了8英寸,装配时间又降低到了7分钟。再后来,由于工作熟练程度的进一步提高,装配时间又降低到了平均每台只需5分钟。

1913—1914年,福特汽车公司的产量再次实现了翻番,可是在此期间工人的数量不仅没有增加,反而从14336人减少到了12880人。福特汽车公司成立后的24年共生产出了1600多万辆汽车,约占当时世界汽车总产量的50%,确立了福特汽车公司在当时的汽车行业中无可争辩的霸主地位,这样的辉煌成就来源于福特将泰罗管理学精神的合理运用以及前所未有的管理革新。

(资料来源:陈卫中.管理学基础[M].北京:北京理工大学出版社,2009.)

古典管理理论是指19世纪末20世纪初,西方管理理论的总称。古典管理理论代表人物泰罗、法约尔、韦伯从三个不同角度,即车间工人、办公室总经理和组织来解决企业和社会组织的管理问题,为当时的社会解决企业组织中的劳资关系、管理原理和原则、生产效率等方面的问题,提供了管理思想的指导和科学理论方法。

一、泰罗的科学管理理论

(一)科学管理理论产生的背景

泰罗科学管理的产生和形成有其深刻的历史背景。19世纪末,美国南北战争结束,废除黑奴制、开发西部为美国提供了大量劳动力和广阔的市场。1890年封闭边境,国内人口趋于稳定,资本主义处于蓬勃发展时期。工业革命的种种成果由欧洲移民带到美洲大陆,使得美国的商品经济、劳动分配、工厂制度得到了发展,生产力的发展对管理提出了新的要求。技术的进步,企业、公司产品的多样化和生产经营的分散化,使小规模条件下的独裁型管理举步维艰,迫切需要专业型的管理取而代之。

但当时的美国管理却相对滞后,工厂管理主要依靠资本家个人的经验和主观臆断。不仅管理凭经验,而且生产方法、工艺制作以及人员培训也都是凭个人经验,管理缺乏科学的依据,工作效率很低。资本家为了赚取更多的利润,采用的手段不外乎是延长劳动时间,或增加劳动强度。因此,工人的消极怠工和抵抗情绪都很大,劳资矛盾尖锐。伴随着资本主义周期性的经济危机,失业现象非常严重。工人为了加强同企业主的斗争,组织起来成立工会,要求缩短工时,降低劳动强度,增加工资,这就迫使企业主不得不放弃单靠解雇工人、延长劳动时间、增大劳动强度来获得超额利润的做法。尽管早期的管理学者对如何提高生产效率有过相关的研究和论述,但由于数量较少又很不成熟,没有形成理论体系。企业主未能完全认识到怎样进行管理才能既解决劳资关系问题,又不减少所获取的剩余价值。因此,为适应生产力发展的要求,急需一套系统的管理理论和科学的管理方法与之相适应,以改进工厂和车间的管理。这一时期,不仅在美国,同时在英国、法国、德国等西方国家都出现了对管理研究的热潮,很多理论相继产生,近代管理理论开始形成。泰罗的科学管理理论就是这一时期形成的最有影响的理论之一。

(二)泰罗与科学管理理论

泰罗(1856—1915)出生于美国费城一个富有的律师家庭,19岁时考上哈佛大学法律系,但不幸因眼疾而被迫辍学。1875年,他进入一家小机械厂当学徒工,1878年转入费城米德瓦尔钢铁厂当机械工人,他在该厂一直干到1897年。在此期间,由于工作努力,表现突出,他很快先后被提升为车间管理员、小组长、工长、技师、制图主任和总工程师,并业余学习获得了机械工程学士学位。在米德瓦尔钢铁厂的实践中,他感到当时的企业管理层不懂得用科学方法来进行管理,不懂得工作程序、劳动节奏和疲劳因素对劳动生产率的影响,而工人则缺少训练,没有正确的操作方法和适用的工具。这都大大影响了劳动生产率的提高。为了改进管理,他在米德瓦尔钢铁厂进行各种试验。

1898年,泰罗受雇于伯利恒钢铁公司,继续从事管理方面的研究。1901年后,他大部分时间从事咨询、写作和演讲等工作,来宣传他的一套管理理论——科学管理,即通常所称的"泰罗制",为科学管理理论在美国和国外的传播做出了贡献。他一生的研究硕果累累,其主要著作有《科学管理原理》《车间管理》《计件工资制》《金属切削工艺》《效率的福音》等,其代表作是1911年发表的《科学管理原理》,该书的出版标志着科学管理思想的正式形成,泰罗也因此被西方管理学界称为"科学管理之父"。

(三)科学管理理论的主要内容

泰罗对科学管理作了这样的定义,他说:"诸种要素——不是个别要素的结合,构成了科学管理,它可以概括如下:科学,不是单凭经验的方法。协调,不是不和别人合作,不是个人主义。最高的产量,取代有限的产量。发挥每个人最高的效率,实现最大的富裕。"这个定义,既阐明了科学管理的真正内涵,又综合反映了泰罗的科学管理思想。

科学管理理论就是围绕提高工作效率这一中心问题展开的,其内容可归纳如下。

1. 科学定额制度

在当时美国的企业中,由于普遍实行经验管理,由此造成一个突出的矛盾,就是资本家不知道工人一天到底能干多少活,但总嫌工人干活少、工资多,于是就往往通过延长劳动时间、增加劳动强度来加重对工人的剥削。而工人,也不确切知道自己一天到底能干多少活,但总认为自己干活多、工资少。当资本家加重对工人的剥削,工人就用"磨洋工"消极对抗,这样企业的劳动生产率当然不会高。

泰罗认为,提高效率要制定出有科学依据的工人的"合理的日工作量",就必须进行工时和动作研究。方法是选择合适且技术熟练的工人,把他们的每一个动作、每一道工序所使用的时间记录下来,加上必要的休息时间和其他延误时间,就得出完成该项工作所需要的总时间,据此定出一个工人"合理的日工作量",这就是所谓的工作定额原理。

 相关链接

搬运铁块试验

泰罗在动作研究中进行了一项搬生铁的实验。他在伯利恒钢铁公司从事管理研究时,看到公司搬铁块工作量非常大,有75名搬运工人负责这项工作,把铁块搬上火车运走。每个铁块重40多千克,搬运距离为30米。尽管每个工人都十分努力,但工作效率并不高,每人每天平均只能搬运12.5吨的铁块。泰罗经过认真的观察分析,最后测算出,一个好的搬运工每天应该能够搬运47吨,而且不会危害健康。他精心地挑选了一名工人并进行了培训。泰罗的一位助手按照泰罗事先设计好的时间表和动作对这位工人发出指令。如搬起铁块、开步走、放下铁块、坐下休息,等等。实验结束,这名工人将他每天的搬运量从12.5吨增加到了47.5吨。从此以后,搬运工作的定额就提高到了47.5吨。泰罗的这项研究把工作定额一下提高了将近3倍,工人的日工资由原来的1.15美元提高到1.85美元,而每吨的搬运费则从7.5美分降到3.3美分。

动作研究为制定合理的工作定额打下了良好的基础。

(资料来源:中公教育.管理学知识之搬运生铁块实验[EB/OL].(2023-08-08)[2023-09-20]. https://www.eoffcn.com/kszx/detail/1173182.html.)

2. 标准化原理

使工人掌握标准化的操作方法,使用标准化的工具、机器和材料,并使作业环境标准化,这就是所谓标准化原理。泰罗认为,必须用科学的方法对工人的操作方法、工具、劳动和休息时间的搭配、机器的安排和作业环境的布置等进行分析,消除各种不合理的因素,把各种最好的因素结合起来,形成一种最好的方法,他把这叫作管理当局的首要职责。

3. 科学合理的用人选人原理

为了提高劳动生产率,必须为工作挑选"第一流的工人"。泰罗认为:"每一种类型的工人都能找到某些工作使他成为第一流的,除了那些完全能做好这些工作而不愿做的人。"在制定工作定额时,泰罗是以"第一流的工人在不损害其健康的情况下维护较长年限的速度"为标准的。这种速度不是以突击活动或持续紧张为基础,而是以工人能长期维持正常速度为基础。泰罗认为,健全的人事管理的基本原则是:使工人的能力同工作相配合,管理当局的责任在于为雇员找到最合适的工作,培训他成为第一流的工人,激励他尽力来工作。

4. 差别计件工资制

为了鼓励工人努力工作并完成定额,泰罗提出实行刺激性的计件工资报酬制度。这种计件工资制度包含三点内容:第一,通过对工时的研究和分析,制定出一个有科学依据的定额或标准。第二,采用一种叫作"差别计件制"的刺激性付酬制度,即计件工资率按完成定额的程度而浮动。例如,如果工人只完成定额的80%,就按80%工资率付酬;如果超过了定额的120%,则按120%工资率付酬。第三,工资支付的对象是工人而不是职位,即根据工人的实际工作表现而不是根据工作类别来支付工资。泰罗认为这样做会体现多劳多得,既能减少消极怠工的现象,又能调动工人的积极性,从而促使工人大大提高劳动生产率。资本家的支出虽然会有所增加,但由于产量增加,利润提高的幅度会超过工资提高的幅度,对资本家还是有利的;更重要的是,这种工资制还有利于缓和劳资矛盾,实现"和谐的合作关系"。

5. 计划职能与执行职能相分离

经验工作法是指每个工人用什么方法操作,使用什么工具等,都由他根据自己的或师傅等人的经验来决定。泰罗主张明确划分计划职能与执行职能,由专门的计划部门来从事调查研究,为定额和操作方法提供科学依据;制定科学的定额和标准化的操作方法及工具;拟订计划并发布指示和命令;比较"标准"和"实际情况",进行有效的控制等工作。至于现场的工人,则从事执行的职能,即按照计划部门制定的操作方法和指示,使用规定的标准工具从事实际操作,不得自行改变。

6. 职能工长制

泰罗认为,在军队式组织的企业,工业机构的指令是从经理经过厂长、车间主任、工段长、班组长传达到工人。在这种企业,工段长和班组长的责任是复杂的,需要相当的专业知识和各种天赋的才能,所以只有本来就具有非常素质并受过专门训练的人才能胜任。泰罗列举了在传统组织下作为一个工段长应具有的几种素质,即教育、专业知识或技术知识、机智、充沛的精力、毅力、诚实、判断力或常识、良好的健康情况等。但是每一个工长不可能同时具备这9种素质,为了事先规定好工人的全部作业过程,必须使指导工人干活的工长具有特殊的素质。因此,为了使工长职能有效地发挥,就要进行更进一步细分,使每个工长只承担一种管理的职能,为此,泰罗设计出8种职能工长来代替原来的一个工长。这8个工长4个在车间、4个在计划部门,在其职责范围内,每个工长可以直接向工人发布命令。在这种情况下,工人不再听一个工长的指挥,而是每天从8个不同领导那里接受指示和帮助。

(四)科学管理理论的主要贡献和缺陷

泰罗是在历史上第一次使管理从经验上升为科学,泰罗科学管理的最大贡献在于泰罗所提倡的在管理中运用科学方法和他本人的科学实践精神。泰罗科学管理的精髓是用精确的调查研究和科学知识来代替个人的判断、意见和经验。

泰罗理论的核心是寻求最佳工作方法,追求最高生产效率。泰罗和他的同事创造和发展了一系列有助于提高生产效率的技术和方法。如时间与动作研究技术和差别计件工资制等,这些技术和方法不仅是过去,而且是近代合理组织生产的基础。

科学管理与传统管理相比,一个靠科学地制定操作规程和改进管理,另一个靠拼体力和时间;一个靠金钱刺激,另一个靠饥饿政策。从这几点看,科学管理有了很大的进步。但是,泰罗对工人的看法是错误的。他认为工人的主要动机是经济的,工人最关心的是提高自己的金钱收入,即坚持"经济人"的假设。他还认为工人只有单独劳动才能好好干,集体的鼓励通常是无效的。另外,"泰罗制"仅解决了个别具体工作的作业效率问题,而没有解决企业作为一个整体如何经营和管理的问题。

二、法约尔的一般管理理论

亨利·法约尔,法国人,早期即参与企业的管理工作,并长期担任企业高级领导职务。泰罗的研究是从"车床前的工人"开始,重点内容是提高劳动生产率。法约尔的研究则是从"办公桌前的总经理"出发的,以企业整体作为研究对象。他认为,管理理论是"指有关管理的、得到普遍承认的理论,是经过普遍经验检验并得到论证的一套有关原则、标准、方法、程序等内容的完整体系";有关管理的理论和方法不仅适用于公私企业,也适用于军政机关和社会团体。这正是其一般管理理论的基石。

法约尔的著述很多,1916年出版的《工业管理和一般管理》是其代表作,标志着一般管理理论的形成。

(一)一般管理理论的主要内容

一般认为,法约尔是第一个概括和阐述一般管理理论的管理学家,他的理论概括起来大致包括以下内容。

1. 企业的六项基本活动

法约尔指出,任何企业都存在六项基本的活动,而管理只是其中之一。这六项基本活动是:

技术活动——指生产、制造、加工等活动;

商业活动——指采购、销售、交换等活动;

财务活动——指资金的筹措和运用等活动;

安全活动——指设备维护和职工安全等活动;

会计活动——指货物盘存、成本统计、核算等活动;

管理活动——包括计划、组织、指挥、协调和控制五项职能活动。

在这六项基本活动中,管理活动处于核心地位,即企业本身需要管理,同样,其他五项属于企业的活动也需要管理。

法约尔还认为,管理是一种可应用于一切机构的独立活动,管理是可以教授的。

2. 管理的 14 项原则

法约尔在《工业管理与一般管理》一书中提出了 14 项著名的原则。在法约尔的笔下,"原则"一词不是一个固定不变的僵化的概念,因为他认为在管理方面,没有什么死板和绝对的东西,只有尺度问题,因而原则是灵活的、可以适用于一切需要的。他要求使用它的人根据自己的智慧、经验和判断掌握尺度。其原则如下。

(1)劳动分工。法约尔认为,劳动分工属于自然规律。劳动分工不只适用于技术工作,而且也适用于管理工作。应该通过分工来提高管理工作的效率。但是,法约尔又认为:"劳动分工有一定的限度,经验与尺度感告诉我们不应超越这些限度。"

(2)权力和责任。有权力的地方,就有责任。责任是权力的孪生物,是权力的当然结果和必要补充。这就是著名的权力与责任相符的原则。法约尔认为,要贯彻权力与责任相符的原则,就应该有有效的奖励和惩罚制度,即"应该鼓励有益的行动而制止与其相反行动"。实际上,这就是现在我们讲的权、责、利相结合的原则。

(3)纪律。这是企业和其下属之间通过协定而达成一致的服从、勤勉、积极、举止和尊敬的表示。无论是书面的还是默许的,它是以共同的愿望或法律和惯例为基础的。没有纪律,任何一个企业都不能兴旺繁荣,纪律的执行状况则主要取决于其领导者的道德状况。维护纪律不排除对违反共同协定即违反纪律的行为进行惩罚,包括指责、警告、罚款、停职、降级或开除。高层领导者和下属一样,必须接受纪律的约束。

(4)统一指挥。法约尔的统一指挥原则是指无论什么时候、无论对什么工作,一个下属都应接受且只接受一个上级的命令。这是一项既普遍又非常必要的管理原则,如果这条原则遭到破坏,那么权力将遭到损害,纪律也会受到破坏,秩序和稳定将会受到威胁。如果组织中两位领导人向同一个人或就同一件事发布不同的命令,将会使得下属无所适从,组织活动就会出现混乱。因此,必须避免出现多重指挥的情况。

(5)统一领导。法约尔认为,统一领导原则是指凡是具有同一目标的全部活动,仅应有一个领导人和一套计划。统一指挥与统一领导这两个原则之间,既有区别又有联系。统一指挥原则讲的是一个下级只能接受一个上级的指令,而统一领导原则指的是组织机构设置的问题。法约尔认为,人们可以通过建立完善的组织机构来实现一个社会团体的统一领导,而统一指挥则取决于人员如何发挥作用。统一指挥必须在统一领导下才能实现。

（6）个人利益服从整体利益。个人或一些人的利益不能置于企业利益之上，一个家庭的利益应先于一个成员的利益，国家利益应高于一个公民或一些公民的利益。

（7）合理报酬。人员的报酬是其服务的价格，应该合理，并尽量使企业同其所属人员（雇主和雇员）都满意。报酬率首先应取决于生活费用的高低、可雇人员的多少、业务的一般状况及企业的经济地位等，然后再看人员的才能，最后再看采用的报酬方式。人们对报酬方式通常希望：一能保证报酬公平；二能奖励有益的努力和激发热情；三不应超过合理限度而过多地获取报酬。

（8）集权与分权。集中也是一种必然规律的现象。在动物机体或社会组织中，感觉集中于大脑或领导部门，从大脑或领导部门发出命令，使组织的各部分运转。无论是集权管理，还是分权管理，作为一种制度，本身无所谓好坏，问题是一个尺度问题，关键是根据企业的情况，决定最适程度。权力集中与分散的措施本身可以经常变化，有所提高下属作用的做法都是分散，降低这种作用的做法则是集中。选用何种方式，最终目的是尽可能地发挥所有人员的才干。

（9）等级链与跳板。等级链是指从最高的权威者到最底层管理人员的等级系列，它表明权力等级的顺序和信息传递的途径。为了保证命令的统一，不能轻易违背等级链，请示要逐级进行，指令也要逐级下达。有时这样做会延误信息，法约尔设计了一种"跳板"，便于同级之间的横向沟通。但在横向沟通前要征求各自上级的意见，并且事后要立即向各自上级汇报，从而维护了统一指挥的原则。

（10）秩序。建立秩序是为了避免损失物资和时间。为了完全达到这个目的，不但应该使物品都在它们的位置上排列整齐，而且应该事先选择位置，以便尽可能地便利所有的工作程序。就社会秩序来说，应该使每个人都有一个位置，每个人都在指定给他的位置上。完善的社会秩序还要求"人皆有位，人称其职"，因而，良好的组织与选拔工作很重要。

（11）公平。公平就是"善意"加"公道"。公道是实现已订立的协定。但这些协定不能什么都预测到，要经常地说明它，补充其不足之处。为了鼓励其所属人员能全心全意地和无限忠诚地履行他的职责，应该以善意来对待他，公平就是由善意与公道产生的。做事公平要求有理智、有经验，并有善良的性格，同时不应忽视任何原则，不忘掉总体利益。

（12）人员的稳定。一个人要适应他的新职位，并做到能很好地完成他的工作，需要很长的时间，假设他具有必要的能力，如果刚刚熟悉自己的工作就又换地方（或被调离）了，他就没有时间和办法为本企业提供良好的服务。管理人员更是如此。一般来说，一个成功的企业，其员工和管理人员必须相对稳定，人员变换频繁的组织是难以取得成功的。当然，人员的变动有时是不可避免的，稳定的原则如同其他的所有原则一样，也是个尺度问题，对组织来说，关键是把握好人员流动的合适尺度。

相关链接

终身雇佣制

终身雇佣制是个人在接受完学校教育开始工作时，一旦进入一个组织，将一直工作到退休为止,而组织不能以非正当理由将其解聘的制度。最早是日本企业倡导的一种管理实践,与其相对应的管理实践包括对年轻员工实行全面的职业管理和教育培训。对留住员工,保持员工对于组织的忠诚度、承诺度等有积极作用。和年功序列制、组织工会制并称为日本经营的"三大法宝"。松下公司是日本企业界公认的"终身雇佣制鼻祖"。但随着技术革命和市场的瞬息万变,这一制度受到越来越多的考验和挑战。21世纪初期,松下公司率先突破这一延续多年的管理实践。

(资料来源:顾明远.教育大辞典[M].上海:上海教育出版社,1998.)

(13) 首创精神。在工作中发挥自己的才智,提出具有创造性的想法或发明就是人们的首创精神,它会给人们带来极大的快乐,也是刺激人们努力工作的最大动力之一。企业的领导人应该肯定和鼓励职工的首创精神,自己也要具有首创精神。

(14) 团结精神。法约尔强调,不团结对企业的生存和发展是极为有害的,员工往往由于管理能力的缺乏,有私心的人由于追求个人利益而忽视或忘记了组织的团结。组织的集体精神的强弱取决于这个组织内部员工之间是否和谐团结。全体成员的和谐与团结是这个组织发展的巨大力量。

3. 管理工作的五项职能

法约尔管理思想的另一内容,是他首先把管理活动划分为计划、组织、指挥、协调与控制五大职能,并对这五大管理职能进行了详细的分析和讨论。法约尔认为:"计划就是探索未来和制定行动方案;组织就是建立企业的物质和社会的双重结构;指挥就是使其人员发挥作用;协调就是连接、联合、调和所有的活动和力量;控制就是注意一切是否按已制定的规章和下达的命令进行。"

法约尔还认为,管理的这五大职能并不是企业经理或领导人个人的责任,它同企业其他五大类工作一样,是一种分配于领导人与整个组织成员之间的职能。

(二) 一般管理理论的主要贡献

法约尔的十四项管理原则可以适用于一切管理活动,其实质内容在于统一指挥和等级系列,为管理理论的形成构筑了一个科学的理论框架,奠定了管理学的基础。泰罗的科学管理使管理从经验阶段上升为科学阶段,为管理的发展做出了巨大的贡献。但由于科学管理的研究主要集中在微观的生产作业领域,提出的是具体的管理方式、方法,缺乏宏观思考,无法形成理论体系。法约尔的一般管理理论系统性和理论性更强,对管理五大职能的分析不仅揭示了管理的本质,还为管理科学提供了一套科学的理论框架。法约尔提出的管理原则,经受住了实践的检验,一直在指导着人们的管理研究和实践活动。

法约尔还强调管理教育的必要性与可能性,认为人的管理能力可以通过教育来获得,提倡普及管理教育。后来管理学的教科书一般都是按照法约尔的一般管理的框架来撰写的。当今管理教育已非常普遍,它为社会培养出大量的各行各业、各个层次的管理人才,这与法约尔的贡献密不可分。

三、韦伯的行政组织理论

马克斯·韦伯(Max Weber,1864—1920),德国人,1882年进入海德堡大学学习法律,并先后就读于柏林大学和哥廷根大学。担任过教授、政府顾问、编辑等,对社会学、宗教学、经济学与政治学都有相当深厚的造诣。韦伯的管理思想主要集中在《社会组织与经济组织》一书中,在该书中,他主张建立一种高度结构化的、正式的、非人格化的"理想的行政组织体系"。他最大的贡献是首创了一套完整的组织理论,即官僚制组织理论。

(一)行政组织体系的权力基础

韦伯的研究对象主要是正式组织,他特别注重组织理论权威的意义。他认为,任何组织都必须有某种形式的权力为基础,假如缺少某种形式的权力,组织就不能实现其目标。只有权力才能变混乱为秩序。古往今来,人类社会存在三种为社会所接受的权力。

(1)神授的权力。这种权力是以对个人的崇拜为基础的,被崇拜者具有超凡的魅力。

(2)传统的权力。它是以古老传统的不可侵犯性和执行这种权力的人的地位的正统性为依据的。对这种权力的服从是对拥有这种不可侵犯的权力地位的个人的服从。

(3)理性、法定的权力。它是以合法性为依据的。对这种权力的服从是由于依法建立的一套等级制度,如一个企业、国家机构、军事单位或其他组织。这是对确认的职务或职位的权力的服从。韦伯认为,传统的权力效率较差,因为领导人不是按能力挑选的,神授的权力则是带有感情色彩并且是非理性的。只有理性、法定的权力才适宜作为理想组织体系的基础,才是最符合理性、高效率的组织结构形式。

(二)理想的行政组织体系的特征

理想的行政组织体系是指通过职务或职位而不是通过个人或世袭地位来管理。韦伯认为,理想的行政组织体系是现代社会最有效和合理的组织形式,它在精确性、稳定性、纪律性和可靠性方面都优于其他组织形式。其之所以是理想的,是因为它具有以下特征。

(1)任何机构组织都应有确定的目标。机构是根据明文规定的规章制度组成的,并具有确定的组织目标。人员的一切活动都必须遵守一定的程序,其目的是实现组织的目标。

(2)组织目标的实现,必须实行劳动分工。组织为了达到目标,把实现目标的全部活动进行划分,然后落实到组织中的每一个成员。在组织中的每一个职位都有明文规定的权利和义务,这种权利和义务是合法化的,在组织工作的每个环节上,都是由专家来负责的。

(3)按等级制度形成的一个指挥链。这种组织是一个井然有序且具有完整的权责相互对应的组织,各种职务和职位按等级制度的体系进行划分,每一级的人员都必须接受其上级的控制和监督,下级服从上级。但是他也必须为自己的行动负责,这样,上级必须对自己的下级拥有权力,发出下级必须服从的命令。

(4)在人员关系上,上级与下属之间是一种指挥和服从的关系。这种关系不是由个人决定的,而是由职位所赋予的权力所决定的,个人之间的关系不能影响到工作关系。

(5)承担每一个职位的人都是经过挑选的,也就是说必须经过考试和培训,接受一定的教育获得一定的资格,由职位的需要来确定由什么样的人来承担。人员必须是称职的,同时是不能随便免职的。

（6）人员实行委任制。所有的管理人员都是委任的,而不是选举的(必须通过选举的职位除外)。

（7）管理人员管理企业或其他组织,但他不是这些企业或组织的所有者。

（8）管理人员有固定的薪金,并且有明文规定的升迁制度,有严格的考核制度。管理人员的升迁是完全由他的上级来决定的,下级不得表示任何意见,以防止破坏上下级的指挥系统,通过这种制度来培养组织成员的团队精神,要求他们忠于组织。

（9）管理人员必须严格地遵守组织中的法规和纪律,这些规则不受个人感情的影响,而适用于一切情况。组织对每个成员的职权和协作范围都有明文规定,使其能正确地行使职权,从而减少内部的冲突和矛盾。

韦伯认为,凡具有上述特点的组织,可使组织表现出高度的理性化,其成员的工作行为也能达到预期的效果,组织目标也能顺利达成。韦伯对理想的官僚组织模式的描绘,为行政组织指明了一条制度化的组织准则,为社会发展提供了一种高效率、合乎理性的管理体制。

（三）行政组织理论的主要贡献

韦伯的理想行政组织理论,总结了在大型组织中的实践经验,为社会发展提供了一种稳定、严密、高效、合理性的管理体系模式,这是他在管理思想上的最大贡献。韦伯认为,这种高度结构化的、正式的、非人格化的理想行政组织体系是强制控制的合理手段,是达到目标、提高效率的最有效形式。这种组织形式在精确性、稳定性、纪律性和可靠性等方面都优于其他组织形式,能适用于各种行政管理工作及当时日益增多的各种大型组织,如教会、国家机构、军队、政党、经济组织和社会团体。韦伯的这一理论,对泰罗、法约尔的理论是一种很有价值的补充,对后来的管理学家,特别是组织理论家产生了很大影响。行政组织化是人类社会不可避免的进程,韦伯的理想行政组织体系自出现以来得到了广泛的应用,它已经成为各类社会组织的主要形式。

第三节　行为科学理论

古典管理理论侧重于从管理职能、组织方式等方面研究效率问题,着重强调管理的科学性、合理性、纪律性,而未给管理中人的因素和作用以足够重视,对人的心理因素考虑很少或根本不去考虑。行为科学理论是20世纪30年代开始形成的一门研究人类行为的、综合性科学,并且发展成国外管理研究的主要学派之一,是管理学中的一个重要分支,它通过对人的心理活动的研究,掌握人们行为的规律,从中寻找对待员工的新方法和提高劳动效率的途径。

一、梅奥的人际关系学说

乔治·埃尔顿·梅奥(George Elton Mayo,1880—1949)是人际关系学说及行为科学的代表人物。他原籍澳大利亚,早年学习逻辑学和哲学,取得硕士学位,并在昆士兰大学教授了几年逻辑学和哲学,此后又学习心理学。他在苏格兰学医时,参加了精神病理学的研究，这对他以后从事工业中人际关系的研究很有帮助。1922年，梅奥在洛克菲勒基金会的资助下移居美国，并在宾州大学沃顿学院任教。1926年被哈佛大学聘为教授，从事心理学和行为科学研究。他的代表作《工业文明中人的问题》总结了他亲身参与和指导的霍桑试验及其他几个试验的研究成果，详细地论述了人际关系理论的主要思想。

（一）霍桑试验

霍桑试验是美国国家研究委员会从1924年到1932年在美国芝加哥西方电器公司的霍桑工厂进行的。霍桑工厂是一个制造电话交换机的工厂，具有较完善的娱乐设施、医疗制度和养老金制度，但工人们仍愤愤不平，生产效率很不理想。为找出原因，美国国家研究委员会组织研究小组开展实验研究，研究小组聘请了包括社会学、心理学、管理学等多方面的专家进驻霍桑工厂，开始进行大规模的试验。实验期间，主要做了以下工作。

(1) 工作场所照明试验。该试验从变换车间的照明开始，研究工作条件与生产效率之间的关系。研究人员希望通过实验得出照明强度对生产率的影响，但试验结果却发现，照明强度的变化对生产率几乎没有什么影响。

(2) 继电器装配室试验。在试验中分期改善工作条件，如改进材料供应方式、增加工间休息、供应午餐和茶点、缩短工作时间、实行集体计件工资制、在工作时间可以自由交谈等。经过研究，发现其他因素对产量无多大影响，而监督和指导方式的改善能促使工人改变工作态度、增加产量。

(3) 大规模访谈。研究人员在全公司范围内进行访问和调查，达2万多人次，得到了大量有关职工态度的第一手资料。结果发现，任何一个人的工作效率都要受其同事态度的影响。影响生产力的最重要因素是工作中发展起来的人群关系，而不是待遇和工作环境。

(4) 接线板工作室观察。在这一阶段有许多重要发现，如工作室大部分成员都自行限制产量、工人对不同级别的上级持不同态度、成员中存在小派系等。

在霍桑工厂进行的试验经历了八年时间，获得了大量的第一手资料。试验的结果大大出乎人们的意料，影响工人劳动生产率的并非是物质因素，而是在工作中发展起来的人群关系。这个结果推动了管理理论发展的进程，为人际关系理论的形成以及后来行为科学的发展打下了基础。梅奥在霍桑试验后，利用获得的大量的宝贵资料继续进行研究，最终提出了人际关系学说。

（二）人际关系学说的主要内容

1. 工人是"社会人"而不是"经济人"

泰罗的科学管理认为工人是"经济人"，只要用金钱加以刺激，工人就有工作的积极性。而梅奥认为，人们的行为并不单纯出自追求金钱的动机，还有社会方面的、心理方面的需要，即追求人与人之间的友情、安全感、归属感和受人尊敬等，而后者更为重要。因此，不能单纯从技术和物质条件着眼，而必须首先从社会心理方面考虑合理的组织与管理。

斯特松公司是美国一家古老的制帽厂,1987年时公司的情况非常糟糕:产量低、品质差、劳资关系极度紧张。此时,当地的一位管理顾问薛尔曼应聘进厂调查。他的调查结果显示:员工们对管理层、工会缺乏信任,员工彼此间也如此。公司内的沟通渠道全然堵塞,员工们对基层领班更是极度不满,其中包含了偏激作风、言语辱骂、不关心员工的情绪等问题。通过倾听员工的心声,认清问题所在,薛尔曼开始实施一套全面的沟通措施,加上有所觉悟的管理层的支持,竟在几个月内,不但使员工憎恨责难的心态瓦解,也让他们开始展现出团队精神,生产能力也有提高。感恩节前夕,薛尔曼和公司的最高主管亲手赠送火鸡给全体员工,隔天收到员工回赠的大大的签名谢卡,上面写着:谢谢把我们当人看。

(资料来源:苏学锋.感情管理:老板,请学会体贴你的员工![EB/OL].(2018-04-28)[2023-05-28]. https://www.sohu.com/a/229782811_100130283.)

2. 企业中存在着非正式组织

梅奥认为,人具有社会性,在企业的共同工作当中,人们相互联系,会自然形成一种非正式团体。在这种团体中,人们具有共同的感情和爱好,可以在某种程度上支配其成员的行为方式。梅奥指出,非正式组织与正式组织有重大差别。在正式组织中,以效率逻辑为其行为规范;而在非正式组织中,则以感情逻辑为其行为规范。如果管理人员只是根据效率逻辑来管理,而忽略工人的感情逻辑,必然会引起冲突,影响企业生产率的提高和目标的实现。因此,管理当局必须重视非正式组织的作用,注意在正式组织的效率逻辑与非正式组织的感情逻辑之间保持平衡,以便管理人员与工人之间能够充分协作。

3. 新的领导能力在于提高工人的满意度

梅奥认为,在决定劳动生产率的诸因素中,置于首位的因素是工人的满意度,而生产条件、工资报酬只是第二位的。职工的满意度越高,其士气就越高,从而产生效率就越高。高的满意度来源于工人个人需求的有效满足,不仅包括物质需求,还包括精神需求。

(三)人际关系学说的主要贡献

梅奥的人际关系理论从管理学的角度看,同以前的管理理论的着眼点不同。他抛弃了以物质为中心的管理思想,改以人为中心进行管理理论的研究,为管理学的发展开辟了新的领域,使人们开始关注工业生产中的另一个重要因素,即人的因素。同时,人际关系理论为管理方法的变革指明了方向,导致了管理实践中的一系列改革,如对管理者进行教育和训练来改变他们对工人的态度和监督方式,多提倡下级参与决策,提高职工士气,鼓励上下级之间的意见沟通,多建立面谈和调解制度,以消除不满和争端,等等。人际关系学说的出现,开创了在管理中重视人的因素的时代,为以后的行为科学的发展奠定了基础。人际关系学说处于古典管理理论向现代管理理论过渡时期,因此,也可将之称为"新古典管理理论"。

二、行为科学理论

(一) 行为科学理论的发展

所谓行为科学,就是对工人在生产中的行为及行为产生的动机进行分析研究,以便调节人际关系,提高劳动生产率。行为科学理论发端于梅奥等人创建的人际关系学说,经过三十年的大量研究工作,许多社会学家、人类学家、心理学家、管理学家都从事行为科学的研究,先后发表了大量优秀著作,提出了许多很有见地的新理论,逐步完善了人际关系理论。1949年在美国芝加哥召开的一次跨学科的会议上,首先提出了行为科学这一名称。行为科学本身并不是完全独立的学科,而是心理学、社会学、人类文化学等研究人类行为的各种学科结合而成的一门边缘性学科。

行为科学的含义有广义和狭义两种。广义的行为科学是指包括类似运用自然科学的实验和观察方法,研究在自然和社会环境中人的行为的科学,包括心理学、社会学、社会人类学等。狭义的行为科学是指有关对工作环境中个人和群体的行为的一门综合性学科。进入20世纪60年代,为了避免同广义的行为科学相混淆,出现了组织行为学这一名称,专指管理学中的行为科学。组织行为学实质上是包括早期行为科学——人际关系学说——在内的狭义的行为科学。

(二) 行为科学理论研究的内容

行为科学以人的行为及其产生的原因作为研究对象。具体来说,它主要是从人的需要、欲望、动机、目的等心理因素的角度研究人的行为规律,特别是研究人与人之间的关系、个人与集体之间的关系,并借助于这种规律性的认识来预测和控制人的行为,以实现提高工作效率,达成组织的目标。行为学派虽然没有研究出一套完整的管理知识,却已经为人们提供了许多有用的素材,行为科学的论题涉及激励、领导、群体、组织设计、组织变化与发展等许多方面。目前它的研究对象和所涉及的范围主要分为三个层次。

(1) 有关个体行为的理论。主要包括两方面:一是有关人的需要、动机和激励理论。又可分为激励内容理论、激励过程理论和激励强化理论三大类;二是有关企业中的人性理论。

(2) 有关团体行为的理论。主要包括团体动力、信息交流、团体及成员的相互关系三个方面。

(3) 有关组织行为的理论。主要包括有关领导理论和组织变革与发展理论。有关领导理论又包括领导性格理论、领导行为理论和领导权变理论三大类。

(三) 行为科学理论的特点

行为科学理论把社会学、心理学、人类学等学科的知识导入管理领域,开创了管理领域的一个独具特色的学派。其特点可概括如下。

(1) 提出了以人为中心来研究管理问题。古典管理理论强调组织形式而忽视了人,行为科学理论主张以人为中心进行管理,这是管理思想的一个重大变革。在行为科学阶段出现了许多不同的理论和假说,但是,它们的一个共同特点是认为人的积极性是决定生产效率的关键,人是组织中最重要的资源。因此,一个管理者必须学会激励和领导员工,学会处理好人际关系。

(2) 肯定了人的社会性和复杂性。行为科学对人类个体、群体、组织行为的研究,揭示了人类行为的一般规律,认为人的行为动机和需求是非常复杂的,人们工作不仅仅是为了物质利益。行为科学的研究重点就是人的动机、人的需求、人的行为的激励和领导方式等问题。行为科学理论的发展,推动了管理思想由僵化的专制式管理方式向灵活、激励式的管理方式的转变。

(3) 强调个人目标与组织目标的一致性。认为调动积极性必须从个人因素和组织因素两个方面着手,使组织目标包含更多的个人目标,不仅改进工作的外部条件,更重要的是改进工作设计,使工作本身满足人的需要。例如,传统的组织结构和关系容易造成紧张气氛,在企业中恢复人的尊严,实行民主参与管理,改变上下级之间的关系多由命令服从变为支持帮助,则有利于实现组织的目标。

(四) 行为科学理论的主要贡献

行为科学对管理学的贡献主要表现在以下两个方面。

(1) 行为科学引起了管理对象重心的转变。传统的古典管理理论把重点放在对事和物的管理上,忽视了人的主动性和创造性。行为科学与此相反,它强调要重视人这一因素的作用,应当把管理的重点放在人及其行为的管理上,这样,管理者就可以通过对人的行为的预测、激励和引导,来实现对人的有效控制,并通过对人的行为的有效控制,达到对事和物的有效控制,从而实现管理的预期目标。

(2) 行为科学引起了管理方法的转变。随着对人性的认识和管理对象重点的变化,管理的方法也发生了重大的变化。由原来的监督管理转变为人性化的管理。在管理的方法上强调满足人的需要和尊重人的个性,以及采用激励和诱导的方式来调动人的主动性和创造性,从而把人的潜力充分发挥出来。与此相对应,企业界提出了以职工为中心的、弹性的管理方法,出现了"参与管理""目标管理""工作内容丰富化"等各种新的管理方式。

行为科学理论应用于管理实践,取得了令人瞩目的成效,但也存在一些缺陷。如行为科学的理论偏于抽象,因而较难应用于管理中的具体问题。

思考:根据以上对泰罗的科学管理和梅奥的人际关系学说的学习回答以下问题。
(1) 泰罗的效率管理和梅奥的人性管理相互矛盾吗?
(2) 如何看待"70后""80后""90后""00后"员工的管理差异?
(3) 在实现小康社会后,管理的重点应放在哪些方面?

第四节　现代管理理论

第二次世界大战后,社会经济发展中出现了许多新的变化:工业生产和科学技术迅速发展;企业的规模进一步扩大;企业生产过程自动化的程度空前提高;技术更新的周期大为缩短;市场竞争越来越激烈;生产社会化程度更加提高;复杂产品和现代化工程需要组织大规模的分工协作才能完成。这些都对企业经营管理提出了新的要求，企业经营管理原有的理论和方法有些不能适应新形势的需要。因此，在古典管理学派和早期行为学派的基础上，出现了许多新的管理理论和方法，形成许多新的学术派别。这种管理理论学派林立的状况被美国管理学家哈罗德·孔茨形容为"管理理论丛林"。

一、管理过程学派

管理过程学派在法约尔一般管理理论的基础上发展而来，代表人物有美国的哈罗德·孔茨。该学派的主要观点是：管理是一个过程，即让别人或同别人一起实现既定目标的过程。管理是由一些基本步骤（如计划、组织、控制等职能）所组成的独特过程。该学派注重把管理理论和管理者的职能和工作过程联系起来，目的在于分析过程，从理论上加以概括，确定出一些管理的基本原理、原则和职能。由于过程是相同的，从而使实现这一过程的原理与原则，具有普遍适用性。

二、人类行为学派

人类行为学派代表人物是劳伦斯·阿普莱。该学派的主要观点是：既然管理是让别人或同别人一起去把事情办好，因此就必须以人与人之间的关系为中心来研究管理问题。该学派注重心理学，注重个人和人的动因，把人的动因视作一种社会心理现象。这一学派把管理看作是对组织行为的领导和协调，坚持认为抓好对人的管理是企业成功的关键。

三、经验主义学派

经验主义学派代表人物是美国的彼得·德鲁克，代表作《有效的管理者》。该学派主张通过分析管理者的实际管理经验或案例来研究管理学问题。他们认为，成功的组织管理者的经验和一些成功的大企业的做法是最值得借鉴的。因此，他们重点分析许多组织管理人员的经验，然后加以概括和总结，找出他们成功经验中具有共性的东西，然后使其系统化、理论化，并据此为管理人员提供在类似情况下采取有效的管理策略和技能，以达到组织的目标。

四、社会系统学派

社会系统学派代表人物是美国的切斯特·巴纳德（Chester Barnard），代表作《经理的职能》。他被誉为"现代管理理论之父"。该学派的主要观点如下。

1. 组织的实质

组织是一个系统，是由人的行为构成的、整体的协作系统的一部分和核心。这一协作系统由人的系统、物的系统和社会系统所组成。

2. 组织要素

作为一个组织，必须具备三个要素：协作的意愿、共同的目标、成员间的信息沟通。经理人员是组织成员协作活动相互联系的中心。他的基本任务是：建立整个组织的信息系统并保持其畅通；保证其成员进行充分协作；确定组织目标。

3. 权限接受论

(1) 权力来源原理:权力来源于生产资料的占有者。

(2) 权力大小的确定:权力发出后被接受的程度,即不是上级授予,而来自下级接受的程度。

4. 组织平衡论

(1) 组织对内平衡:组织对个人的诱因要大于或等于个人对组织所做的贡献。

(2) 组织对外平衡:组织内部效率产生外部效能,它与外部环境间的平衡。

五、系统管理学派

系统管理学派的代表人物是美国的卡斯特和罗森茨韦克。强调应用系统的观点,全面考察与分析研究企业和其他组织的管理活动、管理过程等,以便更好地实现企业的目标。他们认为,组织是由人们建立起来的相互联系并且共同工作着的要素所构成的系统。其中,这些要素可称为子系统。系统的运行效果是通过各个子系统相互作用的效果决定的。组织这个系统中的任何子系统的变化都会影响其他子系统的变化。为了更好地把握组织的运行过程,就要研究这些子系统及它们之间的相互关系,以及它们怎样构成了一个完整的系统。

六、决策理论学派

决策理论学派的代表人物有美国的赫伯特·西蒙。该学派的主要观点是:管理就是决策,决策贯穿于整个管理过程;把决策分为程序化决策和非程序化决策,二者的解决方法一般不同;信息本身以及人们处理信息的能力都是有一定限度的,现实中的人或组织都只是"有限理性"而不是"完全理性"的;决策一般基于"满意原则"而非"最优原则";组织设计的任务就是建立一种制定决策的"人-机系统"。这一学派重点研究决策理论。片面地强调决策的重要性,但决策不是管理的全部。

七、管理科学学派

管理科学学派的代表人物是布莱克特和伯法等人。该学派将管理作为数学模式或过程加以处理。他们认为,由于管理全过程(计划、组织、控制)的工作是一个合乎逻辑的过程。把管理看成是一个类似于工程技术、可以精确计划和严格控制的过程,因此也被称为技术学派。其局限性:适用范围有限,不是所有管理问题都能定量。实际解决问题中存在许多困难。管理人员与管理科学专家之间容易产生隔阂。此外,采用此种方法大都需要相当数量的费用和时间,往往只用于大规模复杂的项目。

八、权变理论学派

权变理论学派的代表人物有劳伦斯和洛尔希。该学派把管理看成一个根据企业内外部环境选择和实施不同管理策略的过程,强调权宜应变。主要观点:权变主要体现在计划、组织与领导方式等方面:①计划要有弹性;②组织结构要有弹性;③领导方式应权宜应变。权变管理理论强调随机应变,主张灵活应用各学派的观点,但过于强调管理的特殊性,忽视管理的普遍原则与规律。按权变的观点,管理者可以针对一条装配线的具体情况来确定一种适应于它的高度规范化的组织形式,并考虑二者之间的相互作用。

九、人际关系学派

B. F. 斯金纳(Burrhus Frederic Skinner,1904—1990)是行为主义学派最负盛名的代表人物。该学派是从20世纪60年代的人类行为学派演变来的。这个学派认为,既然管理是通过别人或同别人一起去完成工作,那么,对管理学的研究就必须围绕人际关系这个核心来进行。这个学派注重管理中"人"的因素,认为在人们为实现其目标而结成团体一起工作时,他们应该互相了解。

十、群体行为学派

群体行为学派是从人类行为学派中分化出来的,因此同人际关系学派关系密切,甚至易于混同。但它关心的主要是群体中人的行为,而不是人际关系。它以社会学、人类学和社会心理学为基础,而不以个人心理学为基础。它着重研究各种群体行为方式。从小群体的文化和行为方式,到大群体的行为特点,都在其研究之列。它也常被叫作"组织行为学"。"组织"一词在这里可以表示公司、政府机构、医院或其他任何一种事业中一组群体关系的体系和类型。有时则按切斯特·巴纳德的用法,用来表示人们间的协作关系。而所谓正式组织则指一种有着自觉的精心筹划的共同目的的组织。克里斯·阿吉里斯甚至用"组织"一词来概括"集体事业中所有参加者的所有行为"。

十一、经理角色学派

经理角色学派的代表人物是亨利·明茨伯格。该学派主要通过观察经理的实际活动来明确经理角色的内容。明茨伯格系统地研究了不同组织中5位总经理的活动,得出结论说,总经理们并不按人们通常认为的那种职能分工行事,即只从事计划、组织、协调和控制工作,而是还进行许多别的工作。

第五节 当代管理思想的新发展

进入20世纪80年代以后,随着社会、经济、文化的迅速发展,特别是信息技术的发展与知识经济的出现,世界形势发生了极为深刻的变化。面对信息化、全球化、经济一体化等新的形势,企业之间竞争加剧,联系增强,管理出现了深刻的变化与全新的格局。正是在这样的形势下,管理出现了一些全新的发展趋势。

一、知识管理

知识管理是网络经济时代的新兴管理思想与方法,得益于20世纪90年代信息化的蓬勃发展。知识管理的思想结合互联网建立入口网站、资料库以及应用计算机软件系统等工具,成为企业积累知识财富、创造更多竞争力的新世纪利器。知识管理的代表作是杜拉克的《知识管理》一书,其主要内容是要在组织中建立一个量化与质化的知识系统,让组织中的信息与知识,通过获得、创造、分享、整合、记录、存取、更新、创新等过程,不断地回馈到知识系统内,最终成为组织智慧的循环,从而在企业组织中成为管理与应用的智慧成本,有助于企业作出正确的决策,以适应市场的变迁。

二、创新是当前和今后管理的主旋律

知识经济时代的到来,使传统生产经营方式和思想观念发生深刻的变革,也对企业的经营理念和管理模式提出了挑战。创新是知识经济的核心内容,是企业活力之源。技术创新、制度创新、管理创新、观念创新,以及各种创新的相互结合、相互推动,成为企业经济增长的引擎。海尔集团创始人张瑞敏说:"一个人的经验很重要,可一旦全盘依赖经验也就完了,因为那不可能适应外界的发展变化。"当今市场竞争日益激烈,产品创新周期越来越短,开发时间便成为决定产品成功与否的关键因素,竞争越来越表现为一种时间的竞争,起决定作用的不再是企业的大小和成本,而是创造性和灵活性。现有的企业经营管理形式已无法适应知识经济的要求,这就需要新的企业模式和劳动形式。一个企业不可能有足够多的专家,不可能在所有新项目上都用自己的人才。将来的企业在很大程度上将是由少数固定员工组成的一个小核心。他们与供应商以及外部专家保持着联系,并且能够为共同生产某种产品将这些人组成一个网络,一个网络式的价值创造共同体——虚拟公司应运而生。

三、企业流程再造是一场管理革命

20世纪90年代以来,西方发达国家兴起一场企业再造革命,被喻为是"从毛毛虫变蝴蝶"的革命,也被认为是继全面质量管理运动后的第二次管理革命。它是由美国麻省理工学院教授米切尔·哈默和詹姆斯·钱辟1993年在他们的名著《企业再造——商业革命的蓝图》中所提出的。它的起因是出于20世纪80年代中期日本经济的发展和美国经济的衰落,美国的管理学家开始探讨其原因。他们观察了许多企业。发现在20世纪美国有两类企业很值得研究:第一类是快速发展的企业很多,如微软公司等;第二类是走向消亡的企业,许多传统企业尽管很有实力,但却失去了往日的辉煌,每况愈下。他们发现在第二类公司中有许多通病,表现在人浮于事、效率低下。这主要是由于企业的过程、政策和政治都妨碍了企业的工作效率。对此,他们提出了进行企业流程再造的概念。

企业流程再造的目的是提高企业竞争力,从业务流程上保证企业能以最小的成本、高质量的产品和优质的服务提供给企业客户。企业流程再造的实施方法是采用先进的信息系统和信息技术手段,以顾客中长期需要为目标,通过最大限度地减少对产品增值无实质性作用的环节和过程,建立起科学的组织结构和业务流程,使产品的质量和规模发生质的变化。

企业流程再造运动和传统的管理模式主要有两个方面不同:一是从传统的从上到下的管理模式变为信息过程的增值管理模式,即衡量一个企业的有效性的主要标志是,当一个信息输入企业以后,经过企业的加工然后再输出,信息所通过企业的任何一个环节其管理环节对此信息的加工的增值是多少,从工业的产品链到信息的价值链,形成一种企业价值的增值过程。如果不对该信息进行增值就要进行改造,这样就形成了一个企业管理机制的观念的改变。二是企业再造不是在传统的管理模式基础上的渐进式改造,而是强调从根本上着手。要改变企业的模式,就要彻底改造,把旧的全部忘掉,全部抛弃。唯有破除过去才能创造新机。这样的企业再造革命是建立在信息网络遍布企业内各部门的基础上的,在企业的内部职工可以得到与自己有关的任何信息,这样大大减少了信息流动所带来的时间损失,不仅提高了效率、精简了人员,还使得每个员工都对企业的全局有一个全面的了解,从而使企业出现一个崭新的局面。

四、学习型组织是未来企业模式

学习型组织理论是 1990 年由圣吉在《第五项修炼》一书中提出来的,他强调营造弥漫于整个组织的学习气氛,发挥员工的创造性,建立有机的、柔性的、能持续发展的组织,在这种组织中,作为"教师"的领导者应提高员工对组织系统的了解能力。

学习型组织包括以下五要素。

(1) 系统思维。这是五项修炼的核心,在企业处理问题时要扩大思考的空间,通过计算机模拟把事件的前因后果都考虑到,建立系统的处理模式。

(2) 自我超越。这是五项修炼的基础,在认清客观世界的基础上,创造出适合于自己的最理想的环境,不是降低理想来适应环境,而是提升自己来达到理想,这需要创意、耐力、不断学习与不断超越。

(3) 改善心智模式。强调每个人都要以开放求真的态度,将自己的胸怀开放出来,克服原有的习惯所形成的障碍,不断改善它,最后还要突破它,从而以一个全新的心智模式出现。

(4) 建立共同目标前景。这是在共同的理想、共同的文化、共同的使命下,组织在一起为了一个共同的未来的目标才能完成的。这项修炼的目的是强调把企业建成一个生命共同体。

(5) 团队学习。团队学习是组织中沟通与思考的工具,强调在不自我设防、不预设立场、不畏上的情况下共同学习,团队学习是适应环境骤变的最佳的方法,唯有大家一起学习、成长、超越和不断进步,才能让组织免于失败,创造出不断成长的绩效来。企业如果能够顺利导入学习型组织,不仅能够达到更高的组织绩效,而且更能增强组织生命力。学者阿里·德赫斯在《长寿公司》一书中也指出,成功的公司是能够有效学习的公司。他认为,知识是未来的资本,只有学习才能为不断的变革做好准备;此外,罗勃特·奥伯莱与保罗·科恩合著的《管理的智慧》中描述了管理者在学习型组织中的角色的变化,他们不仅要学会管理学习的技巧,还要使自己扮演成学习的领导者、师傅和教师等多重角色。

五、虚拟企业

在传统的企业概念下,一般企业都有研究、设计、生产、营销、人事、财务等完整的功能;而虚拟企业是仅仅保留某些关键功能,其余的一些功能则被虚拟化、借用外部力量来整合。考察国外的虚拟企业主法律教育主要有两大类:一类是非资本虚拟,即将企业生产、销售、研究开发的有关环节委托给其他企业去做,相互之间无资本联系。另一类是资本虚拟。虚拟企业大多数都是以技术联盟为核心,具有组织结构的松散性、经营的灵活性、经营风险的共担性和收益共享性的基本特征。

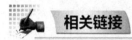

"饿了么"盈利模式

"饿了么"是中国专业的餐饮O2O平台,由拉扎斯网络科技(上海)有限公司开发运营。公司创立于2009年4月,起源于上海交通大学闵行校区。"饿了么"具备自己的外卖配送队伍,名为蜂鸟。另外,"饿了么"平台旗下还有供应链平台"有菜"。

目前"饿了么"的盈利模式包括外卖派送费、外卖提成费、商家在平台上的排名费、广告费等,其中外卖派送费与提成费是主体,排名费与广告费才刚刚起步。外卖派送费是指在指定范围内,根据顾客要求,将外卖进行加工与包装并按时送到指定地点的活动所收取的费用,费用的高低跟物品的重量、配送距离的远近都有关系,"饿了么"会向外卖配送的对象收取一定的外卖配送费,一部分作为配送人员的工资,剩下部分则成为公司的利润。外卖提成费是根据加盟商户利用"饿了么"平台提供外卖而盈利的那一部分资金按照一定的比例分成给"饿了么"平台的一种分成方式。排名费用类似于百度提供的排名机制,在搜索引擎的结果显示越靠前,则收取的费用越高,想要将自己的显示结果靠前,则需要向"饿了么"缴纳排名费,结果显示越靠前,费用就越高。广告费包括两个部分,一个是线下的推广,另一个是"饿了么"平台上发布的外卖广告。在线下,"饿了么"会提供以"饿了么"的名义发放的宣传单,收取商家版面费。在线上"饿了么"会提供很多的广告投放方式供商家选择,例如可以在平台首页上展示商家的产品,也可以根据消费者偏好,自动发出一个推荐页面给消费者,其中推荐的都是那些付了广告费的商家。

(资料来源:中经咨询.饿了么的盈利模式及核心竞争力[EB/OL].(2019-12-03)[2023-11-04].http://www.jihuashu.org.cn/research/anli/2019/1203/9469.html.)

本章小结

本章主要阐述了管理理论的演进与发展过程,着重介绍了古典管理理论、行为科学理论的形成与发展,之后又简单介绍了各种有代表性的管理理论分支与流派。

管理作为一门科学形成于19世纪末20世纪初,在上百年的发展过程中,经历了古典管理理论和现代管理理论等发展阶段。泰罗的科学管理理论、法约尔的一般管理理论以及韦伯的理想行政组织理论,构成了古典管理理论的框架。古典管理理论开辟了管理理论的新纪元,奠定了现代管理理论的基础。古典管理理论的一大特点是以"经济人"假设为前提。其理论有积极性,也存在一定的局限性。

以梅奥、赫茨伯格等为代表的行为科学理论抛弃了以物质为中心的管理思想,以人为中心进行管理理论的研究。梅奥的人际关系理论,使人们开始关注人的因素,为管理方法的变革指明了方向,开辟了管理学研究的新领域。

第二次世界大战后,随着管理热潮的掀起,产生了多种现代管理理论,形成了"管理理论的丛林"。随着科学技术的进步和知识经济时代的到来,管理理论的研究也出现了一些新的观点和思想。

关键术语和概念

科学管理理论　一般管理理论　行政组织理论　霍桑实验　人际关系理论
行为科学理论　经济人　社会人　权变理论　学习型组织

思考与练习

一、判断题

1. 科学管理理论最明显的局限性是认为工人是"社会人"。（　　）
2. 泰罗最突出的贡献是从理论上概括出了一般管理的职能、要素和原则。（　　）
3. 霍桑实验的实验结果大大出乎人们的意料,影响工人劳动生产率的因素并非是在工作中发展起来的人群关系,而是工作中的物质因素。（　　）
4. 行为科学理论最主要的特点是以人为中心来研究管理问题。（　　）
5. 权变管理理论的观点认为,环境变量与管理变量之间存在着函数关系。（　　）
6. 企业再造理论的中心思想是强调企业必须通过改良的方式,以改变企业的组织流程。（　　）

二、单项选择题

1. 泰罗科学管理的研究是以（　　）为中心展开的。
   A. 人的因素　　　B. 分配制度　　　C. 劳动生产率　　　D. 组织结构
2. 法约尔的统一指挥原则认为（　　）。
   A. 一个下级可以接受多个上级的命令
   B. 上级统一意见后再下命令
   C. 整个组织只能由一个高级领导指挥
   D. 一个下属只能接受一个上级的命令
3. 法约尔一般管理理论的主要贡献是（　　）。
   A. 提出了科学管理理论　　　B. 研究了管理的一般性
   C. 提出了行为科学理论　　　D. 提出了权变理论
4. 以下（　　）才适宜作为理想行政组织体系的基础。
   A. 传统的权力　　　B. 法定的权力
   C. 神授的权力　　　D. 世袭的权力
5. 重视人的主动性与创造性的管理理论是（　　）。
   A. 科学管理理论　　　B. 行为科学理论
   C. 行政组织理论　　　D. 一般管理理论

三、多项选择题

1. 科学管理理论的主要内容有（　　）。

A. 科学制定工作定额　　　　　　　　B. 合理用人
C. 推行标准化管理　　　　　　　　　D. 实行有差别的计件工资制
E. 实行统一指挥　　　　　　　　　　F. 管理职能与作业职能分离

2. 法约尔认为任何企业都存在以下几种基本活动(　　)。
A. 商业活动　　B. 会计活动　　C. 财务活动　　D. 技术活动
E. 管理活动　　F. 核算活动　　G. 控制活动　　H. 安全活动

3. 人际关系学说的观点认为(　　)。
A. 工人是"经济人"　　　　　　　　B. 工人是"社会人"
C. 要重视"非正式组织"的存在　　　D. 要重视"正式组织"的存在
E. 生产效率主要取决于职工的物质报酬
F. 生产效率主要取决于生产过程的技术问题
G. 生产效率主要取决于职工的工作态度以及与周围人的关系

4. 学习型组织应在以下几个方面有扎实的基础(　　)。
A. 系统思考能力　　　　　　　　　　B. 自我超越
C. 改善心智模式　　　　　　　　　　D. 构筑组织再造模式
E. 建立共同远景目标　　　　　　　　F. 开展团队学习

5. 符合系统管理理论的观点有(　　)。
A. 组织是一个封闭的人造系统　　　　B. 组织是一个以人为主体的人造系统
C. 组织是社会大系统中的一个子系统　D. 组织是一个开放的社会技术系统
E. 系统的运行效果是通过各个子系统相互作用的效果决定的
F. 一个学校可以理解为一个系统；一个学生班级也可以理解为一个系统

四、简答题

1. 古典管理理论有哪些代表人物？他们的主要观点是什么？
2. 人际关系理论和行为科学理论的主要观点是什么？
3. 如何理解系统管理理论和权变管理理论？
4. 当代管理思想有哪些主要观点？

案例分析

泰罗制在富士康的运用

富士康集团创立于1974年,是专业从事通信、消费电子、数字内容、汽车零组件、通路等6C产业的高新科技企业。自1988年在深圳建厂以来,富士康发展迅速,拥有60余万员工及全球顶尖IT客户群,为全球最大的电子产业专业制造商,为苹果、惠普等知名IT企业提供代工。2009年,富士康跃居《财富》全球企业500强第109位。然而自2010年1月23日至2010年11月5日,短短大半年中,连续发生的14起员工跳楼事件,将富士康推上风口浪尖。

富士康事件引来了媒体高度关注。其中有一种说法,把富士康的员工跳楼归罪于科学管理。这种细分的生产环节、生活环节,在富士康被称为效率。它其实早有一个名字,叫"泰罗主义"。其精髓就是把作为管理对象的"人"看作是"经济人",利益驱动是该理论用以提高效率的主要法宝。但是这种经济发展的模式,对员工的身心发展有很大的影响,我们认为普遍存在的几个问题是:第一,工人劳动时间过长、加班多、工资偏低。富士康员工每月的加班时间为 112 小时。再算上正常的上班时间,其全部月工作时间长达 270 小时,而发到工人手里的月工资仅 1900 元。第二,流水线工作单调、劳动节奏快而乏味。例如,工厂流水线多为电子产品组装,需要工人重复地组装零件,这不但需要体力和集中注意力,而且枯燥无味,需要连续劳动十多个小时,同时上班期间临时短休时间不够。第三,工厂实行半军事化管理、上下级等级森严。例如,厂内宿舍管理形式为半军事化、出入需要磁卡开门、不得带入零食;工长使用计件方式监督进度,工人一旦不能完成任务会受到训斥和加班处罚。

（资料来源：包俊杰.用管理思想看富士康"十四跳"[EB/OL].(2019-12-09)[2023-11-09]. https://www.fx361.com/page/2019/1209/6137256.shtml.）

思考：泰罗的科学管理思想是否适用于现代企业？发生了富士康的跳楼事件之后,管理者应如何改进管理工作。

第三章

现代管理原理与管理方法

学习目标

通过本章的学习,读者应能够:
1. 理解和掌握现代管理原理;
2. 掌握管理机制的构成及作用原理;
3. 了解管理方法的分类,理解各种管理方法的特点和主要形式。

思政目标

通过理论引导与案例分析的方式使学生能够基本了解现代管理原理、方法和机制,帮助学生理解管理组织每个元素之间的内在联系,掌握事物发展一般规律,了解行业组织管理体系和运作机制,引导学生深入社会实践、关注现实问题,培育学生经世济民、诚信服务、德法兼修的职业素养。

案例导入

F集团的员工福利

F集团实业有限公司秉承"以人为本,诚信为先"的企业精神,坚守"经营企业一定要对政府有利,对企业有利,对职工有利"的企业价值观,在员工福利上投入巨资,让员工分享企业经营成果,感受企业的关怀和温暖。据F集团官网介绍,自2010年至2020年,F集团相关福利政策费用支出超18亿元。

一、给员工发小汽车

给员工发手机、发现金经常能见到,可你见过给员工发小汽车的吗?F集团就是这为数不多的企业中的一员。

J公司为F集团下设的子公司。2012年,濒临破产的J公司加入F集团大家庭。四年之后的2016年,F集团董事局主席提出奖励"轿车"的建议:从2016年开始,J公司如果连续5年每年实现预定利润目标,就给每名职工发放一辆约10万元的轿车,双职工可选择一辆价值约20万元的轿车。

到了2020年6月,离约定的5年期还差半年,J公司就提前实现5年之约的盈利目标。F集团履行了当初的承诺,J公司向一线职工共发放小汽车4116辆车,包括价值10万元的江铃福特领界定制版2933辆和价值20万元的一汽大众迈腾1183辆,总价5亿元。

第三章 现代管理原理与管理方法

二、医疗福利惠及全家

"小汽车福利"是偶尔为之,能起到激励员工作用。但是,福利另外一个重要的功能就是能对员工起到保障作用,使员工能产生对企业的归属感。特别是对于医疗健康保障来讲,员工是非常看重的。

2011年1月开始,F集团连续4年出台四项医疗福利政策,对全体员工及其配偶、子女以及在F集团工作满十年的退休员工,凡生病纳入医保统筹基金报销范围内的个人自付医疗费用给予全额资助,这解决了员工家庭因病致贫、因病返贫的问题。截至2020年8月,F集团已累计资助9万余人次,资助金额近亿元。

三、孝敬父母金发扬"孝道"理念

孝敬父母金是方大集团推出的一项特殊福利项目。F集团一直以来都倡导"孝道"理念,不仅将员工父母也纳入医疗保障,还推行"孝敬父母金"。只要员工在方大集团工作,其父母每个月都能领到1000元的"孝敬父母金"。

四、奖学金福利资助员工子女教育

F集团从2016年开始,设立了"方威励志奖学金",对考入国内排名前20位大学的员工子女,给予大学本科期间全额学费奖学金;对考入世界排名前50位大学的员工子女,大学期间(本科)每年颁发定额奖学金8万元。"学有所成、报效祖国"是F集团颁发奖学金的唯一要求——获得奖学金的员工子女完成学业后,应为中国政府或中国企事业单位工作,也可在境外注册的中资机构工作。

截至目前,F集团已经为63位员工子女发放该奖学金福利。

除了大学奖学金福利之外,F集团还会对员工子女上高中的学费给予报销。

五、其他福利项目

员工生病住院及家庭遇到特殊困难时,企业及时慰问和帮助。2008年6月开始,每逢春节、端午节、中秋节发放节日福利品,每逢三八妇女节、七一党的生日、八一建军节均发放节日纪念品;2011年7月开始,集团所属各公司通过配送的方式为员工发放手机并报销一定额度的话费;2012年1月开始,全体员工享受一餐免费。集团所属房地产公司开发的楼盘,员工还享受团购价购买。2018年1月,集团推出关爱员工养老的福利政策,对那些与方大发展风雨同舟并且子女为独生子女或无子女的、符合条件的退休老员工,按照所在市最高的公立养老院收费标准给予一定的费用补贴。

(资料来源:HR人力资源管理案例网.辽宁方大集团的员工福利案例[EB/OL].(2020-11-26)[2023-06-26].https://www.hrsee.com/?id=1715.)

思考: F集团根据哪些管理原理、管理机制和管理方法制定员工福利的内容。

接下来我们将通过学习本章的内容来回答以上问题。

第一节 现代管理原理

现代管理理论是由20世纪60年代到现在所有管理理论构成的综合知识体系,是在适应现代社会的快速发展过程中逐渐形成的、对组织资源进行有效配置、以更高的效率达成组织目标的系统化过程的经验总结,因而对组织的管理活动具有普遍的指导意义。

通过对大量管理实践的研究升华,现代管理学逐渐形成了不同风格的管理原理,主要包括系统原理、能级原理、人本原理、动力原理、责任原理、效益原理和权变原理。

一、系统原理

(一)系统原理的含义

系统是指由若干彼此之间有着相互关联、相互影响的部分所构成的具有特殊功能的有机整体。而系统本身也是其所从属的更大系统中的一部分。管理系统是由企业管理人员、管理对象等若干彼此之间存在联系、相互影响的要素及其子系统,按照组织管理的整体性和目标相结合形成的有机总体。

我们认为,系统是普遍存在的,任何一个社会组织都是由人、物、信息按一定结构关系所形成的系统,任何管理都应该是对系统的管理。管理组织的每一个要素以及它们的过程并非是独立存在的,而是彼此之间的影响与制约,具有其发展的内在规律。因此,要想真正实现组织的发展目标,必须针对组织中的管理活动及其各个基本要素作出系统分析,从组织整体的系统性出发,把握每个管理要素以及要素之间的联系和运行规律,及时调整和控制管理系统的运行。

相关链接

蝴 蝶 效 应

20世纪70年代,美国气象学家洛伦兹在解释空气系统理论时说,亚马孙雨林一只蝴蝶偶尔扇动它的翅膀,也许两周后就会引起美国得克萨斯州一场龙卷风。

蝴蝶效应说明,初始条件十分微小的变化经过不断放大,对其未来状态会带来极其巨大的改变。这给管理的启示是:有些小事貌似无关紧要,但是如果经过系统放大,则可能对一个组织乃至一个国家都造成巨大影响。今天,诸如产品质量、购物环境、服务态度等问题都可能成为让企业命运发生改变的"蝴蝶",开放式的竞争让企业管理不能因为"事小而不为"。

(二)体现系统原理的要求

在管理中运用系统原理,应做到以下几点。

1. 目标明确

组织是由人出于实现某种目的创造的人造系统,组织目标贯穿于系统的运行的全过程,也主导了系统的发展趋势。所以我们在开展实践性的活动中,首先,要确定一个系统在未来达到的目标,以明确一个系统有可能会达到哪些最终的状态,以便依据这一最终的状态去深入地研究一个系统的未来发展。其次,实行对反馈的调整,使得系统的开发顺利地导向到目的。比如,企业就是一种以营利为主要目的而对企业进行生产或者服务的一种经济性组织,在社会主义市场经济下,企业的核心生命力就在于它所具有的经济效益,因此,促进企业经济效益最大化才是一种企业组织努力追求的根本。

2. **整体发展**

组织是由多个要素构成的有机整体,管理是追求组织整体效能的最大化发挥。系统的整体性特征要求管理要能够正确反映系统整体和局部的关系。应该清醒地认识到管理中任何一个因素都既是独立存在的,又是彼此有着联系的,每个因素的改变都可能对其他因素产生影响,因此,管理系统的设计和运行应该反映整体的规律,将各要素按一定的结构有机组合起来,使系统的整体功能大于各要素局部功能之和。

3. **层次清晰**

组织是按一定的层次结构存在的,无论是组织要素与整体,还是组织与外部环境都是相对地存在的,各个层次之间是相互联系、相互作用的。系统的层次化特征是要求管理系统必须清楚地明确其整个系统内部的基本结构和组成,明确其中的各个要素及其子系统在整个过程中的位置、作用及其隶属。这是管理总体目标逐级具体化的需要,也是管理系统运行有秩序的表现。

4. **相互关联**

组织的各要素之间是相互依存、彼此制约的关系。系统的相关性特征要求管理系统必须明确管理整体系统同管理子系统之间以及管理子系统与子系统之间的关系。我们应认识到管理整体系统的存在和发展,是整个子系统的运行与发展的基础和前提;系统内部的任意一个子系统发生了变化,都会影响到其他子系统的发展。管理系统整体效能的发挥必须建立在系统内部均衡与协调的基础之上。

5. **适应环境**

组织是依靠社会而存在的,社会环境条件的变化也需要组织作出适应性的改变。每一个组织的管理系统总是处在一定的环境之中,并且与周围的环境之间存在着动态的相互作用。管理系统的功能反映在它同环境间的物质、能量或信息交换上,外界环境对系统有"输入",系统对环境有"输出"。系统依赖环境得以生存,只有在同环境保持最佳适应状态的情况下,才能最大限度地发挥其功能和作用。

二、能级原理

(一)能级原理的含义

"能级"是引自物理学的概念。"能"是做功的本领,能量有大有小,把能量按大小排列,犹如梯级,就叫能级。在管理学中,能级是指组织成员在一定条件下,能对实现组织目标起作用的各种能力之和的差别。在现代管理学中,能级原理是指根据不同的能级,建立层次分明的组织机构,安排与职位能级相适应的人去承担管理任务,给予不同的权力与报酬,形成完整的、有层次的、尽责尽才的管理能级,从而保证管理最大能量的发挥。

能级原理认为,现代管理中,必须建立一个合理的能级,使组织的管理适应社会化分工协作的要求,组织成员的能级结构必须与组织结构相适应和协调,才能提高管理效率,实现组织目标。

管理能级在管理系统中主要分为组织能级和个人能级。

组织能级是指组织的分级管理,即依据工作的性质、特点、涉及的范围以及对组织绩效的影响程度等因素进行的组织分工,如组织中战略决策层、职能管理层、基层管理层的划分。组织能级要求管理系统中的每个要素都能各在其位,谋其政、行其权、尽其责,以保证该能级目标的实现。

个人能级主要体现在个人能力的合理开发与使用上。人的能力的差异有能力水平上的差异,有能力类型上的差异,也有能力发展早晚上的差异。因此,不同的人就会对不同的工作有着不同的适应性。量才施用,人尽其才,以及挖掘潜能是个人能级设计的目的。

(二) 体现能级原理的要求

在管理活动中,运用能级原理应做到以下几点。

1. 具有稳定的组织结构

管理的组织结构应该体现能级原则,组织结构如果不稳定,那就极易导致管理的失败。在运用能级原理实施管理的过程中,需要根据组织的社会整体功能需要以及组织与环境的关系情况,以职能为中心,确定各个层次、网络、结点和它们之间的相互作用方式,以高效、低成本为目标,严格、科学地规划和设计各种组织架构,正确处理各种能级架构的稳定性和变革性的关系。

2. 权力、责任和利益必须与各个能级相对应

权力应当能尽可能保证该能级正常履行职责,完成任务,达到目标。责任应当促使该能级的工作目标与组织的整体目标相联系。利益应当要能够充分激励该能级发挥最大能量。

3. 各个能级间的人才能够相互流动

不同的管理职业岗位都具有不同的能级,每个人的才能也不尽相同,应当使具备不同才能的人都处于相应的岗位上,做到人尽其才。同时,管理环境和管理任务是动态的,人的能力也是在变化的,所处的能级也应有所变化,实现各个能级间的人才保持动态的相互流动,既有利于发挥人才的能力,又可以发挥最佳的管理效能。

三、人本原理

(一) 人本原理的含义

从"物本管理"走向"人本管理",是20世纪末管理理论发展的主要特点。人本原理强调管理应以"人"为中心,认识人、尊重人、依靠人、发展人,这是做好管理工作的根本。管理是一种人的行为,由管理者、被管理者和所在的管理环境三个基本要素构成,人既是管理的主体,又是管理的客体,人是组织最重要的资源,管理者首先要协调好人际关系,以调动人的积极性;其次要协调好管理主、客体的关系,适应环境的变化。管理者要创造一个使员工热心参与、心情愉快、关系和谐、深感激励的组织文化和工作氛围,在实现组织目标的过程中,使每一个人的价值得以发挥。

(二) 体现人本原理的要求

在管理中贯彻人本原理必须做到以下几点。

1. 充分开发人力资源

在各种资本投资中,对"人"本身的投资是最有价值的。组织中的人力资源开发,重点在于对组织成员在组织服务期间的全过程开发,即从对组织成员的招聘、使用、评估到培养和激励;而人本管理角度上的人力资源开发,更集中在对组织成员的培养和激励上,要尽可能挖掘和发挥人的潜能,不断提高人的素质。

2. 建立良好的人际关系

任何一个组织都是由众多人组成的协作系统。组织中人与人之间和睦亲善、相互信任的关系,能避免成员之间不团结、内耗等情况的发生,使成员之间的合作更为有效,以共同完成组织的共同目标;同时,通过深入的沟通和交流,产生一种团队精神,能够最大限度地发挥成员的潜能,而且在许多特定的时候(如组织困难或危难之时),还将起到特殊的作用。

3. 采用民主管理方式

民主管理的目的在于通过使组织成员在不同程度上参与管理,唤起每个成员的集体意识和为集体努力工作的愿望,以期求得更高效率、更快速地实现自己的目标。民主管理有利于增强组织成员对组织的自豪感、归属感以及应有的责任感,有利于创造一个和谐的气氛,激发组织成员的工作热情。

4. 建设良好的组织文化

组织文化是指在一定历史条件下,组织在管理活动中所积累和创造的具有本组织特色的精神财富及其物质形态。优秀的组织不仅在于它能够有现代化的技术、设备及现代化的人才,究其本质还在于现代化管理有着潜在的凝聚力量,它体现为组织全体成员在长期的互动中形成的共同思想、作风、价值观念和行为准则,其对组织成员的思想和行为起着导向、约束、激励和凝聚等作用。

四、动力原理

(一) 动力原理的含义

动力原理认为,现代管理是以人为中心的管理,人的主动性和创造性的发挥是组织发展的根本保证,在管理过程中,必须充分利用各种管理要素、环境、机制,创造激励人的各种动力,并有效发挥各种动力的推动作用。

(二) 管理动力的基本类型

管理的动力体系主要由物质动力、精神动力、信息动力和工作动力组成。在管理中,必须综合协调地运用上述各种动力,并根据不同的管理环境、时间、条件和对象,有针对性、有侧重地选择不同的动力。

1. 物质动力

物质动力是指由于物质利益的驱动而产生的对组织活动发展的推动作用。物质是人类赖以生存的基础,良好的物质生活是人类一直以来的奋斗目标。物质利益诱导和激励组织成员的行为,是管理的重要手段,因此,物质动力是根本动力。当然,物质动力不是万能的,使用不当就会产生副作用。因此,还必须和其他类型的动力结合起来运用。

2. 精神动力

精神动力是指通过培养组织及其成员的观念、理想、信仰等精神方面的追求所形成的动力。精神动力是客观存在的,人及由人组成的组织受精神和文化的影响是巨大的。精神动力不仅可以弥补物质动力的不足,而且,其在管理中发挥的作用更具有持久性和稳定性。

3. 信息动力

信息动力是指由各种信息的传递所构成的反馈在组织中对其活动的发展起到的推动作用。从管理的角度看,信息作为一种动力,有超越物质动力和精神动力的相对独立性,对于组织和个人活动具有直接、整体、全面的推动和促进作用。在互联网经济时代下由于信息冲击而产生的市场经济压力将会逐渐转化为你追我赶的市场竞争驱动力,及时、准确、充分的信息交流对管理有巨大的推动作用。

4. 工作动力

工作动力是指管理者通过工作设计和任务与职权的授予而产生的对组织活动发展的推动作用。其中包括促进工作充满了挑战性、刺激性,调动和培养了组织全体成员的使命感、责任心、荣誉感,使他们能够积极主动投入到共同事业和奋斗中。如工作中遇到挑战、自己身处的地位、获得高一级职务的强烈愿望、竞争的压力、不甘落后等都是工作动力形成的基础。

五、责任原理

(一) 责任原理的含义

责任原理是指管理工作必须在合理分工的基础上,明确规定组织各级部门和个人必须完成的工作任务和承担的相应责任。权责分明,才能够对组织中的各个部门及每一位员工的业务和绩效做出正确的判断和考评,且有利于充分调动员工的积极性,提高其工作效率和企业的生产经营效益,保障了组织这个目标的顺利实现。

(二) 体现责任原理的要求

在管理中运用责任原理,应做到以下几点。

1. 分工明确,职责分明

工作细分、分工合作是社会生产力发展的必然结果,合理分工,明确每个人的职位与任务,这就是职责。分工一般只是对"做什么"做了形式上的划分,至于工作的数量、质量、速度、效益等要求,分工本身还难以完全体现出来,而职责正是对这些内容的规定。职责明确应包括职责界限清晰、职责内容具体、职责执行到位等。

2. 权责分明,利益合理

在管理工作中,要强调职责、权力、能力与利益的协调和统一,责任原理的核心是职责,必须在数量、质量、速度、效益上有明确规定,并通过一定的标准、规定等形式表现出来。明确了每个人的职责,就要授予其相应的权力,并通过给予相应的利益来体现人们完成职责、创造业绩的回报，即责、权、利的一致。

3. 公平公正，奖惩及时

对人员的工作岗位职责和他们的业绩要做出客观、公正的评价和报答。公正及时的激励和奖罚，有助于调动和提高员工的积极性，发挥员工的潜能，提升管理的绩效。首先，奖罚应该以实施科学、准确的考核作为前提，使得人们产生一种公平感。其次，奖励的工作应该做得及时，立竿见影地对强化他们的行为具有十分重要的意义。最后，惩罚也是一种不可或缺的、通过惩罚少数人的方式来保护和教育多数人，从而加强了管理的权威，但过度的惩罚也可能会直接导致人的失败和沮丧，应慎重使用。

六、效益原理

（一）效益原理的含义

效益是管理活动的核心，是有效产出与其总投入之间的一种比例关系，效益的高低直接影响着组织的生存和发展。效益是管理的根本目的，管理是对更高效益的不断追求。任何组织的管理都是为了获得某种利益，效益的高低直接影响着组织的生存和发展。所谓效益原理，是指管理活动要讲求实际效益，以尽量少的投入实现尽量多的产出。影响一个管理系统效益的因素有三个：①管理系统与外部环境是否协调；②管理系统内部各个部门是否协调；③系统内部各个部门的效益如何。这三个影响因素不是孤立的，一个系统的整体效益的好坏取决于这三个因素的组合方式。用公式可表示如下：

效益＝系统与环境的协调×系统内部各个部门的协调×各部门的效益

（二）体现效益原理的要求

在实际中运用效益原理要做到以下几点。

1. 提高管理工作的有效性

管理学家德鲁克认为：作为管理者，不论职位高低，都必须力求有效。管理的有效性，应是管理的效率、效果和效益的统一。为保证管理有效性的实现，需要确立有效管理的评价体系，在评价标准上要着重关注直接结果与目标价值的实现；在评价内容上应以工作绩效为主，并分清主客观条件对工作绩效的影响；在评价方法上应综合不同评价主体的评价结果，保证评价结果的全面性、客观性和公正性。

2. 协调局部效益与全局效益

全局效益是一个比局部效益更为重要的问题。如果全局效益很差，局部效益提高也难以持久；当然，局部效益也是全局效益的基础，没有局部效益的提高，全局效益的提高也是难以实现的。局部效益与全局效益有时是统一的，有时又是矛盾的。因此，当局部效益与全局效益发生冲突时，管理必须把全局效益放在首位，做到局部服从全局。

3. 追求长期可持续发展的高效益

企业每时每刻都处于激烈的竞争中，如果企业只满足于眼前的经济效益水平，而不以新品种、高质量、低成本迎接新的挑战，就会随时有落伍甚至被淘汰的危险。所以，企业经营者必须有远见卓识和改革创新精神，不能为了追求当前经济效益而不惜涸泽而渔、寅吃卯粮,否则必然损害长远的经济效益。只有不断增强企业发展的后劲,积极进行企业的技术改造、技术开发、产品开发和专业技术人员的培养,才能保证企业的可持续发展。

七、权变原理

(一)权变原理的含义

所谓权变是具体情况具体分析、具体处理。权变原理认为在管理实践中要根据组织所处的环境和内部条件的发展变化作出相应的调整。因为每个组织的内部因素和外在环境条件都各不相同,也不存在一成不变的、无条件适用于一切组织的最佳的管理方法,所以,成功管理的关键在于要根据组织所处的内外环境的变化而随机应变,针对不同情况来决定和选择最合适的方案和方法。

(二)权变原理的要求

权变原理的运用要解决两个关键问题:第一,环境的变化要求组织做出反应,组织能够作出哪些改变。第二,组织如何根据内外环境的变化特点选择相应的管理策略模式。因此有学者认为应从以下四个方面制定权变策略。

(1)思想观念与技能的转变。要求企业的管理人员和全体职工都愿意承担起来接受改变,并且必须能够从专业知识和技术两个方面去适应这一改变。

(2)管理体制的权变。主要涉及领导制度的权变、职能部门的权变、决策和控制制度的权变和人事体系的权变。

(3)领导方式的转变。在领导作风、领导行为偏好和如何处理上下级关系等方面,都要作出相应的调整。

(4)竞争策略的权变。必须做到战略性的策略应该多、战术性的运用应该活、战略性的调节应该速度更快。

总之,权变管理的最大特点是:强调根据不同的具体条件,采取相应的组织结构、领导方式、管理机制;把一个组织看作是社会系统中的分系统,要求组织各方面的活动都要适应外部环境的要求。

案例讨论

伦迪汽车分销公司是一家新成立的企业,下设若干销售门市部。公司刚成立时,为具体体现民主管理,制定了若干的责任制度,运转尚属顺利。随着时间的推移,员工中相互推诿的事情时有发生,但在处理这种事情时,又说不清谁应承担责任,以致有的事情就不了了之。为了推进民主管理,公司力争让下属参与某些重要决策。他们引进了高级小组制度,从每个销售门市部挑选一名非管理者,共挑出五人,公司主管人员每月与他们开一次会,讨论各种问题的解决方法和执行策略。

尽管如此,但人们的积极性并没有充分地调动起来。经过两年的经营,公司的营业收入有了一定的增长,但企业的税前利润增长不快,第二年比第一年只增长1.8%。这给主管人员带来很大的苦恼。

（资料来源：Langbao9751.管理学案例分析［EB/OL］.（2013-04-13）［2023-07-23］.https://www.docin.com/p-634385205.html.）

思考：

（1）伦迪汽车分销公司采用的是哪种管理原理？该原理的运用有哪些要求？

（2）伦迪汽车分销公司为何无法调动员工的积极性？

（3）是否有其他的管理原理帮助伦迪汽车分销公司走出困境？请说明是哪个原理和原因。

第二节　管 理 机 制

为了实现组织的目标，管理人员需要通过实践来将自己的管理活动和行为有效地作用到管理的对象上。一个管理人员所需要采取的一种作用于任何一个管理对象的手段，涉及它们相互作用的基本原理，就是管理机制。

一、管理机制的含义与特征

（一）管理机制的含义

机制原意是指机器的构造及其工作原理，将"机制"引入管理领域，提出了管理机制的概念。所谓管理机制，是指管理系统的结构及其运行机理。当这一概念应用于工商企业时，就成为广为运用的非常重要的一个概念——企业经营机制。我国推进国有企业体制改革的主要发展方向之一便是"转机建制"，即转变企业的经营机制，建立现代化的企业制度。由此可见，管理机制对我们来说是个很重要的内容。

（二）管理机制的特征

1. 客观性

任何组织，只要是客观存在的，其内部结构、功能既定，必然要产生与之相应的管理机制。这种机制的类型与功能是一种客观存在，是不以任何人的意志为转移的。

2. 自动性

管理机制一经形成，就会按一定的规律、秩序，自发地、能动地诱导和决定企业的行为。

3. 调节性

机制是由组织的基本结构决定的，只要改变组织的基本构成方式或结构，就会相应改变管理机制的类型和作用效果。

（三）管理机制的重要性

管理机制是决定管理作用和功效的核心问题。管理者在管理中存在何种管理关系，采取何种管理行动，达到的管理效果如何，归根结底都是由管理机制决定的。有什么样的管理机制,就有什么样的管理行为和管理效果。例如,在计划经济体制条件下,企业都是由政府或者国家直接进行管理和经营的,形成了一个计划经济型的企业运作机制。企业缺乏经营自主权,不能独立生产经营,干部"铁交椅",职工"大锅饭",管理方式简单、落后,企业经济效益低下。而在市场经济体制条件下,要求企业转换经营机制,建立与市场经济相适应的新型企业经营机制。企业产权多元化,实行股东授权与监督,建立科学的法人治理结构,实行全员聘任制,按劳分配与多种分配形式相结合,使企业真正成为市场主体,自主经营,自负盈亏,自我约束,自我发展。我国国有企业改革,建立现代企业制度,其核心正是在于建立与市场经济相适应的现代新型企业经营机制。因此,建立科学有效的管理机制,是推行科学管理的核心内容和本质要求。

二、管理机制的构成

管理机制是以客观规律为依据,以管理结构为基础,由若干子机制有机组合而成的。

(一)管理机制以客观规律为依据

管理机制的形成及其功能的实现,总是以一定的客观规律为依据的。例如,依据经济规律,会形成相应的利益驱动机制;依据社会和人的心理规律,会形成相应的社会推动机制。管理机制的自动作用,是严格按照一定的客观规律的要求施加于管理对象的。违反客观规律的管理行为,必然受到管理机制的惩罚。

(二)管理机制以管理结构为基础和载体

这里讲的管理结构,是指管理系统内部各构成要素的组合及其构成方式。管理结构是管理机制形成及发挥功能的基础和载体。管理结构决定组织的功能与管理机制,有什么样的管理结构,就有什么样的管理机制。

组织的管理结构主要包括以下方面。

1. 组织功能与目标

组织功能与目标是组织存在的出发点和归宿,它决定着组织的整个构成。

2. 组织的基本构成方式

组织的基本构成方式即组织的目标与各要素是按什么样的准则和方式组合到一起的。对于经济组织,就工商企业而言,是指企业的产权结构,即企业产权主体及其构成方式,主要包括企业的所有权与企业法人财产权的组合,所有权与经营权的分离等。这是决定管理机制最重要的因素。

3. 组织结构

组织结构是指由管理人员与被管理人员根据其组织的目标而建立起来的一种组织实体及其构成模式。主要包括:企业的领导体制和各层次、类型的组织机构。这是管理机制的功能实施的主要载体。

4. 环境结构

组织的环境、条件及各种因素,对管理机制形成及功能实施也发挥着一定的影响或制约作用。

（三）管理机制是由若干子机制有机组合而成的

管理机制本质上是管理系统的内在联系、功能及运行原理。管理机制反映的是一个管理系统内各子系统及要素之间的各种必然联系，由这种联系决定了相应功能，以及功能实现和系统运行的原理。机制不是具体的管理办法，也不是具体的管理行为，而是管理办法的内在机制，是管理行为的内驱力。管理机制的这种内在联系、功能和运作原理，通过一系列子机制表现出来。一般的管理系统主要包括运行机制、动力机制和约束机制三个子机制。这三大机制也是管理机制的一般外显形态。即在实际管理中，特别是在企业管理中，它们的主要内容就是因此而产生的。

三、管理系统的三大机制

（一）运行机制

运行机制主要是指组织基本职能的活动方式、系统功能和运行原理。运行机制是整个组织中最基本的管理机制，是管理机制的主体。例如，在计划经济体制下，工业企业按照上级部门下达的规定和计划进行生产；产品生产出来后，按国家计划调拨；企业的效益完全取决于国家计划。企业活动是一种单纯按计划进行生产的过程，企业完全成为社会的一个大规模的生产车间。这也就形成了一种计划型、单纯生产型的运行机制。而在市场经济条件下，企业按市场需要组织生产；生产出的产品要通过多种营销渠道和手段在市场上销售；企业的效益完全取决于市场。这就形成了一种市场型、多功能、自主型的运行机制。

运行机制具有普遍性。任何组织，大到国家，小到企业、单位、部门，都有其特定的运行机制。例如，国家既有政权的运行机制，又有国民经济的运行机制，还有社会活动运行机制等；工业企业必须具备正常的生产和经营管理机制；商业公司具备从事商品经营和服务活动相结合的运作机制；学校有教学运行机制；文化团体有文化活动的运行机制；军队有军事训练、军事活动的运行机制等。

（二）动力机制

动力机制是最重要的管理机制，是为管理系统运行提供动力的机制。所谓动力机制，是指管理系统动力的产生与运作的机理。例如，为什么一个下级会服从上级的领导？员工的生产积极性从哪里来？一个科技工作者为什么会热衷于科研工作？一个系统的运行，一名组织成员的行为，都是在一定的动力机制作用下发生的。

动力机制主要由以下三方面构成。

1. 利益驱动

利益是社会组织动力机制中最基本的力量，是由经济规律所决定的。人们会在物质利益的吸引下，采取有助于组织功能实现的行为，从而有效推动整个系统的运行。例如，在一个企业中，富有激励作用的分配制度，会有效地调动企业员工的生产积极性，多劳多得，少劳少得，员工为了"多得"而"多劳"。利益驱动作用是明显的。而在计划经济时期，企业内部的利益驱动机制被压抑甚至被扭曲,干多干少一个样,保护了懒汉,极大地挫伤了多劳者的积极性。

2. 政令推动

根据社会规律,管理者可以凭借行政权威。强制性地要求被管理者及时采取有助于实现组织功能的行动,以此推动整个系统的运行。例如,在一个企业中,管理者通过下达命令等方式,指挥或要求员工按时完成工作任务;员工出于对权威的恐惧或认可而努力完成工作任务。

3. 社会心理推动

根据社会与心理的规律,管理者通过运用各种管理方法、手段或其他措施,对被管理者进行一系列富有成效的教育和激励,以调动他们的积极性,使他们能够自觉、主动地去达到组织所要求的目标。例如,管理者可以通过对企业的员工群体进行正确的人生观认识教育,或者充分关心他们的员工,树立一个榜样,使得工作变得更加丰富多彩等一系列形式,调动他们的积极性,使其能够从内心中产生一份努力去做好自己工作的热情,全身心投入到自己的工作之中。

(三)约束机制

所谓约束机制,是指对管理系统行为进行限定与修正的功能与机理。约束机制是对管理系统行为进行修正的机制,是为了保证管理系统正确运行以实现管理目标。任何社会组织,任何管理系统,一旦失去约束,放任自流,就会失去控制,偏离目标,导致失败。例如,改革开放以来,有的企业过分强调自主权,而没有建立起有效的约束机制,结果搞短期行为,过度分配,导致企业效益滑坡,走向破产。有效地制定约束机制,对于促使系统能够顺利地运行、有效地实现组织目标,都具有极为重要的意义。

有效的约束机制主要包括以下几方面的约束因素。

1. 权力约束

权力约束是双向的。 方面,利用权力对系统运行进行约束。如下达保证实现目标的命令,对偏差行为采取有力处罚,从而凭借权力,保证系统的顺利运行。另一方面,要对权力的持有与运用做出约束,以便于保证其能够正确地使用。丧失了约束力就会成为威胁。

2. 利益约束

利益约束是约束机制极为有效的组成部分,故常被称为"硬约束"。利益约束也是双向的。一方面,使用物质利益的手段对管理系统运行过程施加影响,奖励有助于组织目标实现的行为,惩罚偏离了组织目标的行为;另一方面,对运行过程中的利益因素加以约束,其中突出的表现为对分配过程的约束。

3. 责任约束

责任约束是通过明确相关系统及人员的责任来限定或修正系统的行为。例如,明确规定企业法人代表对国有资产保值、增值负有的责任,并加以量化和指标化。

4. 社会心理约束

社会心理约束是指通过运用教育、激励和社会舆论、道德与价值观等手段,对管理者及有关人员的行为进行约束。

某位老板在闹市口开了家拉面馆,雇了个会做拉面的师傅,但在工资问题上总也谈不拢。

开始的时候为了调动拉面师傅的积极性采用按销售量分成的薪酬方式,一碗面给他5角的提成,希望以此激励他多干活多赚钱。可是,经过一段时间,老板发现客人越多他的收入也越多,但老板自己却没怎么赚钱,原来他在每碗里放超量的牛肉来吸引回头客。

后来,老板决定换种薪酬计算方式,给拉面师傅每月发固定工资,但是,他在每碗里都少放许多牛肉,导致顾客就不满意,回头客减少,生意清淡。

最后,一个很好的项目因为管理不善而黯然退出市场,尽管被管理者只有一个。

(资料来源:Mactech. 一碗牛肉面的读后感[EB/OL].[2023-07-23]. https://doc.mbalib.com/view/2bf9e9da848bc5c4d0741cd1fa4caa18.html.)

思考:

(1)拉面馆老板给拉面师傅的两种薪酬计算方式在动力机制和约束机制上都有什么缺陷?

(2)请设计一个能够平衡拉面师傅动力机制和约束机制的薪酬计算方式。

第三节 管 理 方 法

管理方法是管理机制的实现形式,管理机制的功能与作用是通过具体的管理方法实现的。虽然管理机制在设计上具有一定的客观必然性,但是对于如何正确地选取并应用不同的管理方法则更倾向于主观性。

一、管理方法的含义与分类

(一)管理方法的含义

管理方法是指管理者为实现组织目标,组织和协调管理要素的工作方式、途径或手段。管理方法既是管理者实施经营管理的途径或手段,也是管理者实现组织目标的中介和沟通桥梁,是管理者工作方式的体现,对发挥管理机制的功能实现组织目标具有十分重要的价值。

(二)管理方法的分类

管理的方法大致可按照以下的标准来进行分类。

(1)按方法作用的原理,可分为经济方法、行政方法、法律方法和社会心理学方法。

(2)按方法适用的普遍程度,可分为一般管理方法和具体管理方法。

(3)按方法的定量化程度,可分为定性管理方法和定量管理方法。

(4) 按方法所运用技术的性质,可分为管理的软方法(指主要靠管理者主观决断能力的方法)和硬方法(主要指靠计算机、数学模型等的数理方法)。

(5) 按管理对象的范围,可分为宏观管理方法、中观管理方法和微观管理方法。

(6) 按方法所应用的社会领域,可分为经济管理方法、政治管理方法、文化管理方法、军事管理方法等。

(7) 按管理对象的类型,可分为人事管理方法、物资管理方法、财务管理方法和信息管理方法等。

(三) 企业管理方法的现代化

实现管理方法的现代化,可以提高管理方法的效能。①促进管理方法的科学化。企业要按照市场经济和生产技术发展的客观规律的要求进行组织和管理,正确指挥,科学决策。②寻求管理方法的最优方案。管理方法尽可能实行量化,通过对多种方案的比较,从中选择最佳方案,取得更高的经济效益。③做到管理方法的文明化。企业要搞文明生产,不但要有好的厂房和设备,还要有良好、优美的工作环境,职工要讲究文明礼貌和道德风尚,领导者要树立以人为本、尊重下级的思想,实现文明管理。④实现管理手段的现代化。要广泛采用计算机智能设备及各种网络信息技术提高组织的工作和生产效率,保证任务完成质量。

二、管理的基本方法

管理方法可以从管理范围、管理的技术方法、管理的基本手段等不同角度进行分类。其中,按照管理的基本手段可以分为经济方法、行政方法、法律方法、社会学心理学方法。

(一) 经济方法

经济方法是指以人们的物质利益需求为基础,根据客观经济规律,通过物质利益引导来执行管理职能,实现管理目标的方法。

经济方法具有以下几方面的特点。①利益驱动性。经济方法是使用商品经济社会的客观规律,通过利益驱使被管理者采取管理者所预期的行为。②通用性。经济方法被整个社会所广泛采用,而且也是管理方法中最基本的方法。特别在经济管理领域,是最重要的管理方法。③持续性。经济方法作为一种有效的基本管理方法被应用于各种管理情境中,只要科学运用,其产生的作用也是可持续的。

然而,经济方法也有其局限性:可能会产生明显的负面作用,即会使被管理者过分看重金钱,影响其工作积极性、主动性和创造性的发挥。

经济方法的主要形式有价格、税收、信贷、经济核算、利润、工资、奖金、罚款、定额管理、经营责任制等。

(二) 行政方法

行政方法是指在组织内部,以组织的行政权力为依据,运用命令、规定、指示、条例等行政手段,按行政系统层次,以权威和服从为前提,直接指挥下属工作的方法。

行政方法具有以下几方面的特点。①强制性。行政方法是依靠行政权威发出的命令、指示等强制要求被管理者执行。②直接性。行政方法是采取直接干预的方式进行的,其作用明显、直接、迅速。③垂直性。行政方法是依赖于行政系统的层级所划分的权力,行政指令通过自上而下的垂直传达方式进行领导和指挥被管理者完成各项工作任务。④无偿性。行政方法是通过行政命令方式进行的,不直接与报酬挂钩。

行政方法的局限性是:由于强制干预,容易引起被管理者的心理抵抗,单纯依靠行政方法很难进行持久的有效管理。

行政方法的主要形式有命令、计划、指挥、监督、检查、协调、仲裁等。

(三)法律方法

法律方法是指借助国家法律、法规和组织制度,严格约束管理对象为实现组织目标而工作的一种方法。

法律方法具有以下两方面的特点。①高度强制性。法律是由国家强制实施的,具有高度的强制性。法律方法凭借依靠国家权威制定的法律来进行强制性管理,其强制性大于行政方法。②规范性。法律方法是采用规范进行管理的一种形式,属于"法治",而非"人治",这增强了管理的规范性,而限制了人的主观随意性。

法律方法的局限性是对于特殊情况有适用上的困难,缺乏灵活性。

法律方法的主要形式有国家的法律、法规;组织内部的规章制度;司法和仲裁等。

(四)社会学心理学方法

社会学心理学方法是指运用社会学和心理学原理,通过教育、激励、沟通等手段,满足管理对象社会心理需要的方式来调动其积极性的方法。

社会学心理学方法具有以下两方面的特点。①自觉自愿性。这是通过被管理者内心受激励,而使其自觉自愿去实现目标的方法,不带有任何强制性。②持久性。这种方法是基于被管理者觉悟和自觉服从的基础上的,因此,其作用持久,没有负面影响。

社会学心理学方法的局限性主要表现为对紧急情况难以适应,而且,单纯使用这一种方法常常无法达到目标。

社会学心理学方法的形式主要有宣传教育、思想沟通、各种形式的激励等。

三、管理方法的完善与有效应用

(1)加强管理方法的科学依据。在管理实践中,要不断促进管理方法的建设与完善,使管理方法更加科学有效。其中,最重要的就是要加强管理方法的科学依据,要使其符合相关客观规律的要求,更好地体现管理机制的功能作用。

(2)明确管理方法的性质和特点,正确地运用管理方法。管理者若决定采用一种管理方法,必须明确其作用的客观依据是什么,方法作用于被管理者的哪个方面,是否能产生明显的效果,以及方法本身的特点与局限,以便正确有效地加以运用。

(3) 研究管理者与管理对象的性质与特点,提高针对性。管理方法是管理者作用于管理对象的方式或手段,其最终效益不但取决于方法本身的因素,还取决于管理双方的性质与特点。既要研究管理对象,又要研究管理者自身,这样才能使管理方法既适用于管理对象,又有利于管理者优势的发挥,从而实施有针对性的管理,实现更好的管理效果。

(4) 根据管理的环境因素,采取适宜的管理方法。由于管理环境是影响管理成效的重要因素,因此,管理者在选择与运用管理方法时,一定要认真了解与掌握环境变量,并选择恰当的管理方法,更有效地发挥管理的作用。

(5) 注意管理方法的综合运用。不同的管理方法各有长处和局限,各自在不同领域发挥其优势,没有哪种方法是绝对适用于一切场合的,也没有哪种场合是只可以靠一种方法的。因此,要科学有效地运用管理方法,就必须依目标和实际需要,灵活地选择多种方法,综合地、系统地运用各种管理方法,以求实现管理方法的整体功效。

案例讨论

2022年4月,中国知网因近"千万级别"的续订费用和"苛刻"的续订条件遭中国科学院反对,中国知网曾一度暂停中国科学院对CNKI数据库的使用权限。近年来,因连年涨价、涉嫌垄断经营等行为,中国知网屡屡被推上风口浪尖。2022年5月13日,国家市场监督管理总局公布消息:根据前期核查,依法对中国知网涉嫌实施垄断行为立案调查。随后,中国知网发布公告称,坚决支持,全力配合,将以此次调查为契机,深刻自省,全面自查,彻底整改。

(资料来源:陈鹏.知网涉嫌垄断被立案调查——专家谈知识资源平台常态化监管[N].光明日报,2022-05-14(4).)

问题:

(1) 国家市场监督管理总局与中国知网分别采用了哪些基本的管理方法?
(2) 可以从哪些方面进一步对管理方法进行完善以及有效运用?

本章小结

本章主要介绍现代管理原理、管理机制与管理方法。现代管理原理是指对管理活动基本运动规律的概括,是对管理现象内在本质的反映,对组织的管理活动有着普遍的指导意义。现代管理原理主要包括系统原理、能级原理、人本原理、动力原理、效益原理、权变原理等。

管理机制与管理方法是管理者作用于管理对象过程中的一些运作原理和实施方式、手段。建立科学有效的管理机制,是推行科学管理的核心内容和本质要求。管理机制以客观规律为依据,以管理结构为基础和载体,管理机制本质上是管理系统的内在联系、功能及运行原理。管理机制具体包括运行机制、动力机制和约束机制。运行机制是管理机制的主体。而动力机制和约束机制则为系统运行提供动力或进行行为修正。管理方法是管理机制的实现形式。管理方法主要包括经济方法、行政方法、法律方法和社会学心理学方法。要科学有效地运用管理方法,就必须依目标和实际需要,灵活地选择多种方法,综合地、系统地运用各种管理方法。

关键术语和概念

系统原理　能级原理　人本原理　动力原理　权变原理　效益原理　管理机制
运行机制　动力机制　约束机制　管理方法

思考与练习

一、判断题

1. 系统是指由若干彼此之间有着相互关联、相互影响的部分所构成的具有特殊功能的有机整体。（　　）
2. 根据行为科学理论，人是组织中最重要的资源。（　　）
3. 一般来说，分工明确，职责就会明确。（　　）
4. 所谓权变就是随机应变。（　　）
5. 动力机制是组织中最重要的管理机制。（　　）
6. 经济方法是管理中最基本的方法，它能够解决所有的管理问题。（　　）

二、单项选择题

1. 依据有关因素进行的组织分工，称为（　　）。
   A. 职责能级　　　B. 职能能级　　　C. 组织能级　　　D. 个人能级
2. 下面不正确的表述是（　　）。
   A. 管理的主体是人
   B. 人也是管理的客体
   C. 管理就是为人服务
   D. 人本管理就是把员工看成某一岗位的"操作工"
3. 根据责任原理，管理中强调职责、权力、能力和利益的协调和统一，其核心是（　　）。
   A. 职责　　　　　B. 权力　　　　　C. 能力　　　　　D. 利益
4. 管理机制是以（　　）为基础。
   A. 人员结构　　　B. 产权结构　　　C. 管理结构　　　D. 要素结构
5. 具有自觉自愿性特点的管理方法是（　　）。
   A. 经济方法　　　　　　　　　　　B. 法律方法
   C. 行政方法　　　　　　　　　　　D. 社会学心理学方法

三、多项选择题

1. 一个企业的管理结构包括（　　）。
   A. 企业的功能　　　B. 企业的基本构成方式　　　C. 企业的组织结构
   D. 企业的环境结构　E. 企业的目标　　　　　　　F. 企业的产权结构
2. 构成动力机制主要有（　　）。
   A. 利益驱动　　　　B. 政令推动　　　　　　　　C. 职责推动
   D. 指挥驱动　　　　E. 社会心理推动　　　　　　F. 权力推动
3. 约束机制包括的约束因素有（　　）。
   A. 社会心理约束　　B. 利益约束　　　　　　　　C. 职能约束

D. 权力约束   E. 行政约束   F. 责任约束

4. 属于经济方法的特点的是( )。

    A. 通用性   B. 直接性   C. 利益驱动性

    D. 持续性   E. 自觉自愿性   F. 规范性

四、简答题

1. 如何理解现代管理的基本原理?
2. 管理机制的含义和特征是什么?
3. 如何理解管理机制的构成?
4. 管理机制包括哪些子机制? 如何理解这些子机制?
5. 各种管理方法的特点与形式有哪些?
6. 如何有效地运用管理方法?

案例分析

华为公司的人员管理

华为公司成立于1988年,在2017年首次进入财富世界500强前100名,以年营业收入785亿美元名列第83位。作为一家民族企业,华为公司很好地吸收了中国传统文化的精华,同时积极借鉴国外著名企业的现代管理经验,在结合华为公司企业家创业思维的基础上产生华为公司自身的管理理念、管理思想和管理文化。华为公司的核心文化有两种,一种是作为华为公司企业文化之魂的"狼"文化,其核心是互助、团结协作、集体奋斗。另一种是"家"的氛围,华为公司一直强调企业就是家的理念,让员工感觉在为家服务。

华为公司在招聘人员方面有自己的一套原则:①最合适的,就是最好的;②强调"双向选择";③坚持有针对性的招聘策略;④招聘人员的职责=对企业负责+对应聘者负责;⑤用人部门要现身考场;⑥设计科学合理的应聘登记表;⑦充足的人才信息储备。

在员工培训方面,华为公司已经形成了自己的培训体系。在深圳,华为公司有自己的培训学校和培训基地。华为公司的所有员工都要经过培训,合格后才可以上岗。华为公司也有自己的网上学校,通过这个虚拟的学校,华为公司可以在线为分布在全世界各个地方的华为公司人进行培训。华为公司培训主要有上岗培训、岗中培训、下岗培训三种。

华为公司对员工实施动态分配、激励机制。华为公司有机会、职权、工资、奖金、津贴、股权、红利、退休基金、医疗保障、社会保险等多种分配与保障形式,坚持报酬的合理性与竞争性,确保吸引优秀人才,并始终关注报酬的三个公平性。

(1) 对外公平:根据业界最佳与市场调研,与同类人员比,具有社会竞争力。

(2) 对内公平:不同工作员工,根据工作分析与职位评估确定薪金结构与政策。

(3) 员工公平:同性质员工,依据绩效考核与资格认证确定合理差别。

特别值得一提的就是,华为公司大胆实施股权激励政策。华为公司的任正非仅仅持有公司1.4%的股权,其余股权由8.4万名华为公司员工持有。员工持股是对员工长期激励的有效办法,员工与华为公司之间的关系由雇佣关系变成为合作伙伴关系,华为公司的效益与每位员工的薪酬都密切相关。但股权分配不搞平均,华为公司每年考评出每个人的股权额度,与贡献大小成正比。同时华为公司又每年吸纳新员工,新员工有特殊贡献就以股权额度报偿、奖励。这样,总股本年年调整,那些不再做贡献的员工,在"摊薄"的股份中将减少收入。

在华为公司,只要员工在某个方面取得了一定的进步就有机会获得相应的奖励和荣誉。华为公司的荣誉奖有两个特点:第一,获奖面广、获奖人数多,员工甚至会在自己毫无察觉的情况下得知自己获得了公司的某种奖励。只要有自己的特点,工作有自己的业绩,员工就能得到荣誉奖,新员工有进步奖,参与完成了一个项目有项目奖。第二,物质激励和精神激励紧紧绑在一起。只要你获得了任意一个荣誉奖,就可以随之得到一定的物质奖励。一旦得到荣誉奖,就能得到 300 元的奖励,而且荣誉奖没有上限。

华为公司还建立了一套以绩效目标为导向的考核机制,根据公司的战略,华为公司从战略到指标体系到每一个人的指标,都经过评分记分卡来达到长短期目标、财务非财务等各个方面的平衡。华为公司的绩效管理强调以责任结果为价值导向,保持每年 10%～15% 的人才流动率,坚持干部末位淘汰制度,力图建立一种自我激励、自我管理、自我约束的机制,通过管理者与员工之间持续不断地设立目标、辅导、评价、反馈,实现绩效改进和员工能力的提升。

(资料来源:苏州市致远互联网科技有限公司.华为人力资源管理案例[EB/OL].(2022-10-17)[2023-06-17].https://www.renrendoc.com/paper/225648644.html.)

思考:
(1) 请从责任原理和效益原理两个方面分析华为公司的人员管理情况。
(2) 请根据案例内容分析华为公司在员工管理方面的动力机制和约束机制。

 增值阅读

××公司制造部工长业务执行规程
第一章 通 则

第一条 目的
本规程确定的是制造部所属工长的业务执行事项,工长须以本规程要求执行职务。

第二条 职能
工长分担的职能内容主要包括:
(1) 组织实施生产制造。
(2) 作业管理。
(3) 机械工具管理。
(4) 技术指导与监督。
(5) 现场管理。
(6) 购入申请。
(7) 人事管理。
(8) 业务报告及其他事务。

第三条 义务
工长应正确理解公司的经营方针和经营理念,认真研究公司的规章制度,根据上级指示,确定正确的管理方法,努力提高自己的职务水平。

第四条 责任

工长必须以身作则,勤于钻研业务,使自身工作保持计划性,以高度的责任感执行职务。

第五条 制定与修改

本规定制定与修改由工长提出草案,在与工务科协商基础上,经企划会议讨论,由总经理裁决后实施。

第六条 考核基准

本规程是确定工长加薪、奖惩、升迁、调配的基准。

第七条 监督

总经理及厂长对本规程的执行情况作巡察监督,或由工长提交说明报告。

第二章 生产制造实施

第八条 现场把握

工长须对现场的各种能力和实绩准确把握,合理安排生产日程和生产任务。

第九条 计划的实施与变更

工长须根据厂长或工务科的安排,认真地组织计划实施。同时根据质量状况、完工期限、生产实绩等,及时调整计划。

第十条 作业准备

工长须根据生产任务,及早安排必要原材料、工具、维修等工作。

第十一条 物品管理

对原材料、半成品和成品的存放、保管和收付手续作出安排。

第十二条 作业实施

准确把握生产作业的实施状况,及时与上级联系沟通,确保生产作业的顺利进行。

第三章 作 业 管 理

第十三条 人员调配

工长要确切地了解下属的技能、经验、特长、性格和人际关系。按人尽其才的原则,合理配置和调整人员。

第十四条 下属管理

工长须以身作则,尽心尽力地履行职务,调动每个人的积极性,坚持执行现场作业纪律。

第十五条 激励管理

注意考察下属的工作态度,激励职工努力工作。

第十六条 作业调整

根据作业的进展情况,及时地作出调整。

第四章 机械工具管理

第十七条 设备保全

经常检查和维修各种机械、装置和工具,使其发挥最大的效能。

第十八条 操作指导

对下属进行科学的操作方法的指导,防止违章操作。

第十九条　工具保管

对各类自有或租借工具应专地专人保管,制定严格的借用手续,以防止工具的损坏和丢失。

第二十条　工具维护

确定正确的工具使用方法,定期维护修理。

第五章　技术指导与监督

第二十一条　指导教育

对新职工和青年职工进行技术指导和业务培训,或委托有经验职工进行专门指导。

第二十二条　事故处理

对因工作失误造成的事故,在妥善处理的同时,应查明责任,分析原因,采取防范对策。

第二十三条　作业监督

工长应加强作业监督,努力提高产品质量。

第二十四条　提案采纳

工长应认真研究和采纳职工提出的意见和合理化建议。

第二十五条　检查

工长须定期或不定期地检查产品质量。

第二十六条　提高效率

工长应把工作重点放在革新技术、提高生产效率和产品质量上。

第二十七条　安全管理

积极实施安全教育,努力防止各类事故的发生。

第二十八条　资料保管

工长负责有关设计加工图纸、加工说明书等技术资料的保管。

第六章　现场管理

第二十九条　现场整理

努力创造一个清洁有序的作业现场,特别注意物品的堆放和废弃物的处理。

第三十条　作业环境

注意作业现场的通风、保暖、照明和采光。

第三十一条　防火

注意防火管理,指定专人负责。在工作结束时,应巡查作业现场。

第七章　购入申请

第三十二条　出库申请

工长有权批准下属的工具、材料和备件的出库申请,但必须认真审查其用途、用量。

第三十三条　数量控制

对购入物品和出库申请必须进行严格的数量控制,防止浪费。

第八章　人事管理

第三十四条　勤务管理

对下属实行严格的出勤管理,对违纪者提出警告,以致上报公司。

第三十五条　人事考核

考核下属的绩效,提出提薪、奖励方案。

第三十六条　奖惩

向公司上报奖惩理由和奖惩办法。

第九章　业务报告

第三十七条　作业日报

每日向厂长或工务科提交作业日报。

第三十八条　绩效通报

工长应将自己做成的生产作业统计通报给全体职工。

第三十九条　工长勤务报告

工长应向厂长或工务科提出缺勤或休假申请,并由后者报告公司。工长较长时间不能履职时,应向代理者交接工作。

第二篇　管理职能

第四章　　计划
第五章　　组织
第六章　　领导
第七章　　控制
第八章　　管理创新

第四章

计 划

 学习目标

通过本章的学习,读者应当能够:
1. 理解计划的含义及其重要性;
2. 掌握各种类型的计划及其相互关系;
3. 掌握计划工作的程序;
4. 了解计划的编制方法;
5. 理解目标及目标管理的概念与特点;
6. 掌握目标管理的基本过程;
7. 理解决策的概念、种类;
8. 掌握决策的方法。

 思政目标

通过理论学习和案例分析,让学生明白无论在工作、学习和生活方面都要有计划与目标,做好人生职业生涯规划,既不悲观也不好高骛远,养成求真务实的科学决策态度,以强烈的事业心和责任感完成既定的目标,为实现中国式现代化贡献自己的一份力量。

 案例导入

10分钟提高效率

美国某大型公司总裁菲尔德向一位效率专家史密斯请教如何更好地执行计划的方法,史密斯声称可以给菲尔德一样东西,在10分钟内能把他公司的业绩提高50%。接着,史密斯递给菲尔德一张白纸,说:"请在这张纸上写下你明天要做的6件最重要的事。"

菲尔德用了约5分钟时间写完。史密斯接着说:"现在用数字标明每件事情对于你和公司的重要性的次序。"

菲尔德又花了约5分钟做完。史密斯说:"好了,现在这张纸就是我要给你的。明天早上第一件事是把纸条拿出来,做第一项最重要的。不看其他的,只做第一项,直到完成为止。然后用同样的方法对待第2项、第3项……直到下班为止。即使只做完一件事,那也不要紧,因为你总在做最重要的事。你可以试着每天这样做,直到你相信这个方法有价值时,请将你认可的价值给我寄支票。"

一个月后,菲尔德给史密斯寄去一张 2.5 万美元的支票,并在他的员工中普及这种方法。5 年后,当年这个不为人知的小钢铁公司成为了世界最大的钢铁公司之一。

(资料来源:斯蒂芬·罗宾斯,玛丽·库尔特.管理学[M].四版.刘刚,等译.北京:中国人民大学出版社,1996.)

在所有的管理职能中,毫无疑问,计划职能是最为重要和关键的一项基础职能,其他所有的工作都是以科学的计划为基础的。当然,计划同样也被认为是最有争议的管理职能,因为计划常常不能完全预测和识别所有未来经营环境的不确定性,不能保证消除其所在世界的不稳定性,只能通过科学的计划方法来降低组织未来的风险。

第一节 计划工作概述

一、计划的含义及作用

计划是关于组织未来的蓝图,是对组织在未来一段时间内的目标和实现目标途径的策划与安排。它是对未来行动方案的一种说明,它告诉管理者和执行者未来的目标是什么,要采取什么样的活动来达到目标,要在什么时间范围内达到这种目标,以及由谁来进行这种活动。

计划可以为组织经营活动指明方向,减少未来变化的冲击,使浪费和冗余减至最少。计划的作用具体体现在以下方面。

(1) 计划指明管理工作的方向。只有当管理者了解组织的目标后,才能分派任务,根据任务确定下级的权力和责任,并通过协调他们的活动,互相合作,形成一种复合的、巨大的组织化行为,以保证达到计划所设定的目标。

(2) 计划可以降低风险。计划促使管理者展望未来,预见变化,考虑变化的冲击,制定适当的对策,可以减小或降低不确定性,使管理者能够预见到行动的结果,降低经营风险。

(3) 计划可以减少重复和浪费。计划是为了使未来的组织活动均衡发展,它是对各种方案进行技术分析,选择最优的决策和实施方案,从而有利于合理分配资源,最大限度地发挥各种资源的效用,有效地降低重复和浪费。

(4) 有利于控制工作的开展。计划是事先对未来应采取的行动所做的规划和安排,而控制则是为保证各项行动按计划开展,对各项活动进行监视的过程。计划和控制两者相得益彰,可以说计划是保证组织做正确的事,而控制则是保证组织正确地做事。

思考:许多管理者不喜欢在工作中制订计划,他们有各种各样的理由,最常听到的借口是"计划赶不上变化"或"不计划照样完成任务",他们的认识正确吗?为什么?

二、计划的特点

1. 目的性

目标是计划的终点,所以计划是组织精心安排的、有技巧地实现组织目标的过程,具有强烈的目的性。各种计划及其所有支持性计划,其目的都是旨在促使企业或各类组织的总目标和一定时期目标的实现。

2. 层次性

计划是对企业目标的界定,而目标是具有层次性的。例如,一家企业的目标可能是通过生产某种家电产品而获利;但其生产部门的目标是按照一定质量要求,在成本的约束下生产出一定数量的家电产品;其销售部门的目标是尽快卖出产品。三者的总目标是一致的,但生产部门和销售部门都不能单独完成企业的目标,所以它们的目标更具体,与企业的总目标有层次高低之分。

3. 普遍性

虽然计划工作的特点和范围随着管理人员的权力和责任的不同而有很大的差异,但它却是组织中每个层次的管理人员都要做的第一件事。一方面,一个组织的成功是要靠团队协同作战的,而只有组织内的每个成员都在目标的引导下为计划的制订献计献策,才能使他们朝着一个方向去努力,从而提高组织的凝聚力。另一方面,全员参与制订的计划更符合实际需要,执行时有良好的群众基础。所以计划是组织内每个管理者的任务。

4. 经济性

计划制订的过程中,人们必然分析企业现行各项管理活动的合理性,从而挖掘企业资源的利用潜力、减少各种浪费和偏离组织目标的行为。

5. 主导性

计划相对于其他管理职能处于首位,它的影响贯穿于管理工作的全过程,是控制工作的先导,它保证企业经营管理活动的方向,又为控制工作提供了标准。

三、计划工作的任务和内容

计划工作的任务和内容主要包括5个W和1个H。

What——做什么:任务与要求

即要明确计划的具体任务和要求,明确每个时期的中心任务和工作重点,如生产什么产品,生产多少产品等。

Why——为什么做:目标与目的

即要明确计划的宗旨、目标和战略,并论证其可行性,对企业的宗旨、目标和战略认识得越清楚,就越有助于他们在计划中发挥主动性和创造性。

When——何时做:进度安排

规定计划中各项工作的开始和完成的进度,以便进行有效的控制和对能力及资源进行平衡。

Where——何地做：实施地点或场所

即规定计划的实施地点或场所，了解计划实施地环境条件和限制，以便合理安排计划实施的空间、组织和布局。

Who——谁去做：参与部门和人员

即要明确规定由哪个主管部门负责，哪些部门协助，明确责任部门或责任人。

How——怎么做：行动方案和措施

即制订实现计划的措施以及相应的政策和规则，对资源进行合理分配和集中使用，对人力、生产能力进行平衡，对各种派生计划进行综合平衡等。

四、计划的种类

计划的种类很多，按照不同的标准，计划可以分成各种不同的类型。常见的分类方法有下列几种。

1. 按计划反映的时间长短分类

可以将计划分为长期计划、中期计划、短期计划和即时计划。一般认为，长期计划是确定企业今后发展的方向、描述企业的未来形象，一般为5年以上的计划；中期计划主要是确定企业具体的目标和战略，介于长期计划与短期计划之间，一般计划期为3~5年；短期计划是反映企业在短期内要完成的目标和任务，具有比较具体的方法和程序，一般是指一年或一年以下的计划，例如，年度财务预算就是一种典型的短期计划；即时计划是指马上就付诸行动的计划，一般是指每月的计划，如每月的生产计划。

计划期限应该视情况而定，不能只顾任务的名目而硬性规定计划的期限。一个组织可能在3年内完成的任务，另一个组织可能需要5年。即使同一个组织在同一时期，不同的任务也会有各种不同的计划期限。

2. 按企业职能分类

按企业职能分类就是按企业的经营活动的类型划分计划，企业的经营活动主要包括销售、生产、财务、人事、技术和质量等，根据各类经营活动制订销售计划、生产计划、财务计划、人力资源发展计划及技术的质量管理计划。这些计划一般是根据总体计划制订的，并考虑各部门的相互关系，如生产计划的制订要以销售计划为基础。

3. 按计划的层次分类

按计划的层次分类可将计划分为战略计划、战术计划和作业计划。战略计划是由高层管理者负责制订的计划，它体现了企业在未来一段时间内总的战略构想、发展目标以及实施的途径。其内容主要包括组织的长远目标、政策、策略等，它关系到企业发展方向和大局的计划；战术计划又称施政计划，一般由中层管理者制订，其内容包括中层各部门的目标、策略和政策，它是战略计划的具体化，以具体的行动方案为主要形式，一般以时间为中心制订；作业计划或称业务计划，一般由基层管理者制订，其内容主要是基层工作人员的具体任务与作业程序等。

4. 按计划的表现形式分类

按计划的表现形式分类可分为目的或使命、目标、战略、政策、程序和规章、规划、预算等。在一定程度上，这些计划构成一个层次关系。

(1) 目的或使命(purpose)。组织的目的或使命是组织存在的意义,是组织的根本任务。明确的目的或使命是制定有意义的目标所必需的,因为它回答了组织是干什么的和应该干什么。例如,企业存在的理由是提供满足消费者需要的商品或者劳务,大学的目的和任务是教育和培养人才。

(2) 目标(objective)。目标是指企业各项活动的目的或结果,也是管理活动所要达到的目标。目标有企业的总目标,也有各部门的分目标。例如,某一企业的目标是通过制造家用电器获取一定的利润,该企业的各产品部门有其具体的产品生产目标和利润目标。

(3) 战略(strategy)。战略是指为完成企业的目标,根据企业的环境条件及这些环境条件可能的变化所确定的一系列行动方案、政策和对策,主要涉及企业整体大局及其资源配置。如投资方向的确定、竞争方法的选择、产品方向的确定,都属于战略性的计划。例如,海尔集团的发展战略是多角化经营战略和全球化经营战略,格兰仕的经营战略是低成本战略。

(4) 政策(policy)。政策是指导管理活动的一些纲领和方针,即处理各种问题的一般规定。它指明了组织活动的方向和范围,鼓励什么和限制什么,以保证行动同目标一致,并有助于目标的实现。例如,公司的用人政策规定某一阶层的管理者所要求受教育的程度,公司从内部提升管理者的政策,公司为了扩大市场份额,决定提高给经销商的返点等,都属于政策的范围。政策允许组织成员对某些事情有酌情处理的自由。给下级一定范围内的自由,既便于高层管理者控制全局,也可以使下级有一定的权力处理实际问题。

(5) 程序(procedure)。程序是指未来行动的具体步骤和顺序,它规定了某些经常发生问题的解决方法和步骤。例如,企业采购部门采购材料由使用材料的部门申请购买,经过有关业务部门审批,再实施采购材料的活动。为了有效地开展生产活动而制定的加工程序、装配程序、质检程序等,其目的是明确各个工作岗位的职责,提高生产管理活动的效率和质量。程序与政策密切相关,没有程序,政策将无法执行和落实。

(6) 规章(rule)。规章是指导组织成员在某种情况下是否采取某种行动的准则。规章的本质在于它反映了一种必须或无须采取某种行动的管理决策。由于大部分的规章是为了防止危险事情的发生而制定的,因此规章具有强制性和约束性。例如,对禁区内不准吸烟的规定,每个成员都必须遵守,不允许有任何例外。它常常与政策和程序相混淆。政策与规章的区别在于,前者保持有一定的自由度,会给管理人员留有酌情处理的余地;后者不留有任何的灵活自行处理权力。规章也不同于程序,因为规章是指导行动,而不说明时间顺序,程序可以看作是一系列规则的总和。

(7) 规划(programme)。规划是综合性的计划,它包括目标、政策、程序、规章、任务分配、执行步骤、使用资源以及完成既定行动方针所需的其他要素。因此,规划工作的各个部分的彼此协调需要出色的技能,以及系统的思考和行动的方法。企业规划的作用是根据企业总目标或各部门目标来确定企业分阶段目标或各部门的分阶段目标,其重点在于划分总目标实现的进度。

规划有大有小。有些规划可能涉及整个组织,并要费时多年才能完成;有些规划也许只与某个部门或某些人员有关,并在较短的时间内完成。规划有基于时间和基于项目两种形式,前者如年度生产经营计划、社会经济发展五年计划等;后者如新产品开发计划、设备改造计划等。后者也称为项目计划、活动计划。

(8) 预算(budget)。用数字来表示活动的投入与产出的数量、时间、方向等,是一种数字化的计划。预算在很多公司里是基本的计划工作手段,同时也是一种有效的控制手段。如企业财务收支预算、固定资产投资预算等。

5. 按计划的范围分类

按计划的范围分类可分为综合计划、部门计划和项目计划。综合计划一般是指具有多个目标和多个方面内容的计划,就其所涉及的对象而言,它关系到整个企业或企业中的许多方面。人们习惯把预算年度的计划称为综合计划,在企业中一般是指年度的生产经营计划。部门计划是在综合计划的基础上制订的,它的内容比较专一,局限于某一特定的部门或职能,一般是综合计划的子计划,是为了达到企业的分目标而制订的。如企业销售部门的年度销售计划,生产部门的生产计划等,都是属于这一类型的计划。项目计划是针对企业的特定活动所做的计划,例如,企业某项新产品的开发计划。

五、计划工作的程序

一项完整的计划工作一般包括以下八个步骤:估量机会、确定目标、确定前提、确定可供选择的方案、评价方案、选择方案、制订派生计划以及编制预算计划(见图 4-1)。这八个步骤并不一定全部经过,也不一定非按此顺序制定计划不可。在实际工作中,应根据具体情况确定哪些步骤需要,哪些步骤可以省略,哪些步骤可以平行进行。

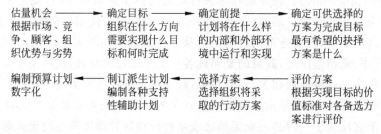

图 4-1 计划工作步骤

1. 估量机会

估量机会是在实际的计划工作开始之前着手进行的,是对将来可能出现的机会加以估计,并在清楚全面地了解这些机会的基础上,进行初步的探讨。一方面按照组织的优势与劣势,清楚组织所处的地位,做到心中有数,知己知彼;另一方面明确组织所面临的不确定因素有哪些,并展望可能取得的结果,进行机会成本分析。在估量机会的基础上,确定可行性目标。

2. 确定目标

计划工作的第一步是在估量机会的基础上为组织及其所属的下级单位确定计划工作的目标。计划工作的目标是指组织在一定时期内所要达到的效果。它指明我们要做的工作有哪些,重点应放在哪里,以及告诉我们计划工作的策略、政策、程序、规则、预算和方案所要完成的是什么任务。目标是计划的灵魂,也是企业行动的方向。企业计划中的目标制订要注意:第一,高低适中;第二,尽可能指标量化;第三,目标要具体明确。计划中的企业目标一般包括营利性指标、增长性指标、竞争性指标、产品类指标、人事类指标、财务类指标等。

3. 确定前提

计划工作的第二步是确定前提,并加以宣传。所谓计划工作的前提,就是计划工作的假定条件,是指执行计划时所面临的外部环境特点及组织内部所需具备的资源和能力条件。计划的前提条件可以从不同角度进行分类。

1) 外部和内部的前提条件

企业外部的前提条件既可以指组织所面临的一般环境,也可以指具体环境条件,尤其是产品市场条件和要素市场条件。企业内部的前提条件包括投在厂房和设备方面的资金、企业经营的方针和政策、已经拟订的主要规划、已经做出和批准了的销售预测、相对稳定的企业既定组织机构等。

2) 定量和定性的前提条件

定量条件是指可用数字表示的对计划工作具有影响的因素,定性条件则是指那些难以用数字来表示的因素。

3) 可控和不可控的前提条件

对于可控的前提条件,企业应当在将来的计划中制定出具体的影响、控制和改变的措施和策略,而对于不可控的前提条件,则需要在计划中规定出适应或应变的办法。

4. 确定选择方案

计划工作的第三步是探讨和调查可供选择的行为过程即方案。一个计划往往同时有几个可供选择的方案,我们要做的工作是将可供选择的方案的数量逐步减少,对一些最有希望的方案进行分析。

事实上,最鲜明的方案不一定就是最好的方案,有时往往不太鲜明的方案反而是最好的。计划工作者常常要通过数学方法和计算机来择优,排除希望最小的方案。

5. 评价与选择方案

计划工作的第四步是按照前提和目标权衡各种因素,以此对各个方案进行评价。在可行的备选方案中,可能有几种情况:有的方案利润大,但支出资金多,回收慢;有的方案利润小,但风险也小;有的方案对长远规划有益,有的方案对当前工作有好处等。在这几种方案并存的条件下,就要根据组织的目标来选择一个最合适的方案。

6. 制订派生计划

制订主要计划就是所选择的计划方案用文字形式正式表达出来。作为管理文件,主要计划还需要派生计划的支持。例如,一家公司年初制订了"当年生产量比上年增加10%"的生产计划,与这一计划相连的有许多计划,如采购计划、车间作业计划等。

7. 编制预算计划

在完成以上几步工作之后,最后一项便是把决策和计划转化为预算,使之数字化。通过数字来大体反映整个计划。预算可以成为汇总各种计划的工具,它是衡量计划工作进度的重要标准。

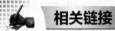

计划工作中常见的错误

(1) 计划工作本身缺乏计划。

(2) 计划内容不完整。

(3) 计划不能适应环境的变化。

(4) 缺乏明确的沟通与授权。

六、编制计划的方法

计划制订的效率高低和质量好坏在很大程度上取决于所采用的计划方法。计划方法有很多,在实际的计划工作中我们应根据具体问题具体分析,选择合适的方法。

现代企业规模不断扩大,面对复杂的外部环境,依靠传统的计划方法已无法适应现代计划工作的要求。现代计划方法可以帮助确定各种复杂的经济关系,提高综合平衡的准确性,并能采用计算机辅助手段,加快计划工作的速度,已被越来越多的计划工作者所采用。现代计划方法很多,如滚动计划法、网络计划技术、甘特法、投入产出法、线性规划方法和计量经济学方法等。下面主要介绍滚动计划法。

滚动计划法,是指每次制订或调整计划时,均将计划期按时间顺序向前推进一个执行期,使之在计划管理过程中始终保持一定时期的完整计划的一种编制方法。它是一种定期修正未来计划的方法。具体做法:在计划制订时,同时制订未来若干期的计划。计划内容采用近期细远期粗的办法,即近期计划尽可能地详尽,远期计划的内容则较粗;在计划期的第一阶段结束时,根据该阶段计划执行情况和内外环境变化情况,对原计划进行修订,并将整个计划向前滚动一个阶段,以后根据同样的原则逐期滚动。如图 4-2 所示的就是一个五年的滚动计划制订方法。

图 4-2　滚动计划法

五年计划由于时间较长,计划期内预测的准确性难度较大,若采用年度计划又太短,因此有的企业采用三年滚动计划。形成"干当年、看明年、想后年"的格局,使企业始终有一个比较切合实际的中期计划用以指导生产。

长期计划受未来不确定因素影响很大,在长期计划的执行中,强调计划的严肃性而要求按前几年制订的来做,无疑会失去意义,滚动计划法则可以避免这种状况的发生。滚动计划法适用于任何类型企业的计划,其优点如下。

第一,适合于组织中的各种计划的编制与修订。可以是综合计划也可以是部门计划,可以是长期计划也可以是中期或短期计划。

第二,使计划的预计时间缩短,提高计划的准确性。就长期计划而言,编制这种计划时对五年后的目标无须作出十分准确的预测,从而使计划在编制时有更多的时间对未来1~2年的目标作出更加准确的确定。

第三,使长期、中期与短期计划相互衔接起来。滚动计划法就是通过短期计划的实际执行情况,作出对下期计划修正的判断,使短期计划与中期计划结合起来,滚动修正又使中期计划与长期计划相衔接,保证计划的连续性。

第四,使计划更有弹性。每一阶段的计划都是在上一阶段的实际情况再加上环境状况的估计后修订的结果,使计划更能适应环境的变化。

第二节　目标与目标管理

管理学家曾经专门做过一次摸高试验。试验内容是把 20 个学生分成两组进行摸高比赛,看哪一组摸得更高。第一组 10 个学生,不规定任何目标,由他们自己随意制定摸高的高度;第二组规定每个人首先定一个标准,比如要摸到 1.6 米或 1.8 米。试验结束后,把两组的成绩全部统计出来进行评比,结果发现规定目标的第二组的平均成绩要高于没有制定目标的第一组。

摸高试验证明了一个道理:目标对于激发人的潜力有很大的作用。

一、目标

1. 企业目标的概念与特征

目标是根据企业的宗旨而提出的企业在一定时期内要达到的预期成果。实施目标管理需要首先制定企业的整体目标。企业整体目标的制定必须建立在对外部环境和内部条件充分调查研究的基础上,要从企业外部和内部两个方面寻找依据。企业应根据特定的外部环境和内部条件,通过领导和职工的上下沟通,对目标项和目标值反复商讨、评议、修改,取得统一的看法,最终形成企业的整体目标。从管理学的角度看,企业目标具有独特的属性,因此在制定目标时,必须注意这些性质。目标的特征主要体现在以下几个方面。

(1) 目标的层次性。从组织结构的角度来看,组织的目标是分层次、分等级的,正因为目标的层次性,才有现在的目标管理技术。总的说来,组织的目标从大的方面来讲,有三个层次。

① 第一个层次的目标是环境对组织的要求,即社会环境强加于组织的目标。比如,社会要求企业为其提供所需要的产品和服务,并在创造尽可能多的价值的同时,不能造成环境污染。

② 第二个层次的目标是企业或组织作为生存或发展的目标,企业的产品市场占有率达到 60%,销售收入达到 100 亿元。

③ 第三个层次的目标是企业成员的目标,如股东、员工追求收入的最大化或工作的稳定性、荣誉感,等等。

对于这三个层次的目标应该值得注意的是,每一层次的目标之间常常是不一致、不协调的,甚至是矛盾的、对立的。比如,第一层次目标与第二层次目标相矛盾,政府除了要求企业创造更多的税收和提供更多的就业岗位外,就是尽可能减少环境污染。第二个层次与第三个层次的目标冲突表现在企业为了获得利润最大化,一个途径是价格定得高一些,但是这又受到市场的制约;另一个途径就是降低成本,除了技术进步、加强管理外,还有降低工人的工资、缩短工人的劳动时间,这就是企业目标与员工目标的矛盾。

(2) 目标的多重性。在市场经济条件下,似乎所有的组织都有一个单一目标,这个目标对于企业是创造利润,对于非营利组织是提供高效率的服务。但是通过更深入的分析,所有组织的目标实际是多重的。例如,生产企业除了追求经营利润外,还追求增加市场份额和满足雇员的福利。因此,没有一种单一的衡量尺度能够有效地评价一个组织是否成功地履行了它的使命。如果过分地强调某个目标,如利润,则会忽视其他目标,而这些目标对实现长期利润目标是不可缺少的。

(3) 目标的时间性。目标都是有时间跨度的。根据其跨度的大小,分为短期目标、中期目标和长期目标。当然短期、中期、长期的区分也是相对而言的。一般情况下,短期是指时间跨度在一年以内,长期在五年以上,中期介于两者之间。正是由于目标的时间性,才有相应的短期计划、中期计划和长期计划。

(4) 目标的可考核性。目标的可考核性是指所定的目标必须明确,不能模棱两可和含含糊糊。如果目标不具有可考核性,也就失去了目标的作用,进而计划的作用率也大大降低了。一般来说,目标有定性目标和定量目标。

定量目标因为是数量性的,显然具有明显的可考核性,例如,产品合格率达到99%,工人出勤率达到100%等。而定性目标就不好把握了,在日常工作生活中,常常表现出模糊的一面。比如"我们一定要提高服务水平,把工作做好"这个目标就比较模糊,因为做到什么程度才算好,很难客观地确定,因此在工作中制定定性目标,一定要明确而且必须给出可考核的指标。

2. 目标的作用

目标的作用可以简单地概括为四个方面。

(1) 方向作用。明确的目标确定了组织所希望达到的未来状况。正如灯塔的信号灯为轮船导航一样,目标的作用首先在于为管理者指明了方向,指导和协调管理者的努力,使他们齐心协力,共同完成组织目标。

(2) 激励作用。目标的激励作用体现在两个方面:一是只有明确了目标,而且这个目标对员工必须有吸引力,才能调动其积极性,创造出最佳的成绩;二是个人只有实现了目标,才会产生成就感和满足感。

(3) 凝聚作用。作为一个社会协作系统的组织必须对其成员有一定的凝聚力,一盘散沙的组织是难以发挥作用的,是不能长期存在的。组织的凝聚力受到很多因素制约,其中一个很重要的因素是组织的目标,特别是当组织的目标与个人的目标相一致时,才能使员工焕发出奉献精神和创造力。

(4) 考核作用。目标为考核主管人员和员工绩效提供了客观标准。只有通过目标的实现程度来评价管理者和员工的工作绩效才是科学合理的;否则,仅靠主观印象进行考核,这种不够客观公平的做法难以调动管理者及员工的积极性。

3. 企业目标的主要内容

一个企业的目标可归纳为两类:一是生存目标;二是发展目标。

(1) 生存目标是指一个企业为了在社会中得以存在所必须实现的基本目标,主要由三个子目标组成。

① 贡献目标。以一个企业在一定时期内要为社会提供的商品或劳务的数量和质量来表示。一个企业若要生存和发展,就必须要对社会作出某种贡献,否则它就没有存在的必要。因此,每个企业都要根据自己在社会中所处的地位,确定其应对社会做出的贡献目标。

② 收益目标。一个企业的生存发展,要以尽可能少的投入取得尽可能多的产出。收益目标是一个企业发展的内在动力,它关系到企业及其成员的切身利益。主要表现为利润额和利润率。

③ 市场目标。任何企业的产出或劳务都有一个能否在市场中实现的问题,即其产品、劳务能否满足社会需求问题。贡献和收益目标都只有通过满足市场需求才能实现,因此,如何吸引更多的服务对象,提高市场占有率,是每个企业生存发展所必须要考虑的问题。

(2) 发展目标是指在一定时期内量的扩大(如资金、产品、人员在数量上的增长)和质的提高(如人员素质的提高)。一个企业要不断发展,必须在质和量两个方面不断创新和提高。

 相关链接

这是一项对 80 家美国最大公司的研究成果,按各项目标被承认的程度排序如下。

(1) 利润率:利润的绝对额或投资报酬率。

(2) 增长:销售额、雇员数量等方面的增长。

(3) 市场份额:本企业销售额与行业全部销售额的比率。

(4) 社会责任:认识到组织更大范围的社会责任,包括帮助治理污染、消除歧视、缓解城市化压力及类似的问题。

(5) 雇员福利。

(6) 产品质量和服务:生产优质的产品或服务。

(7) 研究与开发:成功地创造出新产品和新过程。

(8) 多元化:识别和进入新市场的能力。

(9) 效率:以最低的成本将输入转化为输出的能力。

(10) 财务稳定性:财务指标的绩效,避免不稳定的波动。

(资料来源:王利平. 管理学原理[M]. 三版. 北京:中国人民大学出版社,2009.)

4. 确定目标的原则

(1) 现实性原则。目标的确立必须建立在对企业内外环境进行充分分析的基础上,并通过一定的程序加以确定,既要保证其科学性,又要保证其可行性。

（2）关键性原则。企业作为社会经济组织,要以合理的成本为社会提供商品和服务。实现宗旨的企业发展目标很多,企业必须保证其将有关大局的、决定经营成果的关键内容作为企业目标主体。

（3）明确化原则。组织目标要具体明确,不要含糊不清,抽象而不易掌握,使执行发生困难。

（4）协调性原则。各层次目标之间、同一层次目标之间要协调,保证分目标实现的同时,企业总体目标必然实现。

（5）权变性原则。目标并不是一成不变的,应根据外部环境的变化及时调整与修正,使其更好地实现企业宗旨。

相关链接

制定目标的 SMART 原则

SMART 原则是目标管理中的一种方法,目前在企业界有广泛的应用。SMART 原则中的"S""M""A""R""T"五个字母分别对应以下五个英文单词。

目标必须是具体的(specific);

目标必须是可以衡量的(measurable);

目标必须是可以达到的(attainable);

目标必须和其他目标具有相关性(relevant);

目标必须具有明确的截止期限(time-based)。

二、目标管理

1. 目标管理的概念

目标管理(management by objectives,MBO)最早是由美国著名管理学家彼得·德鲁克于 1954 年在其著作《管理的实践》中提出来的,之后德鲁克又提出了目标管理和自我控制相结合的主张。他认为:企业的目的和任务必须转化为目标,企业的各级主管必须通过这些目标对下级进行领导并以此来保证企业总目标的完成。如果一个领域没有特定的目标,这个领域必然会被忽视;如果没有方向一致的分目标来指导各级主管人员的工作,则企业的规模越大、人员越多时,发生冲突和浪费的可能性就越大。

目标管理是企业的最高管理层根据企业面临的形势和所处的环境,制定出一定时期内企业所要达到的总目标,然后层层落实,要求下属各部门主管人员以及每个员工根据上级制定的目标和保证措施,形成一个目标体系,并把目标完成的情况作为各部门或个人考核的根据。

目标管理是以科学管理和行为科学理论为基础形成的一套管理制度。采用这种制度,可以使组织的成员亲自参加工作目标的制定,实现"自我控制",并努力完成工作目标。而对于员工的工作成果,由于有明确的目标作为考核标准,使对员工的评价和激励能够做到更客观、更合理,因而可以大大激发员工为完成组织目标而努力。目标管理制度特别适用于对主管人员的管理,被称为"管理中的管理"。

2．目标管理的特点

(1) 以目标为中心。企业的一切工作从确定计划目标开始;在工作过程中,一切活动都以确保计划目标的实现为指针;工作效果的大小,以完成计划目标的程度为评价考核标准。

(2) 自我参与。目标管理是一种强调参与和民主的管理方法。它要求计划目标的执行者亲自参与计划目标的制订,把个人需求与组织目标有机结合起来,从而使执行者积极主动地追求目标,而不是消极被动地接受任务,激发执行者的积极性和创造性。

(3) 自我控制。目标管理鼓励人们自觉地追求目标的实现,以自我要求代替被动从属,以自我控制代替被人把持,激励人们把潜力尽量发挥出来,通过自我控制实现组织和个人的目标。

3．目标管理与传统管理方式的区别

目标管理与传统管理方式的区别在于以下几点。

(1) 目标设置的方法不同——上下级共同制定目标。目标管理中的"目标"是由上下级共同制定的,下级在制定中有充分的自主权,可以在充分考虑了自己各方面能力的前提下提出目标;而传统管理中的"目标"一般是由上级领导部门制定并作为任务下达的,下级有时可能有讨价还价的余地,但并没有自主权。

(2) 目标间的关系不同——同步完成企业目标及个人目标。目标管理强调个人目标、团体目标和企业目标的统一,个人团体的利益同企业的利益融合在一起,在实现个人、团体目标的同时实现组织目标;而传统管理方式强调的是下级目标对上级目标的服从,个人和团体利益往往与企业整体利益发生冲突(讨价还价、互相拆台等)。

(3) 管理方式不同——民主管理。由于"目标管理"的目标都是可考核的目标,为了使下属完成明确的任务,必须使其相应地拥有完成目标所需要的资源、收益权力和承担相应责任。因而目标管理是一种民主的、强调职工自我管理的管理制度,上级通过分权和授权来实施例外控制。目标管理的各个阶段都非常重视上下级之间的充分协调,让职工参与管理,实行管理的民主化。在传统管理过程中,下级只有责任,却没有完成任务所需的权力,上级对下级实行监督与控制的管理。

(4) 成果评价方法不同——客观的自我评价。目标管理由于有一套根据上下级结合制定的目标考核体系,员工能够按实际贡献大小进行自我评价工作成果,并做出相应改进,如实客观地评价一个人,从而做到赏罚分明,让下级心服口服。传统管理则根据上级制定的评价标准,由考核部门评价成果,并提出改进意见。由于没有一套清晰的可考核标准,对员工表现的评价,除了看他的工作表现外,更重要的是根据上级的印象、上级本人的思想以及员工和上级的关系等定性因素来评价,往往不能公正、合理地评价一个员工的工作成果。

4．目标管理的重要意义

目标管理是一种很实用的管理方法,美国最大的 500 家公司中大约有 40% 的公司采用了目标管理,日本企业运用目标管理的比例则更高。目标管理有如下主要优点,如图 4-3 所示。

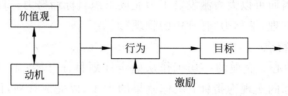

图 4-3　目标的功效

（1）通过目标管理，可使各项工作都有明确的目标和方向，从而避免管理工作的盲目性、随意性，避免形式主义和做无用功，并可使管理者摆脱被动局面。

（2）通过目标管理的系统分解，可提高组织整体工作的协调一致性，有助于最大限度地增强各级人员的进取心、责任感，充分发挥每个人的内在积极性。

（3）目标管理有助于实现有效控制。目标管理解决了控制工作中的两个难点：控制标准和控制手段，使控制工作落到实处。

（4）目标管理强调参与，有助于形成全体员工的团结合作精神和互相凝聚力。

5．目标管理的过程和评价性

由于各个组织活动的性质不同，目标管理的步骤可以不完全一样，但一般来说，目标管理的基本过程如下。

1）目标展开

实施目标管理，首先要建立一套完整的目标体系，将目标逐级展开。目标展开就是将企业目标自上而下，层层分解，最终落实到每个责任人的过程。目标展开既是目标的落实过程，又是目标体系的形成过程，一般包括以下环节。

第一，目标分解。指企业目标按企业管理体系的纵向关系自上而下逐级分解，即从企业总目标到分目标再到个人目标的分解过程。

第二，目标对策展开。就是各部门、班组或个人根据自己的分目标提出落实措施、对策。

第三，目标协商。就是通过各部门、各层次之间围绕企业目标的分解和对策措施而进行意见沟通和商讨，以消除这种不协调。

第四，明确目标责任。就是使每一个部门和员工明确自身在实现企业目标过程中的责任。

第五，编制目标展开图和个人目标卡。

2）目标实施

为保证目标的顺利实现，在实施阶段要着重抓好以下两个方面的工作。

第一，权力下放和自我控制。在实施过程中，上级要尽可能下放权限，给下级以自由处理的余地。上下级之间需达成谅解，允许个人按照自己的意愿自由地作出判断和采取行动。在权限下放的同时，也要强调下级的执行责任和报告义务。下级在实施过程中，一方面要对照自己的目标检查行动，另一方面要依靠自己的判断来充分行使下放给自己的权限，努力达到目标，这就是自我控制。

第二，实施过程的检查和控制。目标实施如果没有检查，就会变成放任自流，检查可以促进各部门和个人认真地实现目标。目标实施过程中的检查一般实行下级自查报告和上级巡视指导相结合。要使下级明确报告工作的义务,定期自查并向上级报告,报告内容包括目标实施进展状况、自己所做的主要工作、遇到问题、希望得到的帮助,等等。

上级要加强对目标实施过程的控制和管理,必须经常与下级进行意见交流。上级可在巡视检查中向下级就工作的方法等进行实质性的询问,提出问题,鼓励下级主动地、创造性地钻研问题,以积极进取的态度解决问题。对于下级在工作中无权处理而请求上级给予帮助的问题则应及时给予适当的启发和指示。当然,上级的检查应尽量不干扰下级的自我控制。

3) 目标成果评价

目标管理的最后阶段,是目标成果评价。以确认成果和考核业绩,并与个人利益与待遇结合起来。目标成果的评价一般实行自我评价和上级评价相结合,共同协商确认效果。

目标成果的具体评价一般采用综合评价法,即对每一项目标按目标的达到程度、目标的复杂困难程度、目标实现中的努力程度三个要素来评定,确定各要素的等级分,再加上修正值,得到单项目标分数值,然后综合考虑各单项目标在全部目标中的权数,得出综合考虑的目标成果值,根据目标成果值确定目标成果的等级。

综合评价的具体步骤如下。

(1) 评定"目标的达到程度",一般采用实际成绩值与目标值之比,根据达到率分为A、B、C三个等级。通常A级为100%～110%,B级为90%～100%,C级为80%～90%。如果目标无法量化,则可按事先规定的成果评定要点,确定A、B、C三个等级。

(2) 评定"目标的复杂困难程度",个人的实际能力和主客观条件不同。因而目标的复杂困难程度也各不相同。如果评定时仅着眼于"达到程度",就无法准确客观地衡量每个人的成绩大小。因此只有把目标的复杂困难程度考虑在内,才能对每个人的成绩作出比较。"复杂困难程度"通过协商确认,也分为A、B、C三级。

(3) 评定"目标实现中的努力程度"。对于达标过程中属于个人职责范围内应当克服的不利条件,经过本人的努力,情况有了多大的改变?对努力程度进行评价,可区别是经过努力没有获得成果,还是没有努力而没有获得成果。根据对达标过程中的种种条件分析,将"努力"程度按A、B、C三个等级评定。

(4) 规定每一个评价要素在目标项内的比重,作出单项目标的初步评定值。三个要素的比重一般可定为,"达到程度"50%,"复杂困难程度"30%。"努力程度"20%。由于部门不同,所处管理层次的不同,三要素的比重可以适当调整。

(5) 对达标过程中出现的非本人责任和努力后也不能排除的不利条件,酌情进行修正得出各单项目标评定值。

(6) 将各单项目标评定值分别乘以其权数,得出单项目标的比重值,然后加总,便得到该个人的目标成果综合评定值,然后按A、B、C三等评定目标成果的等级。

各部门的目标成果也可用同样的方法进行评价。

6. **目标管理的局限性**

目标管理的局限性主要体现在以下两个方面。

(1) 目标难以确定。首先,表现在组织内外部环境因素的不确定性,使得目标制定不可能在任何情况下都可以明确化。其次,那些拟订目标的各级主管如果不了解目标涉及的前提条件和企业的基本战略及政策,那么他们就无法制定出正确的目标。再次,要使所有目标都量化以便于日后考核是不现实的。最后,要使同一级主管的目标都具有相似的"紧张"和"费力"程度更是困难的。这些都为目标管理的有效实施设置了难以逾越的障碍。

(2) 缺乏灵活性。目标管理要取得成效,就必须保持其明确性和肯定性,如果目标经常改变,就说明它不是经过深思熟虑和周密计划得出的,这样的目标是没有意义的。但是未来存在许多不确定因素,因此必须要根据已经变化了的情况对计划目标进行修正,然而修订一个目标体系与制定一个目标体系所花费的精力相差无几,结果可能迫使主管人员不得不中途停止目标管理的过程。

7. 如何推行目标管理

目标管理是一种很实用的管理方法,应该大力推广。究竟如何推行目标管理,除了掌握具体的方法外,要特别注意下面三个问题。

(1) 推行目标管理要有一定的思想基础和科学管理基础。所谓思想基础,是指要教育员工树立全局观念和长远科学观念,正确理解国家、集体和个人之间的关系。这是因为目标管理容易滋长急功近利本位主义的倾向,如果没有一定的思想基础,设定目标时就可能出现不顾整体利益和长远利益的现象。所谓科学管理基础是指各项规章制度比较完善,信息比较通畅,能够比较准确地度量和评估工作成果。这点不仅是推行目标管理的基础,也是推行一切现代管理方法的基础。

(2) 能否推行目标管理关键在于领导。目标管理制度中的领导不是原则的领导,而是具体的实际的领导,对各项指标都要心中有数。工作不深入,没有专业的知识,不了解下情,不熟悉生产,不会经营管理是不行的。所以实行目标管理不是对领导要求低了,而是更高了。目标管理中的领导者与被领导者之间不是命令与服从的关系,而是平等、尊重、信赖和相互支持的关系。因此,要求领导改进作风,提高水平,要民主,善于沟通。在目标管理中,领导的重要职能是协调,首先,表现在设置目标过程中的协调,其次,表现在执行过程中的协调,要使大家的方向一致,目标之间要相互支持,这就需要领导者掌握一些协调方法。最后,目标管理中的领导者应善于授权,因为没有充分分权就不能创造个人自由地达到目标的条件,这必然导致目标管理的失败。

(3) 目标管理要逐步推行、长期坚持。推行目标管理需要许多配套措施,如提高人员的素质,健全各种责任制,做好其他管理的基础工作,制定一系列有关的政策等。这些都是企业的长期任务,所以目标管理也只能逐步推行,先试点,在试点的基础上总结经验,再大范围推广。

第三节 决 策

计划工作的核心是决策。无论是确定目标,还是制订计划,管理者都需要作出抉择。不仅是计划工作,其他管理工作也需要决策。事实上,决策贯穿整个管理过程,但决策对计划工作尤为重要。

一、决策的定义

决策理论认为,决策是为了实现某一目的而从若干可行方案中选择一个满意方案的分析判断过程。从这个定义中可看出它有以下几个特点。

1. 决策要有明确的目的

决策是为了解决某个问题或为了实现一定的目标。没有目标就无从决策,没有问题则无须决策。因此,在决策时,要解决的问题必须是十分明确的,要达到的目标必须有一定的标准可以衡量比较。

2. 决策要有若干可行的备用方案

若只有一个方案就无从比较其优劣,也无选择的余地,"多方案抉择"是科学决策的重要原则;决策时不仅要有若干方案来相互比较,而且各方案必须是可行的。

3. 决策的结果是选择一个满意的方案

决策理论认为,最优方案往往要求从诸多方面满足各种苛刻的条件,只要有一个条件不满足,最优目标便难以实现。因此,科学决策追求的是诸多方案中,在现实条件下,能够使主要目标得以实现,其他次要目标也足够好的合理方案。

4. 决策是一个分析判断过程

决策有一定的程序和规则,但它又受决策者价值观念和经验的影响。在分析判断时,参与决策人员的价值准则、经验会影响决策目标的确定、备选方案的提出、方案优劣的判断及满意方案的抉择。管理者要作出科学的决策,就必须不断提高自己的决策能力。

二、决策的意义

决策是管理者从事管理工作的基础,是衡量管理者水平高低的主要标志之一,在管理活动中具有重要的地位与作用。

1. 决策贯穿于管理过程始终

管理者在管理过程中要履行计划、组织、领导、控制等职能,这些工作一旦开展,就具有相对稳定性。决策则不同,它是管理者经常要进行的工作,管理者的主要意图均需通过决策来实现,它贯穿于企业的各项管理活动中。从目标的确定、资源的分配、组织结构的建立、人员招聘及对下属的奖惩、纠偏措施的实施等,都需要管理者做出决策。这就印证了西蒙提出的"管理就是决策"这一观点。

2. 决策正确与否直接关系到企业的生存与发展

决策是任何有目的的活动发生之前必不可少的一步,正如医生的判断正确与否直接关系到病人的生命一样,企业的兴衰存亡常常取决于管理者特别是高层管理者的决策正确与否,决策的正确等于成功的开始。

3. 决策能力是衡量管理者水平高低的主要标志

决策是一项创造性的思维活动,体现高度的科学性和艺术性。有效的决策取决于三个方面:一是具有有关决策原理、概念和方法的扎实基础;二是收集、分析、评价信息和选择方案的娴熟技能;三是经受风险和承担决策中某些不确定因素的心理素质。

三、决策的分类

1. 决策主体

按照决策主体不同,可以将决策划分为个体决策和群体决策。个体决策是指决策权集中于个体手中,由个人所作出的决策。个体决策往往效率较高,但容易受决策个体的知识、经验的限制。群体决策是指由多人一起做出的决策,如股东大会、董事会等。群体决策有利于集中不同领域专家的意见,以应对复杂问题,同时容易得到普遍认同,但效率低下、决策成本较高,往往会出现责任不清的状况。

总体来看,个体决策适合于需要创造性的工作,群体决策适合于需要做出评价的工作。当问题不能分解且解决方法的正确性难以证实时,个体决策比较有效;当问题由许多部分组成且集体成员拥有解决问题所需的互补性的技巧和信息时,群体决策比较有效。

2. 决策内容

按决策内容的不同,可以将决策划分为战略决策、管理决策和业务决策。战略决策又称经营决策,是指直接关系到组织生存发展的全局性、长远性问题的决策,如企业中经营目标、方针、规模、产品更新换代、新技术的采用等。这类决策对于企业的发展具有重要意义,一般涉及的时间较长、范围较大。由于所要解决的问题大多是内容比较复杂、抽象且多是以前没有遇到过的,因此管理者常常还要借助于自己的经验、直觉和创造力进行判断。战略决策一般由高层管理者作出。

管理决策又称战术决策,它是为了保证战略决策的实现所作出的决策,是执行战略决策过程中的基本战术决策。如企业生产计划和销售计划的确定、新产品设计方案的选择、新产品的定价等,均属此类决策。管理决策所面临的大多是实施方案的选择、资源的分配、实际业绩的评估等方面的问题,比较具体,带有局部性、灵活性大等特点。这些问题大多可以定量化,可以进行系统分析。但当企业处于动态环境中时,由于预测困难,有时也较多地依赖管理者的经验判断。这类决策大多由中层管理人员作出。

业务决策也称日常管理决策、执行性决策,是指在日常业务活动中为了提高效率所作出的决策。如生产任务的日常安排、工作定额的制定等,一般由基层管理人员作出。这类决策所要解决的问题常常是明确的,决策者不仅知道要求达到的目标、可以利用的资源、达到目标有哪些途径,也知道可能的结果,一般可以采用分析工具来进行选择。

3. 信息量

按决策主体所掌握的信息量的不同,决策可分为确定型决策、风险型决策和不确定型决策。

确定型决策是在影响决策的各种因素均为已知的条件下进行的,一个方案只有一种结果,不具有风险性。一般可以运用数学模型求得最优解。

风险型决策也称随机决策,是指决策时影响决策的各种因素存在不稳定性,一个方案会出现几个不同结果,可以通过某些方法估算出其概率和期望值,然后依次来进行决策。因此,存在较大的风险性。

不确定型决策是指决策时不可控制的因素很多且不稳定,一个方案所出现的结果是不确定的,无法计算出其概率,只能凭决策者的经验和判断来做出决策。因此,此类决策风险最大。例如,某公司为了发展海外的业务,想选择一种合适的进入海外市场的方式:间接出口、直接出口或直接投资。由于环境变化的高度不稳定性,目标国可能存在的政治风险,国际金融市场货币汇率波动的外汇风险,当地文化习惯不同造成可能对产品的消费倾向不同等,使每个备选方案都有成功的机会也有失败的可能,但都无从衡量其可能性到底有多大。在此条件下的决策,关键在于尽量掌握有关信息资料,根据决策者的直觉、经验、判断来果断行事。

4. 重复程度

按照问题出现的重复程度,决策可以分为程序化决策和非程序化决策。

程序化决策又称常规决策或例行决策,它是指经常发生的能按规定的程序和标准进行决策,多指对例行公事所做的决策。由于这类问题经常重复出现,因而可以把决策过程标准化、程序化,可通过惯例、标准工作程序和业务常规予以解决。如产品质量、设备故障、现金短缺、合同履行、原材料采购,等等。

非程序化决策又称非常规决策或例外决策,它是指单独的、不重复发生的、无先例可循的决策。这类问题不能依据业务常规程序来解决,主要依靠决策者的经验和才智来做出的决策。属于此类决策的多数是战略性决策和有重大影响而新颖的战术决策,例如,新产品的研究开发、企业的并购与重组、重大工程投资等均属此类。

5. 量化程度

从决策的目标、变量和条件能否量化来看,决策可以分为定量决策与定性决策。

定量决策是指决策的目标本身就表现为数量指标的决策,一般可以采用数学方法、数学模型,并利用计算机来进行定量分析,多属于程序性决策。例如,企业管理中有关提高产量、利润或降低成本这类决策就属于定量决策。这类决策要求有一定的准确度,如产量增长多少,成本降低多少,否则就没有实际意义了。

定性决策的目标则只能作定性的描述或抽象的表达,它们难以用数量表示,而主要运用决策者的经验、智慧来进行定性的分析、评价,多属于非程序性决策。例如,组织结构的设置或改变、干部的选拔和调动、制度的颁布实施等。

此外,按照决策者的层次,可以分为高层决策、中层决策和基层决策;按照决策目标,可分为单目标决策和多目标决策;按照时间长短,可分为中长期决策和短期决策等。

四、决策程序

决策程序是指从问题提出到定案所经历的过程。决策是一项复杂的活动,有其自身的工作规律性,需要遵循一定的科学程序。在现实工作中,导致决策失败的原因之一就是没有严格按照科学的程序进行决策,因此,明确和掌握科学的决策程序是管理者提高决策成功率的一个重要方面。一般来说,决策程序大致包括以下几个步骤。

1. 判断问题——认识和分析问题

决策是为了解决现实中提出的需要解决的问题。所谓问题,就是应有目标和实际问题之间所存在的差距。通过调查、收集和整理有关信息,发现差距,明确奋斗目标,是决策的起点。没有问题,不需要决策;问题不明,则难以作出正确的决策。决策的正确与否首先取决于问题判断的准确程度。

认识和分析问题是决策过程中最为重要也是最为困难的环节。就管理者的工作而言，若能始终正确判断问题自然最好，但在实际工作中却常常事与愿违，要么不能正确地判断问题，要么就是触及不到问题的实质。怎样才能正确地判断问题呢？在实际工作中，原因自然不会摆在面上，需要管理者下大力气去找。利用以下的思维方式，管理者对问题的观察会更加细致和全面。

（1）首先确定是否存在需要解决的问题。决策的前提是问题的存在，发现现有的或潜在的问题是敏锐的洞察力、预见性和高度的敏感性的综合体现。确定问题是否存在的有效方法是将现状与理想的状况（或期望目标）加以比较，若两者之间存在着较大的差异，管理者就可断定他面临着一系列需要解决的问题。

（2）确定问题出在何处。除非问题产生的原因已明确，否则管理者就要像高明的医生那样，通过收集与问题有关的信息，透过问题的表面现象，找出妨碍目标实现的阻力或出现差异的原因到底是什么。

（3）明确真正的问题及其可能的原因。通过收集大量的信息，对各种限制因素进行分析，从而确定真正的问题。只有找到了真正的问题及其原因，才能提出有效的解决方法，为正确决策奠定基础。

2．明确决策目标

决策是为了解决问题，在所要解决的问题明确以后，还要指出这个问题能否解决。有时由于客观环境条件的限制，管理者尽管知道存在某些问题，也无能为力，这时决策过程就到此结束。如果问题在管理人员的有效控制范围之内，问题是能够加以解决的，则要确定应当解决到什么程度，明确预期的结果是什么，也就是要明确决策目标。

决策目标是指在一定的环境和条件下，根据预测所能得到的结果。目标的确定十分重要，同样的问题由于目标不同，可采用的决策方案也会大不相同。目标的确定要经过调查和研究，掌握系统准确的统计数据和事实，然后进行由表及里、去伪存真的整理分析，根据对企业总目标及各种目标的综合平衡，结合企业的价值准则进行确定。

3．拟订可供选择的行动方案

决策也可定义为对解决问题的种种行动方案进行选择的过程。为解决问题，必须寻找切实可行的各种行动方案。拟订行动方案要紧紧围绕着所要解决的问题和决策目标，根据已经具备和经过努力可以具备的各种条件，并充分发挥积极性、创造性和丰富的想象力。不要拘泥于经验和实际，也不要忘记不采取任何行动也是备选方案之一。

4．分析评价各行动方案

决策过程的第四步是对每个备选方案进行评价。为此，首先，要建立一套有助于指导和检验判断正确性的决策准则。决策准则表明了决策者关心的主要是哪几个方面，一般包括目标达成度、成本（代价）、可行性等。其次，根据企业的大政方针和所掌握物资源来衡量每个方案的可行性，并据此列出各方案的限制因素。再次，要对各方案是否满足决策所处条件下的各种要求及所能带来的效益和可能产生的各种后果进行分析。最后，要根据可行性、满意程度和可能产生的后果，比较哪个方案更有利。可通过罗列各方案对各个希望目标的满足程度、各方案的利弊，来比较各方案的优劣。

5. 选择满意方案并付诸实施

在对各个方案分析评价的基础上,决策者最后要从中选择一个满意方案并付诸实施,在选择时要注意以下几点。

(1) 任何方案均有风险。即使在决策过程中绞尽脑汁,选定了一个似乎最佳的方案,它也必定具有一定程度的风险。这是因为因素的不确定只能减少到最低限度而不可能完全消除。因此,在决策时要将预感、直觉、机遇与事实、逻辑、系统分析结合来进行抉择。

(2) 不要一味追求最佳方案。由于环境的不断变化和决策者预测能力的局限性,以及备选方案的数量和质量受到不充分信息的影响,因此决策者可能期望的结果只能是作出一个相对令人满意的决策。

(3) 在最终选择时,应允许不作任何选择。有时,与其轻率决策,不如不采取任何行动,以免冒不必要的风险。一旦做出决策,就要予以实施。实施决策,应当制定一个实施方案,包括宣布决策、解释决策、分配实施决策所涉及的资源和任务等。要特别注意争取他人对决策的理解与支持,这是任何决策能得以顺利实施的关键。

6. 监督与反馈

通常的决策过程并不包括这一步骤,但由于决策的正确与否要以实施的结果来判断,而决策实施过程中的控制与评价又对决策成败起着十分重要的作用,因此,我们就把监督、控制和评价决策结果也列入决策过程。要求在决策过程中建立信息反馈渠道,及时检查实施情况发现差异,查明原因,对已有的决策进行不断的修正和完善,直至解决问题、实现目标或作出新的决策为止。

五、影响决策的因素

1. 环境

环境对组织决策的影响是双重的:首先,环境的特点影响着组织的活动选择。组织决策要面临的环境包括企业经营的微观环境和宏观环境。微观环境是指与企业产、供、销、人、财、物、信息等直接发生关系的客观环境,这是决定企业生存和发展的基本环境。宏观环境是指对企业的生存发展创造机会和产生威胁的各种社会力量,包括人口环境、经济环境、自然环境、技术环境、政治和法律环境以及社会和文化环境。其次,对环境的习惯反应模式也影响着组织的活动选择。即使在相同的环境背景下,不同的组织也可能作出不同的反应。而调整组织与环境之间关系的模式一旦形成,就会趋向固定,限制着人们对行动方案的选择。

2. 过去决策

组织过去的决策是目前决策过程的起点。"非零起点"的目前决策不能不受到过去决策的影响。过去的决策对目前决策的制约程度,主要受它们与现任决策者的关系的影响。如果过去的决策是由现在的决策者制定的,而决策者通常要对自己的选择及其后果负管理上的责任,因此决策者一般不愿对组织活动进行重大调整,而倾向于仍把大部分资源投入到过去方案的执行中,以证明自己的一贯正确。反之,则会易于接受重大改变。

3. 决策者对风险的态度

未来条件并不总能事先预料。现实生活中,许多管理决策是在风险条件下做出的。

在风险条件下进行决策时,决策者所持的态度是一个关键因素。具有一定承担风险的能力是成功的管理必不可少的,因为人们不是对过去的事做决策,决策必然为将来而做,而将来总是包含着不确定因素。收益与风险往往是呈正比例关系的。因此,对决策者来说,一方面,基本的要求是要敢于冒风险,敢于承担责任;另一方面,管理决策不是赌博,敢于冒风险不等于蛮干。决策者必须清醒地估计到各项决策方案的风险承担;估计到最坏的可能性并拟定出相应的对策,使风险损失不致引起不可挽回的灾难性后果;必须尽量搜集与决策的未来环境有关的必要信息,以便作出正确的判断;同时还应考虑到是不是到了非冒更大风险不可的地步;最后,决策者还应当对决策的时机是否成熟有准确的判断。这些都有助于决策者将决策方案的风险减至最小。

4. 组织文化

在管理领域里,组织文化主要指组织的指导思想、经营理念和工作作风,包括价值观念、行业标准、道德规范、文化传统、风俗习惯、典礼仪式、管理制度以及企业形象。组织文化既可以成为实施组织决策的动力,也可能成为阻力。决策者要考虑所做决策尽量与组织文化相适应,不要破坏已有的组织文化。比如,在较为保守的企业文化之下,管理者和员工倾向于维持现状,他们抗拒变化,不愿意接受失败和挑战。在这种情况下,决策者所制定的决策往往会较为保守,比较稳健。相反,在较为进取型的企业文化背景之下,管理者和员工乐于接受挑战,更加倾向于创新,对失败和风险的接受度较高。这样的文化氛围会强化那些风险性较高的决策,决策往往会强调变革和创新。

5. 决策具有时效性,要受时间的制约

决策是在特定的情况下,把组织的当前情况与使组织步入未来的行动联系起来,并旨在解决问题或把握机会的管理活动。这就决定了决策必然受到时间的制约,一旦超出了时间的限制,情况发生了变化,再好的决策也不可能达到预期目标。

六、管理决策的方法

1. 定性决策方法

定性决策方法是指在决策过程中充分发挥专家集体的智慧、能力和经验,在系统调查研究分析的基础上,根据掌握的情况与资料,进行决策的方法。这里主要介绍两种方法。

1)德尔菲法(Delphi technique)

德尔菲法是由美国兰德公司于 20 世纪 50 年代初发明的、最早用于预测后来推广应用到决策中的方法。德尔菲是古希腊传说中的神谕之地,城中有座阿波罗神殿,可以预测未来,因而借用其名。

德尔菲法依据系统的程序,采用匿名发表意见的方式,即专家之间不得互相讨论,不发生横向联系,只能与调查人员发生关系,通过多次调查专家对问卷所提问题看法,经过反复征询、归纳、修改,最后汇总成专家基本一致的看法,作为预测的结果。这种方法具有广泛的代表性,较为可靠。

德尔菲法的具体实施步骤如下。

(1)组成专家小组。按照课题所需要的知识范围确定专家。专家人数的多少可根据预测课题大小和涉及面的宽窄而定,一般不超过 20 人。

(2) 向所有专家提出要预测的问题及有关要求,并附上有关这个问题的所有背景材料,同时请专家提出还需要什么材料。然后由专家做书面答复。

(3) 各个专家根据所收到的材料,提出他们自己的预测意见,并说明自己是怎样利用这些材料并提出预测值的。

(4) 将各位专家第一次判断意见汇总并列成图表进行对比,再分发给各位专家,让专家比较自己同他人的不同意见,修改自己的意见和判断。也可以把各位专家意见加以整理,或请其他专家评论,然后把这些意见再分送给各位专家,以便他们参考后修改自己的意见。

(5) 将所有专家的修改意见收集起来汇总,再次分发给各位专家,以便做第二次修改。逐轮收集专家意见,并为专家进行信息反馈是德尔菲法的主要环节。收集意见和信息反馈一般要经过三四轮。在向专家进行反馈的时候,只给出各种意见,但并不说明发表各种意见的专家的具体姓名。这一过程重复进行,直到每个专家不再改变自己的意见为止。

(6) 对专家的意见进行综合处理。

如某书刊经销商采用德尔菲法对某一专著销售量进行预测。该经销商首先选择若干书店经理、书评家、读者、编审、销售代表和海外公司经理组成专家小组。将该专著和一些相应的背景材料发给各位专家,要求大家给出该专著最低销售量、最可能销售量和最高销售量三个数字,同时说明自己作出判断的主要理由。将专家的意见收集起来,归纳整理后返回给各位专家,然后要求专家参考他人的意见对自己的预测重新考虑。专家完成第一次预测并得到汇总结果以后,除书店经理 B 外,其他专家在第二次预测中都做了不同程度的修正。重复进行,在第三次预测中,大多数专家又一次修改了自己的看法。第四次预测时,如所有专家都不再修改自己的意见,专家意见收集过程在第四次以后停止。最终预测结果为最低销售量 26 万册,最高销售量 60 万册,最可能销售量 46 万册。

德尔菲法作为一种主观、定性的方法,不仅可以用于预测领域,而且可以广泛应用于各种评价指标体系的建立和具体指标的确定过程。

例如,我们在考虑一项投资项目时,需要对该项目的市场吸引力作出评价。我们可以列出同市场吸引力有关的若干因素,包括整体市场规模、年市场增长率、历史毛利率、竞争强度、对技术的要求、对能源的要求、对环境的影响等。市场吸引力的这一综合指标就等于上述因素加权求和。每一个因素在构成市场吸引力时的重要性即权重和该因素的得分,需要由管理人员的主观判断来确定。这时,我们同样可以采用德尔菲法。

德尔菲法同常见的召集专家开会、通过集体讨论、得出一致预测意见的专家会议法既有联系又有区别。德尔菲法能发挥专家会议法的优点:①能充分发挥各位专家的作用,集思广益,准确性高;②能把各位专家意见的分歧点表达出来,取各家之长,避各家之短。同时,德尔菲法又能避免专家会议法的缺点:①权威人士的意见影响他人的意见;②有些专家碍于情面,不愿意发表与其他人不同的意见;③出于自尊心而不愿意修改自己原来不全面的意见。德尔菲法的主要缺点是过程比较复杂,花费时间较长。

2) 头脑风暴法(brain storming)

头脑风暴法又称集体思考法或智力激励法,它是 1939 年由奥斯本首先提出的,并在

1953年将此方法丰富和理论化。

所谓头脑风暴法,是指采用会议的形式,如召集专家开座谈会征询他们的意见,把专家对过去历史资料的解释以及对未来的分析有条理地组织起来,最终由策划者做出统一的结论,在这个基础上,找出各种问题的症结所在,提出针对具体项目的策划创意。

在进行这种策划方法的会议时,策划人要充分地说明策划的主题;提供必要的相关信息,创造一个自由的空间,让各位专家充分表达自己的想法。为此,参加会议的专家的地位应当相当,以免产生权威效应,从而影响另一部分专家创造性思维的发挥。专家人数不应当过多,应尽量适中,因为人数过多,策划成本会相应增大,一般5～12人比较合适;再者会议的时间也应当适中,时间过长,容易偏离策划的主题;时间太短,策划者很难获取充分的信息。这种策划方法要求策划者具备很强的组织能力、民主作风与指导艺术,能够抓住策划的主题,调节讨论气势,调动专家们的兴奋点,从而更好地挖掘专家们潜在的智慧。

头脑风暴法的步骤:①在一个或大或小的组里选择一个组长和一个记录人员(他们可以是同一个人)。②对要进行头脑风暴法的问题或主题进行界定,保证所有的人都知道所要探讨的主题。③制定好头脑风暴法的规则,包括:组长控制整个过程;每个人都可以发言;不允许小组成员侮辱、嘲笑或评价其他人或他们的看法;声明回答没有对错之分;记下每个回答,除非是重复的;设置时间限制,时间到了就停止头脑风暴。④开始头脑风暴。组长选择小组成员,让他们与大家一起分享自己的想法,最好是自愿发言。在活动结束之前不要评价或批判任何回答。⑤活动一旦结束,仔细检查所有的回答并对其进行评价:找出那些重复或相似的回答;将类似的回答组合在一起;删去与主题不相关的东西。完成上面三个操作,开始小组讨论剩下的回答。这样就是一个完整的头脑风暴的过程。

头脑风暴法的不足之处首先就是邀请的专家人数受到一定的限制,如人员挑选不恰当容易导致策划的失败;其次,由于专家的地位及名誉的影响,有些专家不敢或不愿当众说出与己相异的观点。这种策划方法的优点是:获取广泛的信息、创意,互相启发,集思广益,在大脑中掀起思考的风暴,从而启发策划人的思维,想出优秀的策划方案来。

2. 定量决策方法

定量决策方法是指运用数学模型及计算机手段,在对决策问题进行定量化分析的基础上进行决策的方法。主要有以下三大类。

1) 确定型决策方法

确定型决策是指决策者可以得到制定决策所需要的全部信息,是一种完全确定的自然状态的决策。对确定型决策问题,制定决策的关键环节是判断什么样的行动方案能最好地实现既定的决策目标。举例来说,某企业决定向国外银行借贷一笔长期资金,利息自然要越低越好。假定现有五家银行愿意提供此种款项,其利率分别是8%、7.5%、7%、6.9%、6.5%。这是一个简单的确定型决策的例子,它具有5个备选方案,从中选取符合决策目标(即利息最低)的方案非常容易。不过,并非所有的确定型决策都能凭经验和直觉做出最优方案的选择。例如,"货郎担"问题就是这样的:一个"货郎担"要到10个村庄去巡回售货,那么选取哪条线路会使所走的路程最短呢?这里有3628800条线路可供选择。要从300多万个方案中选出一个最优方案是不太可能的事,但应用线性规划法可以很方便地解决该类问题。高等数学中有许多方法可用来帮助管理者迅速而有效地作出确定型决策,主要有盈亏平衡分析法、线性规划法、现金流量分析法等。下面以盈亏平衡法为例介绍确定型决策方法的应用。

盈亏平衡法又称为量、本、利分析法或保本分析法,是通过考察产量和销售量、成本和利润的关系(见图 4-4),以及盈亏变化的规律来为决策提供依据的方法。在利用量、本、利分析法时,关键是找出企业不盈不亏时的产量(称为保本产量或盈亏产量,此时企业的总收入等于总成本)。

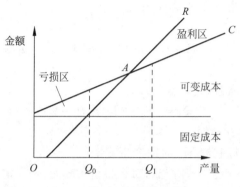

图 4-4 量、本、利分析示意图

生产任何一种产品的成本一般都包括固定成本和变动成本两部分。固定成本或称不变成本,是指在一定时期内,当企业产销量变化时总额保持不变成本。它们通常是由一些不易调整、使用期限较长的生产要素引起费用,如折旧费、租赁费、利息支出和一般管理费用等。无论产销量多大,这些费用都是稳定不变的,只有当产销量跃升到另一个区间时才表现为另一个固定的数额。如钢材厂的高炉有一定的生产量限制,超过了该界限就必须增添另一座高炉,由此引起固定成本的跳跃式变化,但在该界限范围之内的产量增减变动不会引起固定成本的跳跃式变化,但在该界限范围内的产量增减变动不会引起固定成本发生变化。

与固定成本相反,变动成本是指随产量的增加而同步增加的费用或成本。如直接人工费、原材料消耗等费用,当产量为零时,其数额也等于零;当产量增加时,变动成本额随之按比例增加,所以称之为变动成本。这里要注意,变动成本是就总成本而言的,若从单位产品成本的角度来考察,固定成本与变动成本的概念恰好相反。因为固定成本总额(F)在一定时间内总是不变的,单位产品的固定成本会随产销量的增加而降低,这意味着产销量越大,对企业越有利;而变动成本总额是随着产销量等比例变化,所以单位产品的变动成本值(V)则保持相对不变。

固定成本与变动成本之和就构成了总成本。图中 A 点是 R 线与 C 线的交点,在这一点上,销售总收入与总成本相等,称为盈亏平衡点。A 点相对应的 Q_0 是盈亏平衡时的产(销)量,当 $Q>Q_0$ 时,企业盈利;当 $Q<Q_0$ 时,企业亏损;当 $Q=Q_0$ 时,企业保本。故有下列方程式:

$$总成本 C = 固定成本总额 + 变动成本总额 = F + VQ$$

$$R = PQ$$
$$M = R - C = (P - V)Q - F$$

式中：C——总成本；

R——销售总收入；

M——销售利润额（税前）；

F——固定成本总额；

V——单位产品变动成本；

Q——产量（假设也等于销量）；

P——销售单价。

当 $M=0$ 时，则不盈不亏（成本），即盈亏平衡点时，其产量为

$$Q_0 = F/(P-V)$$

当要获得一定的目标利润时，其产量公式为

$$Q_1 = (F + M_1)/(P-V)$$

式中：M_1——预期的目标利润；

Q_1——为实现目标利润 M_1 时的产量或销量。

【例 4-1】 某机械厂生产一种产品，每台售价 150 元，年固定成本总额为 200 万元，单件变动成本 100 元。该厂现有生产能力为 4.5 万台，产销平衡，由于该产品畅销，欲扩大生产，拟购置一批新设备，每年需增加固定成本 20 万元，但变动成本可节约 10%，同时，为有利于竞争，拟降低销售价格 6%。问：①该厂盈亏平衡产量是多少？②目前的年利润有多少？③扩大生产的方案是否可行？

解：（1）盈亏平衡产量：

$$Q_0 = F/(P-V) = 2000000/(150-100) = 40000(台)$$

（2）现有产量下的年利润：

$$M = (P-V)Q - F = (150-100) \times 45000 - 2000000 = 250000(元)$$

（3）扩大生产的可行性：

在 F 增加 20 万元、V 降低 10%、P 降低 6% 的情况下，新的盈亏平衡产量 Q_0' 为：

$Q_0' = (2000000 + 200000)/[150 \times (1-6\%) - 100 \times (1-10\%)] \approx 43138(台)$ 如果保持原来的利润水平，新的生产能力为（Q_1）应为：

$$Q_1 = (2200000 + 250000)/[150 \times (1-6\%) - 100 \times (1-10\%)] \approx 48040(台)$$

也就是说，只有生产力（销售）超过 48040 台时，扩大生产的方案才是可行的。如果要提高利润，产量还必须继续增加，否则就应该维持原方案。

2）风险型决策方法

在比较和选择方案时，如果未来情况不止一种，管理者不知道到底哪种情况会发生，但知道每种情况发生的概率，则需采用风险型决策方法。常用的风险型决策方法有决策树分析法。

决策树法是一种直观的图解决策方法，它借助树形分析图，根据各种自然状态出现的概率及方案预期损益，计算与比较各种方案的期望值，从而抉择最优方案的方法。决策树的基本形状如图 4-5 所示。在图 4-5 中，方框"□"表示决策点，由决策点引出的若干条一

级树枝叫作方案枝,它表示该项决策中可供选择的几种备选方案,分别以带有编号的圆形①、②等来表示;由每个圆形点进一步向右引出的枝条称为方案的状态枝,每一状态出现的概率可标在每条直线的上方,直线的右端可标出该状态下方案执行带来的损益值。

决策树分析法的基本步骤是:第一,绘制决策树。根据决策备选的数目和对未来环境状态的了解,从左向右绘出决策树图形。第二,计算各方案的期望损益值。首先是计算方案状态枝的期望值,即用方案在各种自然状态下的损益值去分别乘以各自然状态出现的概率,然后将各状态枝的期望收益值累加,求出每个方案的期望收益值(可将该树枝标记在相应方案的圆形点上方)。第三,选择最优方案。将每个方案的期望收益值减去该方案实施所需要的投资额(该数额可标记在相应方案枝的下方),比较余值后就可以选出经济效果最佳的方案。在决策树图中,未被选中的方案以被"剪断"的符号"//"来表示。

下面结合实例介绍这一方法的运用。

【例 4-2】 某企业为了扩大某产品的生产,拟建设新厂。据市场预测,产品销路好的概率为 0.7,销路差的概率为 0.3。有三种方案可供企业选择。

方案一,新建大厂,需投资 300 万元。据初步估计,销路好时,每年可获利 100 万元;销路差时,每年亏损 20 万元。服务期为 10 年。

方案二,新建小厂,需投资 140 万元。销路好时,每年可获利 40 万元;销路差时,每年仍可获利 30 万元。服务期为 10 年。

方案三,先建小厂,三年后销路好时再扩建,需追加投资 200 万元,服务期为 7 年,估计每年获利 95 万元。

问哪种方案最好?

解:画出该问题的决策树,如图 4-5 所示。

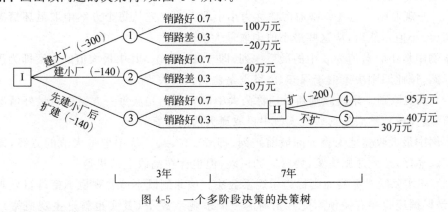

图 4-5 一个多阶段决策的决策树

方案一(节点①)的预期净收益为
$$[0.7\times100+0.3\times(-20)]\times10-300=340(万元)$$

方案二(节点②)的预期净收益为
$$(0.7\times40+0.3\times30)\times10-140=230(万元)$$

至于方案三(节点③),由于节点④的预期净收益为 465 万元($95\times1.0\times7-200$),大于节点⑤的期望收益 280 万元($40\times1.0\times7$),所以销路好时,扩建比不扩建好,方案三(节点③)的预期净收益为

$$(0.7×40×3+0.7×465+0.3×30×10)-140=359.5(万元)$$

计算结果表明,在三种方案中,方案三最好。需要说明的是,在上面的计算机过程中,我们没有考虑货币的时间价值,这是为了使问题简化。但在实际工作中,多阶段决策通常要考虑货币的时间价值。

3) 不确定型决策方法

不确定型决策由于其环境条件、未来趋势都处于不确定状态,又无法估计各种情况下其结果发生的概率,此类决策就只能依靠决策者的主观判断。因此,与个人的决策行为和行为偏好有极大关联。不过,仍然可以采取一些"模糊"的定量方法和一些公认的决策原则,以供方案选择时的参考。下面举例加以说明。

【例 4-3】 某企业准备生产一种新产品,估计市场对该产品可能出现高需求、中需求和低需求三种需求,但三种情况的概率无法预知。现已提出三个方案:新建车间、扩建原车间、对车间进行技术改造。三个方案在不同市场需求情况下的收益值如表 4-1 所示。应如何选择最优方案。

表 4-1 方案收益值   单位:万元

方案	自然状态		
	高需求	中需求	低需求
新建	60	20	-25
扩建	40	25	0
改造	20	15	10

可按以下六种原则作为决策的参考。

(1) 悲观原则。悲观原则通俗地称为小中取大法。先从每个方案中取最坏情况下的收益值(最小值),然后,从这些最小值中取最大值的方案。

本例中最小收益值为表中的最后一列,即 -25、0、10。其中最大值的方案即为改造方案。显然,按此原则决策偏于保守,出发点是避免大的失误。

(2) 乐观原则。乐观原则通俗地称为大中取大法。先从每一方案中取最好情况下的收益值(最大值),然后从这些最大值中再取最大值的方案。

本例中最大收益值为表中的最前一列,即 60、40、20。从中取最大值的方案,即为新建方案。显然,按此原则决策,要冒大的风险,但也存在高收益的机遇。

(3) 务实原则。务实原则称为乐观系数法。该原则既不持悲观也不持盲目乐观的态度,而是根据经验和有关预测资料先确定一个乐观系数 P(其实也就是主观概率),将各方案的最大收益值乘以 P,再将最小收益值乘以 $(1-P)$,得出一个乐观期望值,最后,再比较各方案的乐观期望值,选择最大乐观期望值的方案。

本例中,设乐观系数是 0.6,则各方案的乐观期望值 E 分别为

新建方案:$E_1=60×0.6+(-25)×(1-0.6)=26(万元)$

扩建方案:$E_2=40×0.6+0×(1-0.6)=24(万元)$

改造方案:$E_3=20×0.6+10×(1-0.6)=16(万元)$

从中取最大乐观期望值的方案,即为新建方案。

(4) 中庸原则。中庸原则俗称折中取大法。该原则对市场状况的估计,是以一般(中需求)作为最可能的状态,并给予两倍的加权,其高需求、中需求、低需求的收益值分别用 a、m、b 表示,则中庸期望值:

$$E=[(a+2m)/3+(2m+b)/3]/2=(a+4m+b)/6$$

按此求出各方案的中庸期望值,从中选择最大期望值的方案。

本例中,三个方案的中庸期望值分别如下。

新建方案:$E_1=(60+20\times4-25)/6\approx19.2$(万元)

扩建方案:$E_2=(40+25\times4+0)/6\approx23.3$(万元)

改造方案:$E_3=(20+15\times4+10)/6=15$(万元)

从中取最大中庸期望值的方案,即为扩建方案。

(5) 机会均等原则。机会均等原则也称拉普拉斯(Laplace)准则或概率原则。该原则假定各种自然状态出现的机会均等(即概率相等)。设有 n 种状态,则每种状态出现的概率各为 $1/n$,以此作为权数乘以各种状态的收益值,就可以得到等概率期望值,然后,从中选择最大期望值的方案。本例中,有三种自然状态,即 $n=3$,三个方案的等概率期望值分别如下。

新建方案:$E_1=60\times1/3+20\times1/3-25\times1/3\approx18.3$(万元)

扩建方案:$E_2=40\times1/3+25\times1/3+0\approx21.7$(万元)

改建方案:$E_3=20\times1/3+15\times1/3+10\times1/3=15$(万元)

从中取最大等概率期望值的方案,即为扩建方案。

(6) 最小后悔原则。最小后悔原则通俗称为大中取小法。该原则是基于这样一种想法:只有当未来的某一自然状态出现时,才能确知哪一个方案最好,如果决策者原来所选择的不是这个方案,就会感到后悔。每一种自然状态下的最大收益值与各种方案的收益值之差即称为后悔值(机会损失);每一种方案在不同自然状态下有不同的后悔值,从中取其最大的后悔值,然后在各方案的最大后悔值,取其最小的后悔值,作为选择方案。

本例中,三个方案的后悔值计算表 4-2 所示。

表 4-2 后悔值计算表　　　　　　　　　　　　　　　　　单位:万元

方案	后悔值			最大后悔值
	自然状态			
	高需求	中需求	低需求	
新建	60−60=0	25−20=5	10−(−25)=35	35
扩建	60−40=20	25−25=0	10−0=10	20
改造	60−20=40	25−15=10	10−10=0	40

由表 4-2 可见,对于三个方案的最大后悔值,新建方案是发生在低需要求状态,扩建方案是发生在高需求状态,改造方案也是发生在高需求状态。在最大后悔值中取最小后悔值的方案,即扩建方案。

 **本章小结**

　　计划是对组织在未来一段时间内的目标和实现途径的策划与安排。计划为管理指明了方向,减少因变化所带来的影响,使浪费和冗余减至最少,以及确定标准以利于控制。计划具有目的性、层次性、普遍性、经济性、主导性的特点。计划的种类很多,按照不同的标准,计划可以分成各种不同的类型。一项完整的计划工作一般包括以下八个步骤:估量机会、确定目标、确定前提、确定可供选择的方案、评价方案、选择方案、制订派生计划以及通过预算使计划数字化。计划制订方法很多,有定额换算法、系数推导法、经验平衡法和滚动计划法等。

　　目标是根据企业的宗旨而提出的企业在一定时期内要达到的预期成果。目标具有全局性、针对性、可分性、阶段性等特点。确定目标时应遵循现实性原则、关键性原则、明确性原则、协调性原则和权变性原则。目标管理的特点包括:以目标为中心、自我参与、自我控制和自我评价。目标管理可分目标制定、目标实施及目标成果评价三个阶段。

　　决策是为了实现某一目的而从若干可行方案中选择一个满意方案的分析判断过程。决策是管理者从事管理工作的基础,它贯穿于计划、组织、领导、控制等管理活动的全过程。决策作为一个过程,起始于问题的判断,继之以决策目标的确定、行动方案的拟定、行动方案的评价、方案的选择及决策的监督反馈。决策方法有定性决策和定量决策。定性决策方法主要有德尔菲法、头脑风暴法等。定量决策方法分为确定型决策、风险型决策和不确定型决策。

 **关键术语和概念**

　　计划　滚动计划法　目标　目标管理　决策　程序化决策　非程序化决策
德尔菲法　头脑风暴法　确定型决策　风险型决策　不确定型决策　决策树法

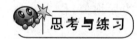 **思考与练习**

一、判断题

1. 计划工作的第一步是在估量机会的基础上为组织及其所属的下级单位确定计划工作的目标。(　　)

2. 政策、程序和规章也属于计划范畴。(　　)

3. 德尔菲法就是召集专家开会、通过集体讨论、得出一致预测意见的专家会议法。(　　)

4. 不确定型决策方法中不同的决策者其决策结论可能不一致。(　　)

5. 目标管理强调的是以成果为目标的管理。(　　)

6. 计划的最高表现形式是目标。(　　)

7. 滚动计划法可使计划与实际紧密结合,提高计划的准确性,更好地发挥计划的指导作用。(　　)

8. 影响决策的因素不包括决策者。(　　)

二、单项选择题

1. 管理的首要职能是（　　）。
   A. 计划　　　　　B. 组织　　　　　C. 领导　　　　　D. 控制
2. 按计划的层次分类，可以将计划分为（　　）。
   A. 销售计划和生产计划
   B. 战略计划和战术计划
   C. 短期计划、中期计划和长期计划
   D. 目的或使命、目标、战略、政策、程度和规则、方案、预算
3. 按环境的可控度分类，决策可分为（　　）。
   A. 战略决策、管理决策和业务决策
   B. 定量决策和定性决策
   C. 程序性决策和非程序性决策
   D. 确定型决策、风险型决策和不确定型决策
4. 某饭店为顾客提供三个消费档次消费额进行不确定性决策。

档　　次	自　然　状　态		
	销售好	销售一般	销售差
A 方案人均消费 80 元	8000	5600	1000
B 方案人均消费 50 元	40000	14000	2000
C 方案人均消费 30 元	32000	20000	2400

根据以上信息回答下列问题。
（1）根据乐观准则应选择（　　）。
   A. A 方案　　　　B. B 方案　　　　C. C 方案
（2）根据悲观准则应选择（　　）。
   A. A 方案　　　　B. B 方案　　　　C. C 方案
（3）根据机会均等准则应选择（　　）。
   A. A 方案　　　　B. B 方案　　　　C. C 方案
（4）假定乐观系数为 0.6，根据务实准则应选择（　　）。
   A. A 方案　　　　B. B 方案　　　　C. C 方案
（5）根据最小后悔原则应选择（　　）。
   A. A 方案　　　　B. B 方案　　　　C. C 方案
5. 计划工作是（　　）。
   A. 各级管理人员都要从事的工作　　　　B. 计划职能部门所要从事的工作
   C. 高层管理部门所要从事的工作　　　　D. 以上都不是
6. 某企业生产某种产品，固定成本为 160000 元，单位变动成本为 10000 元，每台售价 12000 元，该产品的盈亏平衡点是（　　）台。
   A. 14　　　　　B. 12.5　　　　　C. 7.3　　　　　D. 80

三、多项选择题

1. 目标管理与传统管理方式的区别是（　　）。
   A. 目标设置的方法不同　　　　　B. 目标间的关系不同
   C. 管理方式不同　　　　　　　　D. 成果评价方法不同
2. 计划的作用包括（　　）。
   A. 指明管理工作的方向　　　　　B. 可以降低风险
   C. 可以减少重复和浪费　　　　　D. 有利于控制工作的开展
3. 按环境的可控度来分类，决策可分为（　　）。
   A. 确定型决策　　B. 风险型决策　　C. 不确定型决策
   D. 程序化决策　　E. 非程序化决策
4. 下列属于专家意见集合的决策方法是（　　）。
   A. 德尔菲法　　B. 头脑风暴法　　C. 本量利分析法
   D. 风险型决策法　　E. 不确定型决策法
5. 下列决策方法属于定量决策方法的是（　　）。
   A. 德尔菲法　　B. 头脑风暴法　　C. 趋势预测法
   D. 因果预测法　　E. 不确定型决策法

四、计算题

1. 食品公司希望新增一家面包连锁店以扩大经营网络，现有三个可供选择的地区，各地每个面包劳动力和材料成本等的变动成本为每个2元，每个面包售价为6元。但是在不同地区的房租及设备成本不同，具体见下表。

地区	房租及设备成本/(元/月)	预计销售量/(个/月)
A	5000	1500
B	8000	2500
C	10000	3200

思考：
(1) 求出每个地区在不亏损时面包的销售量。
(2) 根据不同地区预计的面包销售量，采用本量利分析法确定面包店应选择的地区。

2. 某公司拟对产品进行更新换代，经分析研究，有三个方案可供选择。

A方案：引进一条生产线，上新产品A，需追加投资700万元。未来5年，如果销路好，每年可获利460万元；如果销路不好，每年则亏损80万元。根据市场调查、预测，销路好的概率为0.7，销路不好的概率为0.3。

B方案：改造原来的生产线，上新产品B，需追加投资250万元。未来5年，如果销路好，每年可获利200万元；如果销路不好，每年可获利30万元。根据市场预测，销路好的概率为0.8，销路不好的概率为0.2。

C方案：维持老产品的生产。如果销路好，仍可生产5年，每年可获利140万元；如果销路不好，只能维持3年，每年可获利40万元。根据市场预测，销路好的概率为0.6，销路不好的概率为0.4。

思考：请用决策树法进行决策，选择最佳方案。

五、简答题

1. 什么是计划？如何划分计划的类型？
2. 计划工作包括哪些程序？
3. 什么是目标？它有何特点？
4. 什么是目标管理？它有何特点？
5. 实施目标管理的基本过程是什么？
6. 什么是决策？试说明决策的过程。

 案例分析

新厂长的产品决策

某轻工业制品厂从 2019 年以来一直经营生产 A 产品，虽然产品品种单一，但是市场销路一直很好。后来由于经济政策的暂时调整及客观条件的变化，A 产品完全滞销，企业职工连续几年只能拿 50% 的工资，更谈不上奖金，企业职工怨声载道，积极性受到极大的影响。

新厂长上任后，决心在一年之内改变工厂的面貌。他发现该厂与其他部门合作的环保产品 B 产品是成功的，于是决定下马 A 产品的生产，改产 B 产品。一年过去，企业总算没有亏损，但工厂的效益仍然不好。

后来市场形势发生了巨大的变化。原来的 A 产品市场脱销，用户纷纷来函来电希望该厂能尽快恢复 A 产品的生产。与此同时，B 产品销路不好。在这种情况下，厂长又回来过头来抓 A 产品，但一时又无法搞上去，无论数量和质量都不能恢复到原来的水平。为此，集团公司领导对该厂长很不满意，甚至认为改产是错误的决策，厂长感到很委屈，总是想不通。

（资料来源：张丽莲.管理学原理[M].成都：西南财经大学出版社，2014.）

思考：

（1）你认为该厂长的决策是否有错误？请你做详细分析。
（2）如果你是该厂厂长，你在决策过程中应如何去做？

 增值阅读

林肯的决断

美国总统林肯上任后不久，将六个幕僚召集在一起开会。林肯提出一个重要方案，而幕僚们对此的看法并不统一，于是七个人热烈地争论起来。林肯在仔细听取其他六个人的意见后，仍感到自己是正确的。在最后决策的时候，六个幕僚一致反对林肯的意见，但林肯仍坚持己见，他说："虽然只有我一个人赞成但我仍要宣布，这个方案通过了。"

从表面上看，林肯这种忽视多数人意见的做法似乎过于独断专行。其实，林肯已经仔细地了解了其他六个人的看法并经过了深思熟虑，认定自己的方案最为合理。而其他六个人持反对意见，只是一种条件反射，有的人甚至是人云亦云，根本就没有认真考虑过这个方案。既然如此,林肯觉得自己自然应该力排众议,坚持己见,他认为,讨论无非就是从各种不同的意见中选择出一个最合理的。既然自己是对的,那还有什么可犹豫的呢?

在企业,领导者经常会遇到这种情况:新的意见和想法一经提出,必定会有反对者。其中有对新意见不甚了解的人,也有为反对而反对的人。在一片反对声中,领导者常会陷于孤立之境。这时候,领导者不要害怕孤立。对于不了解的人,领导者要怀着热忱,耐心地向其说明道理,使反对者变成赞成者。对于为反对而反对的人,任你怎么说,恐怕他们也不会接受,那么,干脆不要寄希望于他们的赞同。重要的是自己的提议和决策是对的。只要真理在握,就应坚决贯彻下去。

决断,是不能由多数人做出的。多数人的意见是要听的,但作出决断的,是一个人。

(资料来源:胡宇霞.管理学原理[M].北京:中央广播电视大学出版社,2007.)

第五章

组　织

 学习目标

通过本章学习,读者应能够:
1. 了解组织工作的基本内容;
2. 掌握组织设计的内容及组织结构设计的原则;
3. 了解组织结构各种类型的特点及适用范围;
4. 掌握职权分配的原理与方法;
5. 掌握人员配备的方式、原则与步骤;
6. 了解组织变革的动力及实施;
7. 了解组织文化内涵、作用、类型等。

 思政目标

通过理论学习和案例分析,培养学生爱岗敬业的职业精神、与时俱进的改革精神,体会到计划与目标的实现离不开精干高效的组织及组织工作,认识到只有在各自岗位尽职尽责,团结协作,才能实现个人目标与组织目标。

 案例导入

CMP 出版公司的组织变革

　　制订了良好的计划,常常因为管理人员没有适当的组织结构予以支持而落空。而在某一时期是合适的组织结构,可能过了一两年以后就不再合适。格里和利兹是经营 CMP 出版公司的一对夫妇,对此有着清楚的认识。

　　利兹夫妇在 1987 年建立了 CMP 出版公司。到 2003 年,他们公司的 10 种商业报纸和杂志都在各自的市场上占据了领先地位。更令人兴奋的是,它们所服务的市场提供了公司成长的充足机会。但是假如利兹夫妇继续使用他们所采用的组织结构,这种成长的潜力就不会得到充分发挥。

　　他们最初为 CMP 设立的组织,将所有重大的决策都集中在他们手中。这样的安排在早些年运作得相当好,但到 2003 年它已经不再有效。利兹夫妇越来越难得到对日常问题的答复。而要求快速反应的重要决策经常被耽误。对当初设计的组织结构来说,CMP 已经成长得太大了。

利兹夫妇认识到了这个问题,着手重组组织。首先,他们将公司分解为可管理的单位(实质上是在公司内建立半自主的公司),并分别配备一名独立的经理掌管各个单位。这些经理都被授予足够的权力去经营和扩展他们各自的分部。其次,利兹夫妇设立了一个出版委员会负责监管这些分部。利兹夫妇和每个分部的经理都是该委员会的成员。分部经理向出版委员会汇报工作,出版委员会则负责确保所有的分部都能按 CMP 的总战略运作。

这些结构上的变革带来了明显的效果。CMP 现在总共出版 14 种刊物,年销售额达到近 2 亿美元。公司的收益持续地按管理当局设定的 30% 的年增长率目标不断地增加。

CMP 出版公司的例子说明,选择合适的结构在组织演进过程中起着至关重要的作用。

(资料来源:斯蒂芬·罗宾斯,玛丽·库尔特.管理学[M].四版.刘刚,等译.北京:中国人民大学出版社,1996.)

组织是继计划之后的第二项管理基本职能。在计划职能通过组织内外部环境分析,确定组织的愿景、使命、目标、战略之后,还需要通过组织职能设计出合理的组织结构、配备精兵强将,高效地实施组织战略,完成组织目标。

第一节 组织工作概述

一、组织的含义与特征

从管理学的角度,可以给组织下这样的定义:组织是为有效地配置内部有限资源,为了实现一定的共同目标而按照一定规则、程序所构成的一种责权结构和人事安排,其目的在于确保以最高的效率使组织目标得以实现。因此,可以将组织区分为静态的组织实体和动态的组织工作。

1. 组织的含义

组织实体是为实现某一共同目标,经由分工与合作及不同层次的权力和责任制度而构成,并与外部环境相适应的有机结合体。这里包含了以下四层含义。

(1) 组织必须具有共同的目标。目标是组织存在的前提,因为任何组织都是为了某种目标而存在的。"某某公司"的目标是通过为社会提供产品或劳务而获取盈利;大学的目标是为了培养高级科学、技术与管理人才。即使是一个非正式组织,也有其隐含的目标:保护成员并满足其心理需求。

(2) 组织必须有分工与合作。这是由组织目标所决定的。企业为了达到经营目标,有采购、生产、销售、财务、人事等许多部门,这就是一种分工。每个部门都要从事专门的工作,但又要相互配合。

(3) 组织必须有不同层次的权力与职责。这是由于有分工,就要赋予每个部门甚至每个人相应的权力和职责,不然就无法保证组织目标的实现。组织成员都要履行自己的职责,也就必须拥有履行职责的必要权力,有权无责或有责无权都不利于达成组织目标。

(4) 组织必须适应环境。系统原理告诉我们作为一个组织系统,必然是社会大系统的子系统。子系统必须要适应大系统才能有生存和发展的条件。如果一个组织不能适应环境,这个组织总有一天要崩溃或解体。

动态的组织工作指设计与变革组织的结构,使人们为实现组织的目标而有效地协调工作的过程。这一过程由五个具体步骤构成。

(1) 组织要根据组织目标确定达成目标的总任务,然后将总目标分解为各个子目标,确定出相应的子任务。

(2) 根据各子任务之间的关系进行职位分析与设计,将组织划分为不同的部门,设计出各个层级,建立组织的结构形态。

(3) 规定组织结构中各个职位的权力与责任,明确所需人员的任职要求,包括基本素质、知识、能力等方面。

(4) 为各个职位选拔、配备相应的人员。

(5) 在组织的运行过程中随时进行控制,对可能存在的漏洞和矛盾加以修正、整合和协调。当发现随着内外部环境和组织目标的变化,组织结构及其他方面不再适应和满足组织目标的需要时,应及时进行调整与变革。

2. 组织的特征

一定组织实体必然有一定的组织结构,它是由人、职位、职责所组成的相互联系和信息沟通的网络。因此,组织具有以下两个主要特征。

(1) 整体性。组织本身是一个实现目标的工具,并且是以整体人员协同行动才能达成其目标。

(2) 复杂性。首先是专业化的分工。分工有水平分工(职能部门细分化)、垂直分工(管理层次的分级)和空间分工(工序、设备的分布)。其次是分工后的协调。执行与控制,集权与分权等都涉及人与人、部门与部门之间的协调。分工越细,协调也越困难。

二、组织的类型

组织的类型从不同的角度可以划分为不同的种类。

1. 根据组织的目标分类

根据组织的目标,可以把组织划分为以下四类。

(1) 互益性组织。以满足组织内部成员的利益为目标的组织,如工会、俱乐部等。

(2) 工商性组织。以满足其所有者、经营者的利益为目标的组织,如工厂、商店、银行等。

(3) 服务性组织。以满足特定服务对象的需要为目标的组织,如医院、学校、社会福利机构等。

(4) 公益性组织。以满足国家及社会公众的整体利益为目标的组织,如政府机构、研究机构、消防队等。

2. 根据组织满足需求分类

根据组织满足其成员心理需求来分类,可将组织分为正式组织和非正式组织。

(1) 正式组织。它是指有明文规定的,由一定社会组织认可和组织结构确定、职务分配明确的群体。具有正规性、目的性和稳定性的特征。

(2) 非正式组织。它是指没有明文规定,没有正式结构,不是由组织确定,而是在成员的某种共同利益基础上,为满足心理需要而自然形成的群体。具有自发性、内聚性和不稳定性的特征。

3. 根据组织维系其成员的主要因素分类

(1) 功利性组织。讲究经济效益,利用经济手段管理组织,如各类企业。

(2) 规范性组织。讲究行为规范,利用组织章程,以共同的理想、信念、纪律等来维系的组织,如政党、协会等。

(3) 强制性组织。讲究依法办事,严格执行规章制度,带有明显的强制性,管理对象必须绝对服从管理者的管理,如劳改(劳教)农场等。

以上分类并不是绝对的,实际生活中的组织形式往往是多种的。例如,一个企业既是工商组织,又是正式组织,同时又是功利性组织;一所学校既是服务组织,又是正式组织,同时又是规范性组织。

三、组织工作的任务

组织工作是把组织成员组合起来,以有效地实现组织既定目标的过程。在组织的目标确定之后,为保证组织目标顺利地实现,就必须制定并保持一种职务系统,并将各类任务交由合适的人选来负责完成,使组织中的每一个成员清楚自己在集体工作中应有的作用,以及他们相互之间是怎样的关系,使他们能十分有效地在一起工作。只有这样,组织才能高效率地运行。

这个过程一般包括以下活动内容:①根据组织目标的要求建立一套与之相适应的组织机构;②明确规定各部门的职权关系;③明确规定各部门之间的沟通渠道与协作关系;④在各个部门之间合理地进行人员调配;⑤根据企业环境的变化和组织战略的发展对组织结构进行变革。

相应地,动态的组织工作主要包括以下四个方面。

(1) 组织设计。组织设计是指以组织机构安排为核心的组织系统设计活动。主要包括工作划分与整合、管理层次与管理幅度的设计、确定职权关系。

(2) 组织运行。组织运行就是执行组织所规定的功能的过程。如制定部门的活动目标和工作标准、办事程序和办事规则,建立监察和报告制度,具体开展各种管理活动等,使组织发挥功能,最终实现组织的目的。

(3) 人员配备。人员配备是根据因事设职、因职择人、量才使用的原则,为每一个工作岗位和部门配备最适当的人选,同时也为每一个人找到最适合的岗位。

(4) 组织变革。组织变革是组织为适应内外环境和条件的变化,对组织的目标、结构及组成要素等适时而有效地进行各种调整和修正,以达到组织的自我发展和自我完善。

四、组织工作的特点

从组织工作的含义来看,组织工作职能具有以下一些特点。

(1) 组织工作是一个过程。设计、建立、维持一种合理的组织结构,是为成功地实现组织目标而采取行动的一个连续过程。

（2）组织工作是动态的。通过组织工作建立起来的组织结构不是一成不变的，而是随着组织内、外部因素的变化而变化的。例如，近年的健康资料表明，随着人民生活水平逐渐提高，一些相伴随而来的诸如心血管疾病、心理疾病的得病率上升。在这种情况下，许多医院的内部结构也将随之发生某些变动，如成立心理健康咨询门诊。此外，随着社会的进步、科技的发展，当原有的组织结构已不能高效地适应实现目标的要求时，也需要进行组织结构的调整和变革。

（3）组织工作应重视非正式组织。在组织工作职能的实施过程中，随着组织结构的建立，一个正式组织就形成了。但是任何正式组织中都必然存在非正式组织。非正式组织是在组织成员之间感情相投的基础上，由于现实观点、爱好、兴趣、习惯、志向等一致而自发形成的一种结伙关系。非正式组织在满足组织成员个人心理和感情需要上，比正式组织更有优越性。所以在组织工作中应发挥非正式组织的凝聚作用。非正式组织形式灵活，稳定性弱，覆盖面广，几乎所有的正式组织成员都介入某种类型的非正式组织。因此，主管人员在组织工作中应有意识、有计划地促进某些具有较多积极意义的非正式组织的形成和发展，例如技术钻研、学习互助、业余娱乐等，使其成为正式组织的辅助。

案例讨论

困惑的川菜馆老板

在某城市繁华街区的一条美食街上同时新开张了两家小型餐馆，一家经营陕西特色菜，另一家主打川菜。经营一个月之后，川菜馆的老板发现餐馆存在突出的问题：客人常常十分焦急地等待上菜。客流高峰时段更是应接不暇；客人对就餐环境的卫生状况颇有微词；运营成本居高不下，严重入不敷出，长此以往必将倒闭。反观隔壁的陕西风味餐馆，经营得有声有色，财源广进。川菜馆的老板认为，问题不可能是出在餐馆的市场定位上，因为川菜在当地向来是非常受欢迎的，所以应该从内部找原因。通过一段时间的观察，川菜馆老板发现，他的餐馆与陕西菜馆最大的不同之处在于组织的结构方面。陕西菜馆共有7名人员，包含两个层次，老板处于最高层，是唯一的掌权者，直接管理6名员工，包括厨师和服务员各两名，以及收银员和保洁员各一名。川菜馆也有7名人员，但其中5名管理人员，包括老板本人及其亲属，底层员工有一名厨师，还有一名服务员兼保洁员。川菜馆老板认为，是餐馆的组织结构出现了问题，主要在于多个领导同时指挥，权责不清，因此要重组领导班子。新的组织结构包含三个层级，老板是最高领导者，下设4名中层管理人员，分别负责市场开发、后勤采购、财务会计和纪律检查，底层人员数量及职责不变，仍为一名厨师和一名身兼数职的服务员。川菜馆老板在进行组织结构变革之后，原以为生意会风生水起，谁知餐馆在经营一个月之后仍然毫无起色，眼看着就要关门大吉了，这令他陷入了深深的困惑之中。

（资料来源：雷蕾.管理学[M].北京：北京出版社，2017.）

思考：

（1）到底是什么原因导致了川菜馆的失败？

（2）应如何使川菜馆起死回生？

第二节　组织设计与组织结构

一、组织设计

（一）组织设计的含义

组织设计是管理者为实现组织的目标而对组织活动和组织结构进行设计的活动,是在特定环境中,把组织的任务与组织的职能、职权和规范进行有效的结构性配合的过程。

组织设计必须根据组织的复杂性、规范性和集权性程度,必须根据组织的目标和任务以及组织的顾虑和组织的内外环境因素的变化来进行规划或构造,只有这样,组织机构的功能和协调才能达到最优化程度;否则,组织内的各级机构就无法有效地运行,也就无法保证组织任务和目标的有效完成和实现。

组织设计工作的直接结果是形成一种关系网络,用现代组织管理理论创始人切斯特·巴纳德的话说,是"有意识地加以协调的两个或两个以上的人的活动或力量的协作系统"。

（二）组织设计的影响因素

在进行组织设计时必须考虑的影响因素主要有以下几类。

1. 组织环境

组织环境对组织设计具有重要影响。组织环境因素可以分为任务环境与一般环境。任务环境主要作用于对组织实现其目标能力具有影响的部门。如顾客、供应商、竞争对手、投资和金融机构、工会组织、行业协会和政府机构等。一般环境指那些对组织的日常活动产生间接影响的经济、技术、政治、法律、社会、文化和自然资源等要素。

组织环境中的不同因素对企业活动内容的选择及其组织方式的影响程度是不同的。不同环境的特点及其变化对企业组织的影响主要表现在以下三个方面:①对职务和部门设计的影响;②对各部门关系的影响;③对组织结构总体特征的影响。

2. 组织战略

在影响组织结构的多种因素中,组织的战略是一个重要的因素。战略是实现组织目标的各种行动方案、方针和方向选择的总称。一个组织为了在竞争中取胜,争取本身在竞争中具有独特的优势,就要选择一个与自己条件相适应的战略,与此同时需要在组织结构上有所配合,才能令组织战略更有效地执行。

战略选择的不同在两个层次上影响组织结构:一是不同的战略要求不同的业务活动,从而影响管理职务的设计;二是战略重点的改变会引起组织的工作重点,从而引起各部门与职务在组织中重要程度的改变,进而要求各管理职务以及各部门之间的关系做相应的调整。

3. 技术

技术是组织把相关资源转变为最终产品或服务的能力和方式的总和。任何一个组织的活动都需要利用一定的技术和反映一定技术水平的物质手段来进行。

技术及其变化对企业组织设计的影响主要表现在:①生产技术对组织结构及管理特

征有着系统的联系;②信息技术对组织结构的发展趋势、集权化和分权化的问题可能带来影响。

4. 企业发展阶段

组织发展有其阶段性。在不同的发展阶段,组织设计的要求有所不同。美国学者J. Thomas Cannon 提出了组织发展五阶段的理论,并指出在发展的不同阶段,要求有与之相适应的组织结构形态。

(1) 创业阶段。在这个阶段,决策主要由高层管理者个人作出,组织结构相当不正规,对协调只有最低限度的要求,组织内部的信息沟通主要建立在非正式的基础上。

(2) 职能发展阶段。这是决策越来越多地由其他管理者作出,由最高管理者亲自决策的数量越来越少,组织结构建立在职能专业化的基础之上,各职能间的协调需要增加,信息沟通变得更重要,也更困难。

(3) 分权阶段。组织采用分权的方法对付职能结构引起的种种问题,组织结构以产品或地区事业部为基础来建立,目的是在企业内建立"小企业",使后者按创业阶段的特点来管理。但随之而来出现了新的问题,各"小企业"成了内部的不同利益集团,组织资源转移用于开发新产品的相关活动减少,总公司与"小企业"的许多重复性劳动使费用增加,高层管理者感到对各"小企业"失去了控制。

(4) 参谋激增阶段。为了加强对各"小企业"的控制,公司一级的行政主管增加了许多参谋助手,而参谋的增加又会导致他们与直线管理系统的矛盾,影响组织中的命令统一。

(5) 再集权阶段。分权与参谋激增阶段所产生的问题可能导致公司高层主管再度高度集中决策权利,同时信息处理的计算机化也使再集权成为可能。

(三) 组织设计的原则

一般来说,组织设计应遵循以下原则。

1. 目标导向原则

目标导向原则是指组织结构的设计和组织形式的选择必须有利于组织目标的实现。任何一个组织,都有其特定的任务和目标,组织设计者的根本目的是保证组织的任务和目标的实现,组织设计者的每一项工作都应以是否对实现目标有利为衡量标准。因此,在实行组织结构设计时,首先要明确组织确立的任务和目标是什么,然后认真分析为了完成组织的任务和实现组织的目标,必须做的事是什么、设立什么机构、什么职务、选什么人来做。要做到因事设职、因职用人,"事事有人做"和"人人有事做"。这样,建立起来的组织机构才是一个有机整体,才能为保证组织目标的实现奠定组织基础。

2. 分工与协作原则

分工与协作原则是指组织结构的设计和组织形式的选择应反映目标所必需的各项任务和工作的分工以及彼此间的协调。所谓分工协作,是指按照管理专业化程度和工作效率的要求,把组织的目标分成各级,各部门以至个人的目标和任务,使组织的各个层次、各个部门、每个人都了解自己在实现组织目标中应承担的工作职责和职权。分工与协作是社会化生产的客观要求。随着社会生产力的发展、科学与技术的进步,分工越来越细,这正是现代社会的一个主要特征。但是随之而来的,就是协调工作越来越难,越来越重要。只有分工,没有协作,分工也就失去了意义。因此在进行组织设计时,要同时考虑这两方面的问题。组织结构中组织层次的分工、部门的分工及职权的分工、各种分工之间的协调就是分工协作原则的具体体现。

3. 宽度与层次适当原则

管理宽度是指一个管理者直接指挥下级的数目,也称"管理跨度"或"管理幅度"。管理幅度过大,会造成指挥监督不力,使组织陷入失控状态;管理幅度过小,又会造成管理人员配备增多,管理效率降低。因此,组织设计应保持合理的管理幅度。

有效的管理宽度受到诸多因素的影响,主要有管理者与被管理者的工作内容、工作能力、工作环境和工作条件。

管理宽度的大小影响和决定着组织的管理层次。管理层次是指组织中职位等级的数目。管理幅度大,管理层次就少;反之,管理幅度小,管理层次就多。

企业的管理层次与管理宽度的反比关系决定了两个基本的管理组织结构,即扁平式结构形态和高长式结构形态。

扁平式结构是指管理幅度较宽、管理层次较少的一种组织结构形态。其优点是:①信息传递速度快、失真少;②管理费用低;③便于高层领导了解基层情况;④主管人员与下属能够组成较大的集体,有利于解决较复杂的问题;⑤有利于现实授权,激发下属积极性,并培养下属管理能力。其缺点是:①上层管理人员的管理幅度大,难以对下级进行深入具体的指导和监督;②对领导人员的素质要求较高。有时需配备副职协助,因而又可能引起职责不清与不协调的现象;③主管人员与下属组成较大的集体,不利于同级间的相互沟通联络和主管人员对信息的利用。

高长式结构又称金字塔式组织结构,是指管理幅度较窄,管理层次较多的高、尖、细的金字塔形态。其优点是:①主管人员的管理幅度较小,能够对下属进行面对面的、深入具体的领导;②由于主管人员的管理幅度较小,一般不需设副职或助手,有利于明确领导关系,建立严格的责任制;③主管人员和人数较少的下属所组成的集体规模较少;④因层次多,各级主管职务相应较多,能为下属提供晋升机会,促使其积极努力工作,提高自身素质。其缺点是:①由于层次较多,需要配备较多的管理人员,彼此之间的协调工作也相应增加,造成管理费用大;②信息的上传下达要经过多个层次,速度慢,并容易发生失真和误解;③计划和控制工作较为复杂;④最高领导层与基层人员相隔多个层次,不容易了解基层现状及时处理问题。

对于高层结构和扁平结构,关键是要根据企业的具体条件加以选用,扬其长而避其短,以取得良好的效果。在现代企业管理中注重采用扁平结构是一种趋势。

4. 权责对等原则

权责对等原则要求在进行组织结构设计时,既要明确规定每一个管理层次和各个部门的职责范围,又要赋予完成其职责所必需的管理权限。职权和职责必须相等是因为组织中任何一项工作都需要利用一定的人、财、物等资源。在组织设计中,在规定了一个岗位的任务和责任的同时,必须规定相应取得和利用人力、物力和财力的权力。只有职责,没有职权,或权限太小,则其职责承担者的积极性、主动性必然受到束缚,实际上也不可能承担起应有的责任。但是如果权力超过其应负的职责,会导致不负责任地滥用职权,甚至会危及整个组织系统的运行。

5. 统一指挥原则

统一指挥原则要求组织的各级机构以及个人必须服从一个上级的命令和指挥,对该上级安排的工作负责。如果有两个或更多的上级想要同时向同一下级发布指令,他们之间必须先行沟通协调,意见统一后方可下达命令,不可各自发布,使下属无所适从。统一指挥原则对管理组织的建立提出以下要求。

(1) 确定管理层次时,使上下级的职责之间从最高层到最低层形成一条连续不间断的等级链,明确上下级的职责、权力和联系方式。

(2) 任何一级组织只能有一个正职,实行首长负责制。

(3) 下级组织只能接受一个级组织的命令和指挥,防止出现多头领导现象。

(4) 下级只能向直接上级请求工作,不能越级请示工作,但可以越级反映情况。

(5) 上级不能越级指挥下级,以维护下级组织的领导权威,但可以越级检查工作。

(6) 职能部门一般只能作为同级直线领导的参谋,无权对下级直线领导者发号施令。

统一指挥原则的实质,就是在管理工作中实行统一领导,建立起严格的责任制消除多头领导、政出多门的现象,保证全部活动的有效领导和正常工作。

6. 精干高效原则

精干高效原则是指在服从由组织目标所决定的业务活动需要的前提下,力求减少管理层次,精简管理机构和人员,充分发挥组织成员的积极性,提高管理效率,更好地实现组织目标。无论何种组织结构形式,都必须将精干高效原则放在重要地位。因为一个组织只有机构精简,队伍精干,工作效率才会提高;如果组织层次繁多,机构臃肿,人浮于事,则势必导致浪费人力,滋长官僚主义作风,办事拖拉,效率低下。

7. 弹性结构原则

所谓弹性结构,是指一个组织的部门结构、人员职责和工作职位都是可以变动的,以适应组织内外部环境的变化。根据这一原则,首先应使部门结构富有弹性。组织可以根据外界环境的变化和生产经营活动的需要及时地扩充或收缩某些职能部门,各部门在管理上有较多的自主权和灵活性。弹性结构原则还要求组织内工作职位的设置也应富有弹性,如按任务和目标需要设立岗位和职位,不按人设岗;干部定期轮换;报酬应与贡献相联系等。

8. 集权与分权平衡原则

集权是指组织的大部分决策权都集中在组织高层;分权则是指通过权力由上自下地分配,将组织的决策权很大程度上分散到较低的管理层级上。集权与分权相平衡的原则要求既不能过于集权,也不宜过于分权,要找准集权与分权的最佳结合点,才能取得最优的管理绩效。

例如,对事业部制组织结构而言,分权是其重要特征。但要防止过度分权致使各个事业部过于追求各自利益最大化,缺乏整体观念和凝聚力,损害组织总体绩效的情况出现。因此,在事业部组织结构中往往需要设置一些总部直属的职能部门,将涉及组织全局性、战略性和长远发展的重要工作集中在高层职能部门,直接对总部负责,做到集权与分权的有机结合,保证组织的整体利益。

集权与分权最佳结合点的选择是因各个组织的不同内外部环境情况而异的,取决于一些具体的影响因素。首先,组织外部环境的稳定性会影响集权的程度,当环境较为稳定时,决策的变化性较小,可以将权力主要集中于高层。反之,环境变化动荡时,需要组织随时做出各项决策予以应对,此时宜于将决策权下放。其次,组织规模也会影响集权程度。当组织规模较小时,集权的方式足以实现有效领导。而当规模增大时,管理人员会感觉信息超载、任务繁重、力不从心,权力也应随下放,创建更为分权化的结构。

(四)组织设计的内容

组织设计工作包括以下三项具体的内容。

1. 职能分析与工作设计

职能分析与工作设计是组织设计的最基础工作。它是对职务所要求的条件进行客观分析,并为适应组织和个人的需要对职务岗位工作作出合理设计。

(1)职务分析。职务分析是在对组织的目标活动进行逐级分解的基础上,具体确定组织内各项作业和管理活动开展所需设置的职务的类别与数量,以及每个职务所拥有的职责权限和任职人员所应具备的素质。职务分析的结果应形成一份书面文件——职务说明书,它是以文字的形式规定某一职位的工作内容、职责和职权,与组织中其他职务与部门的关系,以及该职务承担者所必须具备的任职条件等。

(2)工作设计。工作设计与职务分析紧密相连,职务分析对各项工作的任务、责任、性质及工作人员的条件做出分析研究,而工作设计则是设计出能使人们对工作感到愉快的工作岗位。

2. 部门划分与整合

组织的部门是承担具体且专门性的组织职能的构成单位。部门划分与整合的含义是指把工作人员组织成若干管理的单元。部门划分和整合的实质,是对管理劳动的分工,将不同的管理人员安排在不同的管理岗位和部门中,通过他们在特定环境、特定相互关系中的管理工作来使整个管理系统有机地运转起来。部门划分与整合的任务主要有两个方面:一是部门划分,即确定和划分组织的不同部门;二是部门整合,即对所划分的部门之间的关系进行分析和配合。

(1)部门划分。部门划分的主要方法有以下几种。

① 按部门职能划分。这种方法是把业务性质相同或相似的工作任务编在一起形成一个部门。这种按组织职能划分部门的方法符合职能专业化分工的原则,可以做到事权专一,职责明确,有利于提高各部门的效率和工作人员的专业技术水平。但容易形成组织职能的专业性部门分割,由此造成部门本位主义,使组织中的综合事务和职能难以落实,也增加了组织统一协调的难度。

② 按产品划分部门。这种方法是把生产某种或某系列产品的活动集中在一起,设立相应的部门进行管理。这种划分方法能使企业将多元化经营和专业化经营结合起来,有

利于集中专业技术力量并发挥其特长,有利于集中专业技术设备,有利于促进企业的内部竞争,加强企业对外部环境的适应性。但可能会造成职能部门重叠而导致管理费用的增加,各产品部门的负责人因具有较大的决策权也可能过分强调本单位的利益,而影响企业的统一指挥。

③ 按区域划分部门。这种方法是以组织活动的特定区域作为部门划分的根据,把该区域范围内该组织的全部活动集中起来形成一个部门。这种划分方法有利于特定区域范围内组织活动的各项工作的综合协调和工作效率的提高,有利于根据当地实际情况进行活动和管理,也有利于组织管理者综合管理能力和协调能力的加强。但容易使区域性部门自成一体,增加组织总体控制和管理的难度和成本,也不利于各区域之间的合作,同时会造成一些机构重复,使管理费用增加,也会给总部高层管理者对各地区的管理控制工作造成困难。

④ 按工艺过程划分部门。按工艺过程划分部门是很多制造业厂商及连续生产型企业常用的方法。这种划分部门的方法是把完成任务的过程分成若干阶段,以此来划分部门。在制造业企业,可按不同的工艺过程将生产过程进行分解,以便进行专业的作业。这种划分方法的优点在于符合专业化的原则,取得经济优势,利用专业技术和特殊技能,简化培训。其缺点在于,一旦衔接出现问题,将直接影响总体目标,各部门之间沟通协作困难,要求最高领导严格控制,同时不利于全面培养管理人才。

(2) 部门整合。完成组织部门的划分之后,还需要对所划分的组织部门之间的关系进行分析和整合,才能完成组织部门设计的任务。这种部门关系的分析和整合主要包括三个方面的要求。

① 对工作性质、业务内容和运行方式相同或相似的部门进行必要的整合。不仅可以实现组织资源的合理规模配置,最大限度地实现组织资源的规模效益,而且可以有效减少组织部门的数量,有利于组织的协调统一运行和管理,降低组织的运行和管理成本。

② 对相互摩擦甚至绝对冲突的部门,进行必要的合并或改设。组织中各部门之间具有运行中的矛盾关系是不可避免的。不过,组织的管理者应当准确把握这种矛盾的性质和程度,如果部门之间的矛盾十分激烈,甚至具有剧烈冲突的可能性,在进行组织部门设计时,就必须对这些部门进行必要的合并或改设,以实现组织运行的协调。

③ 对不同部门的业务、作用和活动之间的逻辑关系进行分析,按照这种逻辑关系确定部门之间的联系。通过这种分析和设计,不仅可以为组织的不同部门定位,而且可以形成组织合理运行的程序。

3. 组织结构形成

组织设计工作的直接结果是形成一种关系网络,这种协作系统或关系网络,通常被称为"组织结构"。组织结构一般是以树形图的形式简洁地展示组织内的机构组成及主要职权关系。绘图时常以"方框"表示职位或部门,方框的垂直排列位置说明该职位或部门在组织层级中所处的位置,而上下两方框相连的"直线"则体现了这两个职位或部门之间的隶属关系和权力关系。

二、组织结构

（一）组织结构的含义

组织结构是组织内的全体成员为实现组织目标，在管理工作中进行分工协作，通过职务、职责、职权及相互关系构成的结构体系。组织结构本质是成员间的分工协作关系。

（二）组织结构的内容

组织结构具体包括以下内容。

1. 职能结构

职能结构即完成组织目标所需的各项业务工作及其比例和关系。如一个企业有经营、生产、技术、后勤、管理等不同的业务职能。各项工作任务都为实现企业的总体目标服务，但各部分的权责关系却不同。

2. 层次结构

层次结构即各管理层次的构成，又称组织的纵向结构。例如，公司机构的纵向层次大致可分为：董事会—总经理—各职能部门。而各部门下边又设基层部门，基层部门下边又设立班组。这样形成了一个自上而下的纵向的组织结构层次。

3. 部门结构

部门结构即各管理或业务部门构成，又称组织横向结构。如企业设置生产部、技术部、营销部、财务部、人力资源部等职能部门。

4. 职权结构

职权结构即各层次、各部门在权力和责任方面的分工及相互关系。如董事会负责决策，经理负责执行与指挥；各职能层次、部门之间的协作关系、监督与被监督关系等。

（三）组织结构类型

组织结构是表现组织各部分排序、空间位置、聚集状态、联系方式以及各要素之间相互关系的一种模式，它是执行管理和经营任务的机制。好比人体骨架一样，组织结构在管理系统中起着"框架"的作用，有了它才可能有系统中人流、物流、信息流的流通。组织结构的合理完善，很大程度上决定了组织能否顺利实现目标，能否促进个人在实现目标过程中做出贡献。

由于各种组织的目标、性质、任务不同，组织结构也就表现为各种各样的类型。在实际的管理工作中，至少可以发现有二十种不同类型的组织结构，但它们都是由一些基本类型组合而成的。目前常见的组织结构形式有以下几种。

1. 直线制

直线制组织结构也称军队式结构，它是组织发展初期一种最早、最简单的结构模式。这种组织结构的特点是：不设职能机构，各级主管对自己的下级拥有直接的一切职权，从最高管理层到最基本层，实行直线垂直领导。它具有结构简单、权责分明、命令统一、决策迅速、指挥及时、工作效率高等优点。其缺点在于在组织规模较大的情况下，所有的管理职能都集中由一个人承担,往往由于个人的知识和能力有限而感到难以应对,顾此失彼,可能会发生较多失误。因而,这种组织结构形式只适用于那些企业规模不大、生产技术和工艺过程比较简单、产品单一的小型企业,或者是现场的作业管理。直线制组织结构如图 5-1 所示。

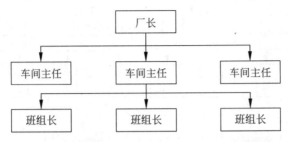

图 5-1 直线制组织结构图

2. 职能制

职能制组织也称"U 型"组织。它是根据组织的职能划分部门,并由此建立组织领导和指挥关系的组织结构。其特点是各级行政领导者都配有通晓各门业务的专业人员和职能机构。并由职能机构按各自的任务需要直接向下发号施令。职能制的优点是分工较细,各职能都由专人负责,能够提高企业管理的专业化程度。但它最大的缺点是职能部门之间的协调性差。每个职能部门都有权指挥下层,导致基层和工人要接受多头领导,以至于无所适从。职能制组织结构图形式见图 5-2。

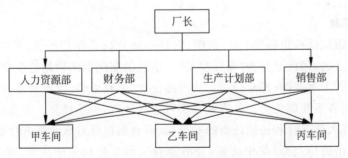

图 5-2 职能制组织结构图

3. 直线职能制

直线职能制组织结构是运用得最为广泛的一个组织形态,它把直线制结构与职能制结构结合起来,以直线为基础,在各级行政负责人直线设置相应的职能部门,分别从事专业管理,作为该领导的参谋,实行主管统一指挥与职能部门参谋、指导相结合的组织结构形式。其特点是,直线部门和人员在自己的职责范围内有权决定权,对其所属下级的工作进行指挥和命令,并负全部责任;而且职能部门和人员仅是直线主管的参谋,只能对下级机构提供建议和业务指导,没有指挥和命令的权力。这种结构的优点在于既能确保组织集中领导、统一指挥,也有利于强化专业管理职能。其缺点在于各个职能单位自成体系,往往不重视工作中横向信息的沟通和交流;同时各个部门的视野狭窄,只重视本部门的局部利益,当组织出现困境时,各部门特别是同级部门容易互相推诿、指责,容易引发各种矛盾；缺乏灵活性，对外界环境变化的反应比较迟钝，而且过细的职能分工不利于培养综合型的人才。直线职能制组织结构图形式见图5-3。

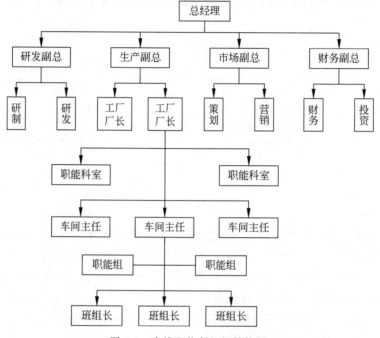

图5-3 直线职能制组织结构图

4．事业部制

事业部制组织结构也称"M型"组织，它是一种分权运作的形式，最初是由美国通用汽车的斯隆创立的，因此又称为"斯隆模式"。事业部制组织结构是把企业按产品、地区和经营部门分成若干事业部（即分公司），从产品设计、原料采购、生产制造、产品销售直至顾客服务，完全由各事业部负责。各事业部实行独立经营、单独核算。企业总部掌握人事决策、财务控制等大政方针和长期计划的安排，运用利润指标对事业部进行目标控制。这种组织结构最突出的特点是"集中决策，分散经营"，即总公司集中决策，事业部独立经营。这是在组织领导方式上由集权向分权制转化的一种改革。

事业部制组织结构的主要优点是对产品的生产和销售能实行统一管理，自主经营，独立核算，有利于发挥各事业部的积极性、主动性，并能更好地适应市场；有利于组织最高层摆脱具体的日常管理事务，集中精力做好战略决策和长远规划；有利于培养和训练综合管理人才。不足之处在于组织机构重叠，管理成本高，造成管理人员的浪费；事业部局部利益不易协调；事业部急于追求短期的成绩，对需要长期或大量投资的新产品研制问题很难做到迅速决策。事业部制组织上一般适用于较复杂的产品类别和较广泛的地区分布的跨国公司或大型企业与企业集团。事业部制组织结构见图5-4。

经验说明，采用事业部制应当具备以下一些基本条件。

（1）具备按专业化原则划分事业部的条件，并能确保事业部在生产、技术、经营活动方面具有充分的独立性，以便能承担起利润责任。

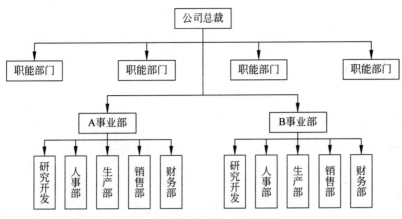

图 5-4　事业部制组织结构图

（2）事业部之间应当相互依存，而不是互不关联地硬拼凑在一个公司中，这种依存性可以表现为产品结构、工艺、功能类似或互补，或用户类同，或销售渠道相近，或运用同类资源和设备，或具有相同的科学技术理论基础等。这样，各事业部门才能互相促进、相辅相成，保证组织的繁荣发达。

（3）要保持、控制事业部之间的适度竞争、相互促进，而过度竞争可能使公司遭受不必要的损失。

（4）公司要有管理各事业部门的经济机制（如内部价格、投资、贷款、利润分成、资金利润率、奖惩制度等），尽量避免单纯使用行政手段。

（5）具有良好的外部环境。当世界经济形势良好，国内和行业经济呈增长势头时，企业采用事业部制，有利于主动创造新局面，开拓新领域，有助于公司的蓬勃发展；若国内外经济均不景气，发展缓慢，甚至停滞下滑，公司应当适当收缩，集中力量渡过难关，此时如过于强调事业部制，就会分散力量，不利于企业的整体利益与发展。

5. 矩阵制

矩阵制组织结构又叫规划—目标结构，它既有按职能划分的垂直管理系统，又有按项目划分的横向管理系统，两系统相互交错，形成一个矩阵结构。其优点是具有较大的灵活性、适应性，能够把横向部门的联系、纵向项目小组的协调、集权和分权有机结合起来。各种不同专业职能部门的人员集中在一个项目小组里，有利于相互沟通、协作，集思广益，更好地发挥专业人员的潜力，推动项目的完成。其主要缺点是资源管理复杂、组织稳定性较差、权责不清。这种结构形式一般只适用于创新任务较多、生产经营复杂多变或以科技开发为主的企业。矩阵制组织结构图见图 5-5。

6. 委员会制组织

委员会制组织也是一种常见的组织形式，它是执行某方面管理职能并实行集体决策、集体领导的管理者群体，有决策型的，如董事会；也有执行型的，如为解决某一专项问题而成立的委员会，如薪酬评定委员会、审计委员会、高等学校的学术委员会等。组织中的委员会可以是临时的，也可以是常设的。这种组织形式的优点是：集思广益，集体决策，避免个人专断，滥用权力；鼓励参与，便于协调，民主气候较浓，有利于调动大家的积极

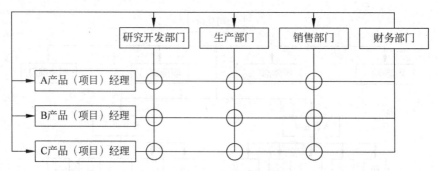

图 5-5　矩阵制组织结构图

性。其缺点是：决策比较缓慢，耗费时间和成本高，尤其在委员素质不太高，缺乏全局观念的单位往往会陷入议而不决、决而不行的状态。

7．新型组织结构

近些年来，人类社会面临国际上政治、经济、社会等方面的巨大变化。科学技术正以空前的速度向前发展，国内外市场竞争更为激烈，企业体制正在发生巨变。企业为适应环境变化和提高内部运行效率，创造出了一些新的组织结构，呈现出追求扁平化、柔性化的发展趋势。

扁平化是通过破除企业管理自上而下的垂直结构，减少管理层次，压缩职能结构，增加管理幅度，裁减冗员来建立一种紧缩的横向组织，达到更灵活敏捷更富有竞争性、创造性的目的。长期以来，企业都是按照职能设立管理部门，按照管理幅度划分管理层，形成高长形的金字塔式的管理组织结构。这种组织结构越来越不适应信息社会的要求，减少管理组织职能部门必将成为一种新的趋势，其结果是管理组织结构正在变"扁"变"瘦"，综合性管理部门的地位和作用更加突出，扁平化、网络性能组织结构发展起来。

所谓柔性化，是指在组织结构上不设置固定的和正式的组织，取而代之的是一些临时性的、以任务为导向的团队式组织。借助组织结构的柔性化，可以实现企业的组织集权化和分权化的统一、稳定性和变革性的统一。下面介绍 20 世纪 90 年代以来出现的几种新的组织结构。

1）网络结构

"网络组织"（network organization）是一种新的组织形式。它的特色是将企业内部各项工作（包括生产、销售、财务等），通过承包合同交给不同的专门企业去承担，而总公司只保留为数有限的职员，它的主要工作是制定政策及协调各承包公司的关系。这种结构可使企业减少行政开支，具有较强的应变能力。缺点是总公司对各承包公司控制能力有限。"簇群组织"（cluster organization）是另一种新的组织形式。它的特色是将公司员工组成为 20 至 50 人的"簇群"，每个"簇群"包括不同专业人才，他们紧密合作，全力负责一个业务计划或主管一项商品。在这种组织结构下，企业废弃中层管理人员，采用集体领导、集体负责制。每个员工需要同时担任多项职务；"簇群"内集思广益，沟通与决策素质得以提高。然而，这种组织结构对员工要求甚高，他们的配合和领导素质至关重要。

2) 团队结构

所谓工作团队,是指一种为了实现某一目标而相互协作的个体组成的正式群体。当管理人员动用团队作为协调组织活动的主要方式时,其组织结构即为团队结构。这种结构形式的主要特点是,打破部门界限,可以快速地组合、重组、解散,促进员工之间的使用,提高决策速度和工作绩效,使管理层有时间进行战略性的思考。

在小型公司中,可以把团队结构作为整个组织形式。例如,有一家30人的市场营销公司,完全按团队来组织工作,团队对日常的大多数操作性问题和顾客服务问题负全部责任。

在大型组织中,团队结构一般作为典型的职能结构的补充,这样组织既能得到职能结构标准化的好处,提高运行效率,又能因团队的存在而增强组织的灵活性。例如,为提高基层员工的生产率,很多大型组织都广泛采用自我管理的团队结构。

3) 虚拟结构

"可以租借,何必拥有?"这句话道出了虚拟组织结构的实质。虚拟组织是一种只有很小规模的核心组织,以合同为基础,依靠其他商业职能组织进行制造、分销、营销或其他关键业务的经营活动的结构。

图5-6是一幅虚拟组织结构图,从中可以看到,管理人员把公司基本职能都移交给了外部力量,组织的核心是一个小规模的项目管理小组。他们的工作是直接监督公司内部的经营活动并协调为本公司进行生产、销售及其他重要职能活动的各组织之间的关系。图中的箭头表示这些关系通常是契约关系。实质上,虚拟组织的主管人员主要是通过计算机网络联系的方式,把大部分的时间用于协调和控制外部关系上。

图5-6 虚拟组织结构图

虚拟组织并不是对所有的企业都适用。它比较适合于玩具和服装制造企业,它们需要相当大的灵活性以对变化作出快速反应。从不利方面来看,虚拟结构的管理者对其制造活动缺乏传统组织所具有的那种严密的控制力,供应品的质量也难以预料。另外,虚拟组织所取得的设计上的创新容易被窃取,因为创新产品加以严密的防卫是非常困难的。今天,借助于计算机网络技术,一个组织可以与其他组织直接进行相互联系和交流,使虚拟结构日益成为一种可行的新型设计方案。

 案例讨论

IBM 的组织结构

IBM(国际商业机器公司)总部设在美国纽约州阿蒙克市。该公司创立时的主要业务

为商业打字机,之后转为文字处理机,然后发展到计算机和有关服务。目前 IBM 已成为全球最大的信息技术和业务解决方案公司,拥有全球雇员 30 多万人,业务遍及 160 多个国家或地区。

作为一个巨型组织,IBM 的成功与其具有科学适用的组织结构是分不开的。IBM 按照多个纬度构建整体组织结构,有按产品体系划分的事业部,如个人计算机事业部、服务器事业部和软件事业部等;有按行业和客户特征划分的银行、电信、大客户和中小企业等行业单元;有按专业领域划分的销售、渠道、售前与售后支持、人力和财务等职能部门;还有按地区划分的管理机构,如大中华区和中非区等,对于较大的地区还可以进一步细分。

多个纬度的划分在 IBM 的结构系统里缺一不可。如果不对产品界进行细分,就不会有非常了解这些产品的专业团队;如果不按行业进行划分,就不会专门有人来研究各个行业客户对 IBM 产品的需求特点;如果不按职能划分,就缺乏专业机构的参谋服务;如果不按地域细分,就无法针对各地区市场的特点把工作深入进行下去。总体上讲,该结构既保证了每一纬度各项业务的相对独立性,又增强了组织内部的有机联系,每一个处于交叉点中的人都要受到产品、行业、职能和区域四个不同方向上的影响。如叶先生是 IBM 公司的大中华区服务器系统事业部 AS/400 产品的总经理,他既是大中华区的一员,又是服务器系统事业部 AS/400 产品体系中的一员,同时还可以按照另外的标准将他划分到其他的部门。

对于 IBM 这种组织结构的重要性和有效性,叶先生说道:"如果没有这种组织结构,我们要想在某个特定市场上推广产品,就会变得非常困难。比如说,在中国市场推广 AS/400 这个产品,由于这种组织结构的存在,我们有华南、华东等各个大区的队伍,有金融、电信、中小企业等行业队伍,有市场推广、技术支持等各职能部门的队伍,以及专门的 AS/400 产品的队伍,大家相互协调、配合,就很容易打开局面。"

任何事情都有它的两面性。IBM 的组织结构也存它固有的弊端,由于每个人都有不止一个老板,上上下下需要更多的沟通协调。正如叶先生所说:"IBM 的经理开会的时间、沟通的时间肯定比许多小企业要长,也可能使得决策的过程放慢。"事实上,沟通和协调一直是 IBM 员工最重要的工作。一位 IBM 员工称:在 IBM,大家花在沟通上的时间最多。

(资料来源:雷蕾.管理学[M].北京:北京出版社,2017.)

思考:

(1) IBM 的组织结构属于哪种类型?

(2) 试按照至少三个纬度绘制 IBM 的组织结构图。

(3) IBM 组织结构的优点和缺点各是什么?

(4) IBM 的组织结构类型适用于什么样的组织?对于中国广泛存在的中小型企业是否适用?为什么?

第三节 职权分配与人员配备

为了实现组织目标,就必须要求组织的全体成员能和谐一致地进行工作。在组织运行中,处理好组织不同层次之间的权力关系,直线主管与参谋之间的关系以及做好协调沟通工作,是保证组织正常运行的关键。

一、职权分配

职权是构成组织结构的核心要素,对于组织的合理构建与有效运行具有关键性作用。

1. 职权以及职权类型

职权是指由于占据组织中的职位而拥有的权力。与职权相对应的是职责,职责是指担当组织职位而必须履行的责任。职权是履行职责的必要条件与手段,职责是行使职权所要到达的目的。

在组织中,管理者的职权有三种类型:直线职权、参谋职权与职能职权。

(1) 直线职权是指直线人员所拥有的决策指挥权,如下达命令、指挥下级等。由于组织的最高管理者受到管理幅度的限制,需要委托若干副手来分担管理的职能,各副手出于同样的原因也需要委托若干部门经理或车间主任分担职能,以此类推,直至组织中最基层的管理者。这种管理层次之间的关系就形成直线关系,即上级指挥下级的命令关系。直线关系是组织中管理人员的主要关系。在这种关系中,基层管理人员必须接受高层管理人员的指挥和命令。这种命令自上而下,从组织的最高层到最基层,形成一条等级链。链中每一个环节的管理者都必须接受上级的指挥,同时又具有指挥下级工作的权力。

(2) 参谋职权是指参谋人员所拥有的咨询权和专业指导权。如为管理者提供咨询、建议以及在本专业领域内的指导权等。随着组织规模的不断扩大,组织活动越来越复杂,管理者尤其是高层管理者越来越感到专业知识的缺乏。人们常常通过设置一些助手协助其工作,利用不同助手的专业知识来补偿直线主管的知识不足。这些助手称为参谋人员,他们的主要职责是同层次直线主管的助手,其主要是提供某些专业服务,进行某些专项研究,并向直线管理者提出建议。

(3) 职能职权是指参谋人员所拥有的、由直线主管人员授予的决策权与指挥权。组织中的高层管理者,通常将部分原本属于自己的指挥和命令直线下属的权力授予有关的参谋部门或参谋人员行使,从而使这些部门或人员不仅具有研究、咨询和服务的责任,而且在某种职能范围内具有一定的决策权、监督权和控制权,能更好地发挥参谋部门和参谋人员的作用。

2. 正确处理职权关系

组织中的管理者通常是以直线主管或参谋人员两类不同身份来从事管理工作的,他们在组织中的职责、权限以及工作的目的是不同的:直线人员需要作决策,安排所管辖部门的活动,并对活动的结果负责;而参谋人员则是在直线主管的决策过程中进行分析研究、提出建议、指明不同的方案可能得到的结果,以供直线主管在运用决策权力时参考。两者对完成组织目标都是必要的。然而在现实中,直线人员与参谋人员常常产生矛盾,导致组织效率低下。因此,正确处理直线与参谋之间的关系,是使组织有效运行的一个重要内容。

(1) 建立明确的职权结构。要处理职权关系,使各管理部门、各管理人员职权关系协调,工作配合默契,就必须建立明确的职权结构,也就是必须通过组织、体系、制度对职权进行划分与规范。

① 建立清晰的等级链。通过建立清晰的等级链,从最高层到最基层实行层级管理,自上而下层层命令,由下至上层层报告,领导隶属关系清楚,命令—报告渠道通畅,从而保证职权关系的有序维系。

② 明确划分权责界限。组织应明确规定各管理部门或人员的职责范围、职权类型、权力界限、适用条件、行使期限等等,防止职权系统的根本性混乱。

③ 制定并严格执行政策、程序和规范。职权必须在政策、程序和规范允许的范围内运行;否则,便是职权的滥用或越权。建立健全有关职权运用的规范,并严格遵循规范用权,是维系正常职权关系的重要保证。

(2) 协调职权关系。管理者在运用职权履行职责的过程中,要善于协调职权关系,使科学的规范体系与灵活有效的能动行为有机结合,完善组织的职权系统。

① 要相互尊重职权。上级要尊重下级,应大胆授权,将应交给下级的权力真正交给下级;尊重下级的职权,充分信任他们,放手使用,使下级真正有职有权,能够按自己的意愿、独立自主地进行决策;不可越级指挥;面对下级的权力运用不当,应勇于为下级承担责任的同时给予下级鼓励与批评。下级也要尊重上级的职权与权威,对于上级的指示应认真执行,不可越权、擅权。

② 加强沟通与配合。上下级之间、同级部门之间应加强沟通与配合,使职权关系协调。上级应实行民主管理,积极鼓励下级参与管理,广泛收集群众意见;下级应将情况及时向上级请示与汇报。

二、组织的集权与分权

组织的职能是授予人们利用其判断做出决策和发布指示的一种自由处置权。在一个组织中,如果没有对管理者正确地授予职权,就无法顺利地进行协调工作,最终保证组织目标的实现。

1. 集权与分权的含义

集权与分权是指职权在不同管理层之间的分配与授予。其中,集权是指决策权在组织系统中较高管理层次的一定程度上的集中;与此相对应,分权是指决策权在组织系统中较低管理层次的一定程度上的分散。

2. 集权与分权的相对性

集权与分权是任何组织正常运行所必需的。在组织中,集权与分权是相对的,没有绝对的集权,也没有绝对的分权,只有程度的不同。因为绝对的集权意味着组织中的全部权力集中在一个主管手中,组织活动的所有决策均由主管做出,主管直接面对所有的实施执行者,没有任何中间管理人员,没有任何中层管理机构,这在现代社会组织中显然是不可能的,而绝对的分权则意味着分散在各个管理部门,甚至分散在各个执行者、操作者手中,没有任何集中的权力,因此主管的职位显然是多余的,一个统一的组织也不复存在。所以,在现实社会中的组织,有可能是集权的成分多一点,也可能是分权的成分多一点。我们需要研究的,不是应该集权还是分权,而是哪些权力宜于集中,哪些权力宜于分散,在什么样的情况下集权的成分应多一点,何时又需要较多的分权。

3. 集权与分权的优缺点

1) 集权的优缺点

集权的优点主要反映在：它具有对组织的绝对控制权，可以使整个组织统一认识，有利于组织实现统一指挥、协调工作和更有效的控制，以确保坚持既定政策；防止政出多门，互相矛盾。

集权的缺点主要反映在：加重上层领导者的负担，从而影响重要决策的制定质量；控制可能会变为独裁式的，不利于调动下级的积极性与主动性；缺乏灵活性，降低组织对外部环境的适应能力。

2) 分权的优缺点

分权的优点主要反映在：由于权力的下放，允许职工参与决策，从而达到激励职工的作用，有利于提高下级管理者和员工的工作积极性和工作满足感；由于控制权分散到各处，能够很好地满足局部不断变化的需求；分权可以使基层管理者得到良好的培训机会；分权可以使最高层管理者摆脱繁杂的日常事务性工作，把精力集中在重大的长远的战略问题上。

分权的缺点主要反映在：由于权力的分散，总部控制较困难；分权制可能比集权需要进行更多的汇报或视察性工作；分权后的部门可能会以狭隘的目光和短浅的观点来看待整个组织，从而导致与其他部门的关系紧张。

4. 影响集权与分权的主要因素

1) 分权的标志

要研究和指导组织的分权，首先要判别组织是否实行了分权以及分权程度的标志。评价分权程度的标志主要有四个。

(1) 决策的频度。组织中较低管理层次制定决策的频度或数目越大，则分权程度越高。

(2) 决策的幅度。组织中较低层次决策的范围越广，涉及的职能越多，则分权程度越高。

(3) 决策的重要性。决策的重要性可以从两方面来衡量：一是决策的影响程度；二是决策涉及的费用。如果组织中较低层次的决策只影响该部门的日常管理，而不影响部门的今后发展，从而决策对整个组织的影响程度较小，则组织的分权程度较低；反之，则高。类似地，低层次管理部门决策涉及的费用越大，说明其分权程度越高。

(4) 对决策的控制程度。如果高层次对较低层的决策没有任何控制，则分权程度极高；如果低层次在决策后要向高一级管理部门报告备案，则分权程度次之；如果低层次在决策前要征询上级部门的意见，向其"咨询"，则分权程度更低。

2) 分权的影响因素

影响集权与分权的因素是多方面的，其中最主要的因素如下。

(1) 组织因素。包括：①组织的规模。组织规模的不断扩大导致分权化；②活动的分散性。组织活动分散在不同地方，则往往需要分权；③培训管理人员的需要。分权使低层次管理人员有更多实践的机会，有利于培养统取全局的人才；④政策的一致性要求。主张集权有利于达到组织的统一性，分权则导致组织统一性的破坏；⑤管理控制技术发展程度。有了更为科学的现代控制手段,可以更多地将权力下放。

(2) 环境因素。包括:①外部环境。外部环境复杂多变,则应分权以快速适应环境变化;如果环境中出现极为复杂的政治形势时,则应集权以便整体协调;②内部环境。如一个组织的历史传统组织文化等都会影响到集权与分权程度。

(3) 人员因素。包括:①管理者。管理者的管理哲学、性格、爱好、能力的不同,集权或分权的程度都会不同;②被管理者。对于具有较高素质,并对分权浓厚兴趣的被管理者应授予更多的权力。

5. 授权

实现权力分散的途径主要有两个:一是制度分权,即组织设计中的权力分配;二是授权,即管理者在工作中的权力下放。制度分权与授权的结果虽然相同,都是使较低层次的管理人员行使较多的决策权,即权力的分散化,然而实际上,这两者是有重要区别的。

制度分权是在组织设计时考虑到组织规模和组织活动的特征,在工作分析、岗位形成和部门设计的基础上,根据各管理岗位工作任务的要求,规定必要的职责和权限。而授权则是担任一定管理职务的领导者在实际工作中,为充分利用专门人才的知识和技能,或出现新增业务的情况下,将部分解决问题、处理新增业务的权力委任给某个或某些下属。

授权是一个过程。这个过程包括确定预期的成果、委派任务、授予实现这些任务所需的职权,以及行使职责使下属实现这些任务。从某种意义上说,目标管理就是授权的一种形式。按照这种管理方法,各级管理人员在一定期限内都应有集体和个人的工作目标。目标制定后,上级即根据目标内容对下级授予包括用人、用钱、对外交涉等权力,使下级能运用这些权力尽力完成所定的目标。上级只用目标管理下级,在期限内或到期限后,由管理上级对下级的工作进行检查和考核。

授权有特定的含义,应注意区别以下问题。

第一,授权并不意味着授责。授权只是把一部分权力分散给下属,而不是把与"权"同时存在的"责"分散下去。换言之,当一级主管把某几种决策权授给二级部属时,虽然二级部属因而获得该决策权,但一级主管仍然负有相同的责任。

第二,授权不同于代理职务。代理职务是在某一时期,依法或受命代替某人执行其任务,代理期间相当于该职,是平级关系,而不是上级授权给他。

第三,授权不同于分权。授权主要是指权力的授予和责任的建立,它仅指上、下级之间短期的权责授予关系;而分权则是授权的延伸,是在组织中有系统地授权,这种权力根据组织的规定可以较长时期地留在中、下级主管人员手中。

1) 授权的益处

授权对于一个组织的发展来说是十分重要的。管理者进行授权的主要原因如下。

(1) 可使高层管理人员从日常事务中解脱出来,专心处理重大问题。随着组织规模的扩大,由于受一定的时间和空间条件及精力的限制,管理人员不可能事事过问,而通过授权可使管理人员既能从日常事务中解脱出来,又能控制全局。

(2) 可改善下属的工作情绪,增强其责任心,并增进效率。通过授权,使下属不仅拥有一定权力和自由,而且也分担了相应的责任,从而可调动其工作积极性和主动性;由于不必事事请示,授权还可提高下属的工作效率。

(3) 可增长下属的才干,有利于管理人员的培养。通过授权,使下属有机会独立处理问题,从实践中提高管理能力,从而为建设一支管理队伍打下基础,这对于一个组织的长期持续发展是十分重要的。

(4) 可充分发挥下属的专长,以补救授权者自身才能之不足。随着组织的发展和环境的日趋复杂,管理人员面对的问题越来越多,越来越复杂,而每一个人由于自身能力的限制,不可能做到样样精通。通过授权,可把一些自己不会或不精的工作委托给有相应专长的下属去做,从而可弥补授权者自身的不足。

2) 授权的原则

授权是分权的一种重要形式,同时也是领导者在管理工作中的一种领导艺术,一种调动下属积极性、充分发挥下属作用的方法。授权是否得当,对能否进行有效管理影响很大。有效的授权应遵循以下原则。

(1) 目标结合原则。授权是为了保证组织目标的有效实现,所以,必须根据目标和工作任务的需要,将相应类型与程度的权力授给下级,以保证其有效地开展工作。

(2) 适度授权原则。授权应防止授权不足,也要防止授权过度,授权的程度应根据实际情况、工作性质以及下级的情况来决定授权的程度。

(3) 责、权、利相当原则。为有效实现组织目标,授权的同时应采取必要的监督控制手段,使所授的权力不失控,确保组织目标的实现。

(4) 职责绝对性原则。领导者将职权授予下级,但最终责任不应下放,领导者应对活动的最终结果负责。

3) 授权的步骤

授权可以划分为以下几个步骤。

(1) 选择授权对象。授权首先应选择好授权对象,授权者应具有正确行使权力的能力,并能有效地完成工作任务。

(2) 下达任务和授予权力。领导者对授权对象下达明确任务,规定所要实现的目标标准,并同时授予保证任务完成的权力,要做到权责对等,并给予下级充分的信任和支持。

(3) 监控与考核。在下级运用权力推进工作的过程中,要以适当的方式与手段,进行必要的监督与控制,以保证权力的正确运用与组织目标的实现,在工作任务完成后,还应对授权效果、工作实绩进行考核与评价。

三、人员配备

1. 人员配备的任务

人员配备是组织设计工作的逻辑延续。其主要内容和任务是:通过分析人与事的特点,谋求人与事的最佳组合,实现两者的不断协调发展。

人员配备是为组织的每个职位或岗位配备适当的工作人员,这项工作不仅要考虑到满足组织任务目标的需要,还应关注组织成员个人的特点、爱好、动机和能力,以便为每个人安排适合个人的工作。人员配备工作的任务,可从组织和个人这两个角度去考察:一是从组织需要的角度看,人员配备必须能够保证组织各个岗位都有合适的人员,注意组织后备管理人员队伍的建设,建立起员工对于组织的忠诚感;二是从组织成员个人角度看,人员配备应力求使每个人的知识和能力得到公正的评价、承认和运用,使每个人的知识、能力和素质在工作中得到不断的发展和提高。

2. 人员配备的原则

为保证组织中人与事的优化组合,在人员配备的过程中必须依照以下原则。

1) 优化原则

优化原则是通过科学选聘,合理组合,实现人员配备的最优化。可从以下几方面着手实现。

(1) 因事择人。根据岗位的要求,选择具备相应知识和能力的人员到合适的岗位上工作,保证工作能够有效地完成。

(2) 量才使用。要求根据组织成员个人的不同特点来安排工作,以使每个人的潜能可以得到最充分的发挥。

(3) 动态平衡。要求能以发展的眼光看待人与事的配合关系,能不断根据情况变化进行及时恰当的调整以实现人与工作的动态平衡与最佳的配合。

2) 激励原则

激励原则是通过人员配置,最大限度地调动人的积极性和创造性。一方面,通过授权,应充分信任下级,使下级充分发挥自己的才华;另一方面,将奖励与贡献紧密挂钩,使物质奖励与精神奖励结合起来,调动员工的工作积极性。

3) 开发原则

开发原则要求在人员配置和使用的过程中,通过各种形式培训与学习,不断提高员工的素质,最大限度地发挥员工的潜能。

3. 人员配备的程序及内容

1) 确定人员需要量

人员配备的工作首先是确定人员需要量。人员需要量的确定主要以设计出的职务数量和类型为主要依据。职位类型指出了需要什么样的人,职务数量说明了每个类型的职位需多少人员。确定人员需要量时应考虑组织现有的规模、机构和岗位设置情况,分析企业管理人员的相对稳定性与流动率,从而最终做出人员需要量的长期规划。

2) 人员选聘

在确定了组织内的工作职位后,就可以根据职位的任职要求,通过招聘、选拔、安置和提升来配备所需的管理人员。

管理人员的来源可以从企业外部招聘,也可以从企业内部提升和调配。

(1) 外部招聘是根据一定的标准和程序,从组织外部的众多候选人中选拔符合空缺职位工作要求的管理人员。从外部招聘员工有助于利用外来优势,平息和缓和内部竞争者的紧张关系,为组织带来新鲜空气。但可能会因对应聘者了解不够导致招聘失败,并且会打击内部员工积极性;此外,外聘者因对组织内部情况不熟悉,需要一段时间的适应才能有效地工作。

(2) 内部提升是指组织成员的能力增强并得到充分的证实后,被委以更高职务,承担更大责任。内部提升制度有利于鼓舞员工士气,提高员工工作积极性;同时对选聘人员的了解比较充分、全面,可以确保选聘工作的正确性;选聘者因了解组织内部情况,因而能迅速开展工作。但内部提升容易激化内部竞争者的矛盾,并可能导致任人唯亲的现象。

4．人员组合

人员组合是指组织内按管理或作业需要所进行的人员配置与合作。人员组合的目的是提高管理的效率,取长补短,人尽其才,最大限度地调动组织内各种人员的工作积极性,使他们能在彼此之间、上下级之间以及整个组织内,达成一种默契的合作关系,为实现组织的总体目标而共同努力。

人员组合应根据组织目标、工作要求以及人员特点,在以下三方面寻求人员最佳组合。

1) 最佳年龄组合

年龄组合是指组合中的各成员的年龄实现合理搭配。年龄结构是人员组合中的一个重要因素。由于老年人、中年人、青年人在工作表现上各有其优点和不足,可以相互补充。因此,合理的年龄结构应是老、中、青结合的梯形结构。

2) 最佳知识、技能组合

一个组织中,若成员在知识与技能的领域、深度和广度上实现扬长避短,科学互补,则能发挥不同成员的知识优势和不同技能特长,取得互补效应,实现最佳配置。

3) 最佳个性组合

最佳个性组合是要实现组织成员之间在气质、性格上的相容与互补。由于人与人之间存在着个性差异,管理者应正视这种差异,合理组合,实现在社会和心理上的相容与互补,从而使成员之间融洽相处,满足归属感,形成凝聚力。

5．人员考评

1) 绩效考评

人员的绩效考评是人员配置工作的一个关键环节。通过绩效考评,一方面有助于了解任职者是否胜任岗位工作,从而实现有效的职位管理,另一方面绩效考评的内容应包括员工的工作积极性和工作者的技能。

(1) 员工的工作积极性具体反映在衡量完成目标和计划时所做的努力和成绩,即工作中所做贡献大小。在评价时,应尽可能把员工的个人努力和部门成绩区别开来,同时不应忽视环境与机会对贡献的影响,从而对员工做出客观的评定。

(2) 工作者的技能是指员工在工作中表现出来的能力。不同工作岗位对工作能力有不同的要求,应结合任职者的实际工作岗位进行评定。能力表现往往是抽象的,在考评中存在很大的难度,必须将其具体化,才能进行各项的评价。

2) 人员考评的程序与方法

人员考评应遵循以下程序。

(1) 确定评估内容。根据不同职务的工作性质,设计合理的评估内容,评估内容中应包括员工的工作表现、工作成绩和最终效益等方面。

(2) 选择评估主体。考评工作往往被视为人事部门的任务,但事实上,人事部门的主要职责只是组织考评工作,真正的考评应是由被考评者的上级、与其有联系的部门以及其下属来参加和完成。

(3) 实施考评工作。实施考评工作时,应结合评估内容,遵循公平、公开、客观的原则,做出正确的评定。

(4) 分析考评结果。为了得到正确的考评结果,要分析考评的可靠性,剔除那些明显的不负责任的考评表。在此基础上综合各考评表的打分,得出考评结论,并对考评结论的主要内容进行分析,检验考评结论的可信程度。

(5) 反馈考评结果。考评结果应及时反馈给有关当事人。反馈形式可以是上级管理者与被考评对象的直接面谈,也可以用书面形式通知。通过反馈使当事人了解组织对其能力的评价和贡献的承认程度,以及组织认为其缺陷所在,同时提出改进的方向,促进绩效改善。

(6) 考评结果存档。有规律地定期考评组织成员,可以使企业了解管理人员的成长过程和特点,建立人才档案,以便根据不同标准对组织成员进行分类管理。

6. 人员培训

通过人员考评,组织可以了解其成员的状况和特点,在此基础上,组织应该重视组织成员的培训工作,特别是管理人员的培训对组织的发展将起到重要的作用。

1) 人员培训的意义

对组织来说,加强管理人员的培训,充实组织的后备干部队伍,增强成员对组织的忠诚感,促进组织人才队伍的稳定。对个人来说,通过培训可以丰富知识,增强素质,提高技能,可以发掘个人的发展潜力,意味着有更多的晋升机会。

2) 人员培训的目标

组织开展人员培训工作,必须实现以下四个方面的具体目标。

(1) 发展能力。人员培训的一个重要目的就是根据岗位工作的要求,努力提升组织成员的工作技能。

(2) 更新知识。开展培训工作可以补充和更新组织成员的科学知识、技术知识,达到人事相宜。

(3) 改变态度。通过对组织成员特别是新成员的培训,使他们逐步了解组织文化特征,接受组织的价值观念,按照组织认同的行为准则来开展工作。

(4) 传递信息。通过培训可以使组织内成员了解组织在一定时期内的生产特点、产品性质、工艺流程、营销政策、市场状况等各个方面的情况,使他们熟悉组织的各项业务和各方面的信息。

3) 人员培训的方法

人员培训的方法多种多样,在具体培训工作中,应该因地制宜,根据组织自身的特点以及参加培训人员的具体特点来选择合适的方法。

(1) 学校培训。通过选派人员去大学、培训中心等专门的学校进行培训学习,使受训者掌握系统的专业知识,提高各级各类管理人才和技术专业人才的综合素质。

(2) 工作轮换。工作轮换是培养管理技能的一种重要的方法,不仅可以使受训者丰富技术知识和管理能力,掌握组织的各项业务和活动,而且可以培养协作精神和全局观念。

(3) 设立"助理"职位。设立"助理"职位是让受训者与有经验的管理者一起工作,有经验的管理者可以对受训者给予特别培养和考察。这种方法可以使受训者逐步接触高层次管理实务,并通过这些实务和学习主管人员的管理经验与方法积累高层管理经验,熟悉高层管理工作的内容和要求。

(4) 临时职务代理。安排临时性的代理工作,可使受训者亲身体验高层管理工作,使之在代理期间充分展示其管理才能,知道自己应该如何迅速弥补其现有管理能力的不足。

(5) 参加委员会工作。让受训者参加委员会等组织的工作,使其有机会与有经验的管理者交流,与他们一起参与管理决策工作,学会在集体中协调、决策,便于他们从中得到锻炼。

为某大型零售超市进行组织设计

在中国某一线城市的商业繁华地段新设了一家大型零售超市。

(1) 假设该超市聘请你为其进行组织设计,你将如何建立部门、划分层次,以及设计组织结构?绘制出组织结构图并具体说明各部分的设计理由。

(2) 你将如何为各个职位配备人员?拟订一个完整的人员配备计划。

(3) 请查阅其他相关资料回答:沃尔玛等其他大型超市的组织结构是怎样?与你制定的组织结构进行比较,分析存在哪些不同之处,以及原因是什么。

第四节 组织变革与组织文化

一、组织变革

组织变革是组织为适应内外环境及条件的变化,对组织的目标、结构及组成要素等进行各种调整和修正。

任何一个组织经过合理的设计并运作一段时间以后,往往要随着外部环境和内部条件的变化进行调整和变革,以更好地适应组织生存和发展的需要。组织变革的根本目的是提高组织效能,特别是在动荡不定的环境条件下,要想使组织顺利地成长和发展,就必须自觉地研究组织变革的内容、阻力及其一般规律,研究有效管理变革的具体措施和方法。

(一) 组织变革的动力

1. 组织变革的内在动力

从组织内部看,引起组织变革的基本动力可以归结为以下几个方面。

(1) 组织目标的选择和修正。组织机构的设置必须与组织的阶段性战略目标相一致。组织目标的选择和修正决定着组织变革的方向,也影响着组织变革的范围。

(2) 技术的变革。技术系统是组织变革的重大推动力,它不仅影响组织活动的效果和效率,而且会对组织的职务设置与部门划分、部门间的关系,以及组织结构的形式和总体特征等产生相当程度的影响。

(3) 组织规模与成长阶段的变化。组织变革伴随着组织规模的变化及成长的各个时期,不同的成长阶段要求不同的组织模式与之相适应。例如,在成长早期,组织结构常常是简单、灵活而集权的。随着员工的增多和组织规模的扩大,组织原有的松散结构应转变为正规、集权职能型结构。

(4) 其他因素的影响。组织内部的其他因素也会成为组织变革的动力。如领导者的领导作风、组织的价值观、组织的制度、组织的战略等的变化都会导致组织变革。

2. 组织变革的外在动力

引起组织变革的外在动力最主要是环境因素,现代组织所面临复杂多变,当组织所面临的环境发生重大的变化时,组织不得不根据这些变化而进行组织的重大变革。这些环境因素变化包括以下几点。

(1) 市场的变化。市场变化,如顾客的收入、价值观念、消费偏好发生变化;竞争者推出新产品或产品增添了功能、加强广告宣传、降低价格;基于全球化的市场竞争越来越激烈,竞争方式也将会多种多样。市场日益动荡不定,组织对销售和市场部门的依赖日益加重。

(2) 科学技术的进步。知识经济社会,科技的发展日新月异,新产品、新工艺、新技术、新方法层出不穷,对组织固有运行机制构成了强有力的挑战。

(3) 政治经济环境的变化。政治、经济政策的调整,经济体制的改变,人们的消费观念的变化等,都会引起组织内部深层次的调整和变革。

组织环境的变化,使传统的组织结构和管理方式难以适应新要求。因此,组织要不断地变革组织结构和管理方式,以适应组织环境中不断出现的新变化。组织结构的变革,可以增加组织对外部环境的适应能力,提高组织自身的生存和发展能力。

(二) 组织变革的征兆

管理心理学家席斯克(N. L. Sisk)认为,当一个组织面临以下情况之一时,就表示到了非进行改革不可的地步。

(1) 决策形成过于缓慢。决策过于迟缓或失误过多,决策执行拖拉或反馈不及时,致使企业会失良机。

(2) 出现不良意见沟通。各部门主管与其所属员工之间往往会因意见沟通不良而造成许多严重的后果,诸如相互关系不顺,工作不协调,推诿扯皮严重,矛盾冲突迭起等。

(3) 组织的主要机能已无效率或不能发挥其真正作用。组织机构臃肿,人浮于事,效率低下;经营业绩下降。

(4) 缺少创新。组织在产品发展上没有推出新观念,实际上表示组织发展的停滞;组织面对环境的变化不能做出灵活的、富有创造性的反应。

(三) 组织变革的类型

按照所需要变革的对象分类,可将组织变革分为结构变革、技术变革、人员变革和文化变革。

1. 结构变革

结构变革是指对组织结构进行的变革。在进行结构变革时,组织可以对整体结构进行颠覆性的重新设计,如从直线职能型组织结构转变为矩阵型组织结构;也可以对组织结构中的某个局部进行微调,如可通过精简某些纵向层次、适当拓宽管理宽度,使组织结构更为扁平化;制定更多的制度细则,使组织更加正规化;增加授权,提高组织的分权化程度。

2. 技术变革

技术变革是对组织赖以将投入转换为产出的技术进行变革。早期的管理研究主要注重于技术方面的变革,如科学管理就是基于运作、时间和标准化等方面的研究来提高生产的科学性与技术性,从而提高生产效率。

随着科技发展的日新月异,如今的企业组织越来越多地引入计算机化、自动化与智能化的生产设备与管理信息系统,生产部门、职能部门乃至整个组织管理流程的科技含量提高了生产效率。

3. 人员变革

为了充分发挥人的潜力和能动性,改善人际关系,提高人的生产效率,组织要根据需要进行人员变革,尤其是实施组织结构变革之后,为了使人员更好地适应新的结构,进行人员变革更为必要。例如,当组织结构由机械式的直线职能制组织结构变革为有机式的团队结构之后,应通过团队建设的方法进行人员变革,使工作团队中的成员在密切互动中学习团队沟通与合作的技能,磨合与改善人与人之间的关系,增强相互信任感和团队凝聚力,从而提高团队结构的工作效率。团队建设方法的核心是制定与实施团队建设方案,其中主要包括团队建设的目标、各成员所扮演的工作角色分析、团队工作过程分析,以及团队成员人际关系开发策略等内容。

4. 文化变革

一般而言,组织文化是相对稳定和持久的,对其进行变革往往具有相当大阻力。因此,不宜轻易进行组织文化变革,只有确定原有组织文化严重不适应,成为组织前进的绊脚石时,才可考虑实施文化变革。并且要注意,组织文化变革的成效显现很慢,常常需要多年的时间才能有显著变化,所以组织文化变革必须做好打持久战的准备,切不可急功近利、操之过急。若想更有效地推进组织文化变革,应选择有利时机,如当组织出现大规模危机、组织结构等其他方面发生重大改变、关键高层领导职位易人、组织较新较小,以及原有组织文化较弱时实施变革。

(四) 组织变革的阻力及消除对策

在通常情况下,人们对于组织变革的结果是憧憬的、欢迎的,人们总希望通过变革使自己所从事的工作或自己所属的组织工作顺利发展。但人的习惯势力很大,要使人们放弃原有的态度和习惯而适应新的环境,需要一个适应的过程。即使人们感到环境条件已发生新的变化,仍会以各种方式来抵制变革,以免因变革而伤害既得利益和原有的生活方式和习惯。因此,在进行变革时,应了解组织变革的阻力有哪些,并积极防止和消除这些阻力,保证组织变革的顺利实施。

1. 组织变革的阻力

组织变革的阻力来自个体、群体和领导者三个方面。

1) 个体阻力

(1) 职业认同。当组织成员在某一岗位工作一段时间后,就会逐渐形成一种稳定的工作模式,他们按自己惯常的工作方式去面对熟悉的任务,对工作有感情,这是一种职业认同。当组织要进行变革时,人们已习惯了原有的工作模式,也即需要放弃原有的职业认同感,建立新的职业认同感。而人天性对新的事物有抗拒性,愿意固守旧的事物,尤其当人觉得自己对新的事物缺乏必要的控制时,抗拒就表现得更为明显。原来职业认同感越强,对变革的抵制就越大。

(2) 不安全感。人们常有求稳怕乱的心理惰性,总习惯安于现状,习惯于原有的一切制度、一切作业方式。任何变革都将会威胁到原有的安全与内心的平衡,这种担心变革会造成将来的不稳定的心理,会对变革产生某种恐惧感,自觉不自觉地对变革进行抵制。

(3) 经济原因。当变革措施可能触及切身利益时,即降低自己的收入或地位时,往往对于组织的变革抱有抵制的心理。

2) 群体阻力

群体阻力主要体现在维护原有的群体规范不被触犯,如反对强化纪律、提高定额、优化组合等。

3) 领导者阻力

领导者方面的阻力主要集中在对改革后果不确定性的担心以及由此带来的权力与利益的调整。有些时候,人们反对变革是出于对主持变革者的反感、不信任,从而产生对变革的抵制。

2. 克服组织变革阻力的措施

为防止和消除对变革的心理阻力,可采取以下几种具体措施。

(1) 激励改革者。采取各种方法激励改革者,包括对改革者实行物质或精神奖励,这不仅对于改革是一种激励、支持,使改革者产生克服困难的信心和勇气,同时对阻碍改革的心理也是一种冲击,它可能对持有保守心理、习惯守旧心理、嫉妒心理的人产生社会心理压力,逐步消除其改革的心理阻力。

(2) 职工积极参与。让职工参与变革,既可以吸收其智慧,增强责任感,使他们把自己的切身利益与组织的命运密切联系在一起,增强他们参与改革的积极性。

(3) 加强员工的归属感。在变革过程中,要培养员工对组织的强烈归属感,使他们把自己的切身利益与组织的命运密切联系在一起,增强他们参与改革的积极性。

(4) 提高领导者、改革者的威信。领导者或主持变革者在群众中的威信对消除变革的阻力有很大作用。如果领导者办事大公无私,身体力行,群众威信高,那么其领导的变革行为容易为群众所接受。

(5) 加强意见沟通。当人们对改革的目的、措施与结果不了解时往往容易产生观望、怀疑、抵触的心理。为了阻止和消除人们对改革的心理阻力,领导者、改革者要员工了解改革的目的与意义,并及时把改革的进展情况,包括取得的成绩与存在的问题告诉员工。这不仅有助于加强意见沟通,增强员工对改革的责任心,并且有助于激发员工的创造精神。

(6) 合理安排改革的时间与进度。领导者、改革者在改革过程中要稳步前进,合理安排改革的时间与进度,不可操之过急,否则容易引起人的心理不适应而产生心理抵触。

(五) 组织变革的实施

组织变革是一项复杂的系统工程,为使组织变革能导致最大的成效变革的实施必须慎重考虑,应遵循一定的阶段和步骤,有计划地进行。

1. 准备和计划阶段

准备和计划阶段的主要任务是通过调查现状,分析材料,界定问题,确定目标;采取措施增强变革的驱动力,营造危机感,塑造出改革是大势所趋的气氛,减弱对改革的阻力,形成待实施完善的组织变革方案。

2. 试验和推广阶段

试验和推广阶段的任务是按照所拟订变革方案的要求开展具体的组织变革运动,以使组织从现有结构模式向目标模式转变。在实施过程中,应边改革边评价,防止出现偏差。这是变革的实质性阶段,通常可分为试验与推广两个步骤。组织变革方案在全面实施之前一般要先选择适宜的试验地点进行一定范围内的典型试验,在试验取得初步成效后再进入大规模的全面实施阶段。通过试验,一方面可以总结经验,及时调整、修正和完善变革方案;另一方面可以使人们在试验阶段便能及早感觉到组织变革的潜在效益,从而有利于争取更多组织成员在思想和行动上支持所进行的组织变革。

3. 评价和巩固阶段

在变革结束后,管理者必须对变革的结果进行总结和评价,及时反馈新的信息。对于没有取得理想效果的变革措施,应给予必要的分析和评价然后再到取舍,对已经取得的变革成效,应采取必要的强化方法巩固,使其持久化。

二、组织文化

(一) 组织文化的含义与结构

组织文化是一种客观存在的文化现象。作为一种文化现象,从广义上说,组织文化是指组织在社会实践过程中所创造的物质财富和精神财富的总和。从狭义上说,组织文化是指在一定的社会政治、经济、文化背景条件下,组织在社会实践过程中所创造并逐步形成的独具特色的共同思想、作风、价值观念和行为准则。它主要体现为组织在活动中所创造的精神财富。

从对组织文化定义的认识出发,组织文化的内涵有着明显的系统性。组织文化作为一个整体系统,其结构与内容是由以精神文化为核心的四个层次构成。

(1) 物质文化层,是组织文化结构的表层部分。包括组织开展活动所需的基本物质基础。如企业产生经营的物质技术条件,诸如厂容、厂貌、机器设备,产品的外观、质量服务,以及厂徽、厂服等。组织的物质文化都是以物质形态作为载体,因而是有形物,是人们可以直接感受到的。它们虽然以物质形态存在,但往往能够从中反映出组织的精神状态。物质文化的实质是企业精神文化的物质体现和外在表现。

(2) 行为文化,是组织文化的第二层,是指组织员工在生产经营、学习娱乐中产生的活动文化。它包括组织经营、教育宣传、人际关系活动、文娱体育活动中产生的文化现象,是组织经营作风、精神面貌、人际关系的体现,也是组织精神和价值观的动态反映。

(3) 制度文化层,是组织文化结构的第三层。包括具有本组织文化特色的,为保证组织活动正常进行的组织领导体制、各种规章制度和员工行为准则的总和。如企业中的厂规、厂纪,各种工作制度和责任制度,以及人际交往的方式等。制度文化是组织物质和精神文化的中介。组织的精神文化通过中介层转化物质文化层。

(4) 精神文化层,是组织文化结构的核心层,是指组织在长期活动中逐步形成的,并为全体员工所认同的共有意识和观念。包括组织的价值观念,即组织所推崇的基本信念和奉行的行为准则;组织精神,即以组织价值观念为思想基础的组织群体意识;组织道德,即组织所形成的道德风气和习俗。精神文化是组织文化的最深层结构,是组织文化的核心和灵魂。

物质文化层、行为文化、制度文化层和精神文化层由外到内地形成了组织文化的结构。其中,精神文化层决定了行为文化、制度文化层和物质文化层;行为文化和制度文化层是精神文化层和物质文化层的中介;物质文化层、行为文化和制度文化层是精神文化层的体现。它们之间密不可分相互影响,相互作用共同构成组织文化的完整体系。

(二) 组织文化的作用

1. 导向作用

导向作用是指把组织员工个人目标引导到组织所确定的目标上来,在激烈的市场竞争中一个组织如果没有一个统一的目标,很难参与市场竞争,更难战胜对手。如果有了适合的组织文化,职工就会在潜移默化中接受共同的价值观念,形成一股力量向既定方向努力。优秀的组织文化就是建立起良好的内部动力机制,将人们的事业心和成功欲化成具体的奋斗目标和信念。

2. 约束作用

作为一个组织,它常常不得不制定出许多规章制度来保证生产的正常进行。但是,千万条制度并不能完全规范每个职工的每个行为,很难执行。但是如果运用组织文化这种无形的约束力量,形成一种行为规范,制约职工的行为,就会在职工的心灵深处形成一种定势,构造一种响应机制,只要外部诱导信息发生,即能得到积极响应,并迅速转化为预期的行为,这就形成了有效的"软约束"。它可以减弱硬约束对职工心理的冲撞,缓期自治心理和被现实形成的冲突,削弱由其引起的一种心理抵抗力,从而使组织上下左右形成统一、和谐和默契的氛围。

3. 凝聚作用

凝聚作用主要是培养职工与组织同甘苦、共命运的精神。优秀的组织文化是一种黏合剂，具有极强的凝聚力量。一是以最好的产品和服务来确立自己的优越地位；二是尽可能使技术进步通过集体管理取得，使职工树立集体成就感，脱离公司将一事无成。正是这种责任亲近感，更增强了企业的凝聚力。

4. 激励作用

组织文化具有对组织成员的思想和行为进行约束和规范的作用。由于组织文化是组织群体的文化，其必然影响到组织中每个成员的认识、感觉、思想、伦理、道德等心理过程。如果组织的共同价值观深入到每个员工的头脑中，则员工的心理就会产生与之相适应的感觉和认识，自觉或不自觉地按共同价值观行事，一旦违反这种价值观念，无论别人知道与否，自己都会感到内疚和不安，从而在思想和行为上做出自我调整，以服从价值观念的规范。

5. 辐射作用

组织文化对组织外部有强烈的辐射作用。组织文化通过强烈的感染传播力量对员工产生着影响。无论员工的来去，职位的调动，甚至领导者的改换，都难以影响组织文化的固有力量。组织文化也可以向组织外部传播，通过各种渠道对社会产生影响。例如，通过高质量的产品和满意的服务，使顾客感受到企业独特的文化特色；通过利用各种手段（如电视、广播、报纸、会议等传播方式）宣传组织文化等。组织文化对内对外的辐射过程，也正是组织形象的塑造过程，因而对组织的发展有着重要意义。

(三) 组织文化的类型

根据美国哈佛大学教授泰伦斯·迪尔及麦肯锡管理咨询公司顾问艾伦·肯尼迪在他们的著作《企业文化——现代企业的精神支柱》一书中提出的理论，他们将组织文化分成四种类型。

1. 硬汉式组织文化

硬汉式组织文化形成于高风险、快反馈的组织，如建筑、整容、广告、影视、出版、体育运动等方面的组织。这种组织文化恪守的信条：要么一举成功，要么一无所获。因此，员工具有冒险精神，都想干一番大事业。这种组织失败之于缺乏恒心、短视、人事变动大、内部不够团结。

2. "拼命干、尽情玩"文化

"拼命干、尽情玩"文化形成于风险极小、反馈极快的组织，如计算机公司、汽车批发商、房地产经纪公司等。这种文化对人的要求是：干的时候拼命干，玩的时候尽情玩；对人友好，善于交际，树立"发现需要并满足它"的牢固信念。

3. 攻坚文化

攻坚文化形成于风险大、反馈慢的组织，如石油开采、飞机制造、大型机器制造等。这种文化对人的要求是：凡事应该仔细权衡和深思熟虑，一旦下定决心，就不要轻易改变初衷，而且要坚定并善于自我导向，即使在没有或几乎没有反馈的情况下也具有实现远大志向的精神和韧性。

4. 过程文化

过程文化形成于风险小、反馈慢的组织,如银行、保险公司、金融服务组织、公共事业公司、政府机关等。过程文化对人的要求是:遵纪守法,谨慎周到。在这些组织中,等级森严,人们看重地位、礼节甚于工薪,有一种锲而不舍的精神。但是,人们也普遍存在自卫心理,谨小慎微。

(四)组织文化的培养

一般来说,培养组织文化包括以下六个环节。

1. 分析与诊断

首先应全面收集资料,对组织现存的文化进行系统分析、自我诊断。看看组织创建以来,已经形成了什么样的传统作风、行为模式和特点;现有文化中哪些是积极向上的,哪些是保守落后的;哪些是应该发扬的,哪些则是应该摒弃的。

2. 条理化

在分析诊断的基础上进一步归纳总结,把组织最优秀的东西加以完善和条理化,用富于哲理的语言表达出来,形成制度、规范、口号、守则。

3. 自我设计

在现有组织文化的基础上,根据本组织的特色,发动组织全体成员参与组织文化的设计。通过各种设计方案的归纳、比较、融合、提炼,集组织员工的信念、意识和行为准则于一身,融共同理想、组织目标、社会责任和职业道德于一体,设计出具有特色的组织文化。

4. 倡导与强化

通过各种途径大力提倡新文化,使新观念家喻户晓,深入人心。在组织管理过程中,通过各种手段强化新的价值观念,使之约定俗成,得到广大成员的接受和认可。

5. 实践与提高

用新的价值观指导实践,在活动中进一步把感性的东西上升为理性的东西,把实践的东西变成理论的东西,把少数人的看法变为全员的观念,不断提高组织文化的层次。

6. 适时发展

在组织不同的发展阶段,组织文化应有不同的内容和风格,应当根据形势的发展和需要,使组织文化在不断更新中再塑和优化。

(五)组织文化建设的内容

组织文化建设是一项系统工程,主要从物质文化、行为文化、制度文化、精神文化四个方面着手。

1. 物质文化建设

物质文化建设是组织文化的表层建设,其目的在于树立良好的组织形象。以企业为例,企业文化建设的主要内容包括:①产品文化价值的创造。要运用各种文化艺术和技术美学手段,作用于产品设计和促销活动,使产品的物质功能与精神功能达到统一,使顾客得到满意的产品和服务,从而加强企业的竞争能力。②加强组织的基础设施建设,美化、优化厂容、厂貌。要能体现企业的个性化,要有好的厂名、厂徽,有合理的企业空间结构布局,有与人的劳动心理相适应的工作环境,从而促进员工的归属感和自豪感,有效地提高工作效率。③企业物质技术基础的优化。要注重智力投资和对企业物质技术基础的改造,以使企业技术水平不断提高。

2. 行为文化建设

作为企业,第一是注意人力资本的培育和积累,增加投资,加大人才的培养和引进力度,加强员工教育、培训;第二是要注意经营管理的科学性、效益性;第三是员工作风和精神风貌的活力;第四是建立良好的人际关系环境,为员工提供更多的参与管理、参与文化建设的机会,及时奖励员工,注重发挥非正式组织的作用;第五是搞好员工的文化娱乐体育活动,引导员工发展自己的个人兴趣,提高员工的综合素质。

3. 制度文化建设

制度文化建设是组织文化的中间层建设,目的是使物质文化更好体现精神文化的要求。其内容主要包括:①确立合理的领导体制。要明确组织领导方式、领导结构和制度,理顺组织中党、政、工、团等各类组织的关系,以做到领导体制的统一、协调和通畅。②建立和健全合理的组织结构。要明确组织作为一个正式组织,其内部各组成部分及其相互关系,以及组织内部人与人之间的相协调配合的关系,建立高效精干的结构,以利组织目标的实现。③建立和健全开展组织活动所必需的规章制度。要以明确合理的规章制度规范员工的行为,使员工的个人行动服从于组织目标的要求,以提高组织系统运行的协调性的有效性。

4. 精神文化建设

精神文化建设是组织文化核心层的建设。它决定着组织物质文化和制度文化的建设,其内容主要包括:①明确组织所奉行和追求的价值观念。使之形成组织生存的思想基础和组织发展的精神指南。②塑造组织精神。要借鉴中外古代文化成果,总结历史、展望组织的各个方面,成为组织精神;并利用各种手段,使之渗透于组织的各个方面,成为组织生存和发展的主体意识。③促进道德的形成和优化。形成良好的道德风气和习俗,以规范组织及其成员的行为。

案例讨论

江西 A 公司调整组织结构

江西 A 企业集团的前身是江西省农业农村厅下属的国营 A 生物制药厂。集团现有职工 1200 余人,产品涉及饲料、兽药、化肥、绿色食品等六大产业,在省内外共有生产经营企业和科研机构 20 余个,自有资产总额达 2 亿余元,年利润最高时超过 4000 万元,是一个集科、工、贸于一体的大型集团公司。2004 年集团进入全国企业 500 强行列,在江西省大型工业企业中排第 12 位,在我国国有饲料企业中排第 1 位。

但是现在集团的经营却开始出现滑坡。集团所属六个产业共十几家企业,除了饲料厂的盈利水平令江总满意外,其他好几个厂的利润都几近为零。最令江总头痛的是作为集团第二大厂的兽药厂还存在较严重的亏损。正是为了揭开这个谜,江总在两周前请江西财经大学专家组派人到兽药厂再去看看。专家组的同志经过深入调查和研究,认为 A 兽药产业的管理体制不能适应其发展,必须进行大的改革。

客观地说,A 集团所采取的管理组织结构确实仍是一种比较简单的直线职能制形式(见附图)。在这种组织结构下,集团实行的是两级管理。上面是集团总部,下面就是各个工厂、公司或科研所等。工厂、公司、科研所之间的关系是并列的,它们均直属集团总部领导。江总知道,这个体制几乎就是从过去 A 生物制药厂时期沿用过来的。不同的只是厂部变成了集团总部,车间经过注册后成了法人企业。集团的所有下属企业充其量都只能算是利润中心。它们只负责产品生产与销售,完成总部下达的生产销售任务和利润(或减亏)指标,而在财务、劳动人事、固定资产与技术等无形资产的管理方面均无任何自主权。此外,它们还要分担总部的全部费用。不过与外地的子公司和联营厂相比较,其经营自主权要大得多。与分布在总部附近的集团直属企业单位相比较,它们在财务、劳动人事及固定资产处理等方面都拥有较大的自主权。这种简单的管理组织结构有它的优点,其中最为突出的利于集团对下属各个单位的有效控制,另外也有一定的适用性。因为在集团内部的各个工业企业中,只有发酵厂是完全为本集团内兽药厂、生物药厂、饲料厂(有时也为食品厂)生产相关发酵制品,它们之间在生产经营上存在着内在联系。而其他各厂在生产经营上都是独立的,彼此很少有生产经营联系与协作。就是包装编织袋厂与饲料厂之间也是如此。如果不是集团强调饲料厂只能使用本集团生产的编织袋,那么它们两家在生产经营上也是完全独立的。所以让所有企业都直属集团总部领导,在一定情况下也是可行的。但是它也存在许多不足,如不能适应产业差别和产品市场差较大的企业集团内部实行专业化管理的要求,等等。

当然,对于专家组的那份材料,江总也有一点不同看法。他认为,在管理组织结构上,A 集团的饲料产业其实也和兽药产业是一样的。但饲料厂并未因此而亏损,反而成为集团的盈利大户,并使饲料产业成为集团的主导产业。为何如此?关键是在饲料产业中,饲料厂与饲料批发市场的关系不同。在饲料产业中,集团所属各饲料厂的产品都可在集团饲料批发市场销售,但这只占各厂产品销售量的很少的一部分。每个饲料厂都不依赖集团饲料批发市场,它们都有自己的销售渠道网络,且大部分产品都是通过这个网络出售的。兽药产业则不同:集团中几个兽药厂的产品都全部集中于兽药批发市场销售。而兽药批发市场则成为集团兽药产业所有产品通向市场的唯一大门。各兽药厂均未寻求自己的其他销售渠道。他知道,集团兽药产品的这种销售模式是自己当初决定的。这也许是自己当初决策的一次失败吧。

另外,也有一个问题江总还把握不准,那就是那份材料提出的集团兽药产业管理体制改革模式。那份材料建议把原集团的生物药厂、发酵制品厂、兽药厂和兽药批发市场联合起来组建兽药总公司。兽药总公司作为独立的经济实体直接归属集团总部领导;生物药厂、发酵制品厂、兽药厂均不再作为独立的经济实体,而只作为兽药总公司的下属分部,等等。按照这个方案,总公司可能还要进行工商注册。而生物药厂、发酵制品厂、兽药厂和兽药批发市场四家法人企业,如取消它们的"独立的经济实体"地位就意味着集团现有的十几个二级企业法人都将注销。这样做,下面的企业尤其是饲料厂的同事未必愿意。当然,自己也可能不很情愿。

第五章　组　织

经过三天的思考,江总最后认为 A 集团的管理组织结构必须进行调整,且在反复斟酌后确定了这次调整的四条基本原则。

第一,管理组织结构的调整应该涉及整个集团公司,而不应仅仅包括兽药产业。

第二,外地外省的子公司、联营厂与集团之间关系是也包括在这次调整范围之内,视最后方案情况而定。如方案可行则把它们纳入调整范围;如方案尚有不足或大家意见较大,则将它们暂搁一边,待方案实施完善后再作考虑。

第三,调整后的集团管理组织结构必须有利于提高管理效率和各种信息传递与反馈,有利于明确各部门、各单位的责任、权限与分工协作关系,能够充分调动集团、企业各方面生产经营的积极性与创造性。

第四,调整后的集团管理组织结构必须能够明显改善集团管理目前存在的各种缺陷,使整个集团能有效地组织起自己的各项生产经营活动,各个企业单位以后的减亏增盈工作能够取得突出的成效。

有关集团管理组织结构调整具体方案,江总准备在认真听取各位副老总、各企业主要负责人和公司聘请的各有关专家教授的意见以后再确定。

附图:

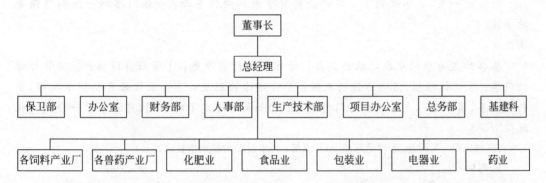

(资料来源:厉以宁.中国企业管理教学案例[M].北京:北京大学出版社,1999.)

思考:

(1) 你认为 A 企业集团的管理组织结构属于哪种类型?它具有哪些优点?又存在哪些不足?为什么?

(2) 你认为作为一个企业集团一般应采取什么样的管理组织结构形式?为什么?

(3) 你认为 A 企业集团是否有必要在总部与工厂之间加一"总公司"层次?为什么?

(4) 你能否根据资料为 A 集团设计一个新的 A 集团管理组织结构框架图。

 **案例讨论**

从两份通知看企业文化

杰士科技公司与世邦置业有限公司处于同一栋写字楼内。中秋节来临之际,两家公司商议决定联合组织公司全体员工到欢乐谷游玩。活动时间为一天,公司提供门票和来回交通用车。同样的活动,两家公司发出的通知却有不小的差别。

杰士科技有限公司的《通知》如下：

通　知

经公司研究决定，拟订于中秋节组织公司员工到欢乐谷游玩，时间一天，全体员工务必带好身份证，于当日早上八点前赶到公司门前集合，否则后果自负。

另外，公司只负责门票和来回交通费用，游玩期间，伙食自理。无特殊情况，不得请假。

公司办公室
2021 年 9 月 20 日

世邦置业有限公司的《通知》如下：

通　知

如果你想尖叫而办公室又不允许，如果你想忘记无处发泄的郁闷和不快，那么，请在下面签上你的大名，参加公司的"欢乐谷之旅"吧。

公司办公室
2021 年 9 月 20 日

小李是世邦置业有限公司的员工，看过通知后，他在一大堆横七竖八的名字（包括公司老总的名字）中签下了自己的名字。

出发前一天，小李收到了公司办公室发下来的两样东西：一张门票和一张制作精美的卡片。

李先生：

恭喜你成为中秋欢乐之旅的成员！请你做好行前准备：①带好身份证；②保管好你的门票；③让你轻松、活动方便的衣服；④约好你的朋友；⑤如果你嫌开私家车麻烦，步行又太累，请早上八点前到公司门前乘车；⑥如果你可以不吃不喝，可以不带一分钱。祝玩得愉快！

（资料来源：张丽莲.管理学原理[M].成都：西南财经大学出版社，2014.）

思考：

(1) 试从组织文化的功能塑造方面来分析世邦置业有限公司的企业文化。

(2) 试比较两家公司截然不同的两份通知分别体现了什么样的企业文化？

本章小结

组织工作是把组织成员组合起来，以有效地实现组织既定目标的过程。组织职能主要包括组织设计、组织运行、人员配备和组织变革四个方面的内容。组织设计是管理者为实现组织的目标而对组织活动和组织结构进行设计的活动。它受到组织环境、组织战略、技术和组织发展阶段等因素的影响。

组织设计应遵循目标导向、分工协作、管理幅度、权责对等、统一指挥、精干高效、因事设职与因人设职相结合、稳定性与适应性相结合的原则。组织设计包括职务分析与设计、部门划分与整合、组织结构形成三项具体的工作。组织结构的本质是成员间的责、权、利的分配关系，组织结构的基本类型有：直线制、职能制、直线职能制、事业部制、矩阵制、委员会制、网络制、团队制和虚拟制。

组织职权包括直线职权、参谋职权和职能职权。正确处理职权关系，包括建立明晰的职权结构可有效协调职权关系。集权与分权是任何组织正常运行所必需的必然现象。集权与分权是指职权在不同管理层之间的分配与授予。在组织中,集权与分权是相对的,必须充分考虑组织内外各种因素来确定集权程度和分权方式。授权是分权的重要实现形式,授权应遵循正确的原则和步骤。人员配备是为组织的每个职位或岗位配备适当的工作人员。人员配备应遵循优化原则、激励原则和开发原则。要适应组织目标及内外环境的变化,进行组织变革。为了更好地推进变革,应了解并消除变革阻力,并按照科学的程序实施变革。

从广义上说,组织文化是指组织在社会实践过程中所创造的物质财富和精神财富的总和。从狭义上说,组织文化是指在一定的社会政治、经济、文化背景条件下,组织在社会实践过程中所创造并逐步形成的独具特色的共同思想、作风、价值观念和行为准则。它主要体现为组织在活动中所创造的精神财富。组织文化具有导向作用、约束作用、凝聚作用、激励作用和辐射作用。组织文化分成四种类型:硬汉式组织文化、"拼命干、尽情玩"文化、攻坚文化、过程文化。组织文化建设的内容包括:物质文化建设、制度文化建设和精神文化建设。

关键术语和概念

组织　组织结构　管理幅度　管理层次　直线职权　参谋职权　集权　分权
授权　组织变革　组织文化

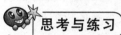

思考与练习

一、判断题

1. 企业管理层次与管理宽度的反比关系决定了两种基本的管理组织结构,即扁平式结构形态和高长式结构形态。(　　)

2. 职能制组织结构适应于那些企业规模不大、生产技术与工艺过程比较简单、产品单一的小型企业,或者现场的作业管理。(　　)

3. 网络结构是一种只有很小规模的核心组织,以合同为基础,依靠其他商业职能组织进行制造、分销、营销或其他关键业务的经营活动的结构。(　　)

4. 在组织中,集权与分权是相对的,没有绝对的集权,也没有绝对的分权,它们各有优缺点。(　　)

5. 内部招聘或提升可激励员工努力进取,因为他们对组织的政策和期望都能明确了解。(　　)

6. 变革意味着有关组织关系和资源的调整,本身是有成本的,因此在进行变革计划时也需要进行成本——效益分析。(　　)

7. 管理宽度越大,管理层次级减少,实质上是花更少的投入办同样的事,意味着管理效率的提高。(　　)

8. 企业文化的核心是精神文化。(　　)

二、单项选择题

1. 下列部门划分会造成部门本位主义,使组织中的综合事务和职能难以落实,也增加了组织统一和协调的难度是( )。
  A. 按职能划分   B. 按产品划分
  C. 按区域划分   D. 按工艺过程划分

2. "尺有所短,寸有所长"说明在进行人员配备时( )。
  A. 不能对员工的工作要求过于苛刻,宽松的环境更能使员工有超常发挥
  B. 应该允许员工犯错误,特别是高层员工
  C. 学历高的人往往工作表现不好,学历低的人也会有惊人表现
  D. 就具体的工作职位来说,应安排最擅长该工作的人

3. 下列组织形态( )一般适用于较复杂的产品类别和较广泛的地区分布的跨国公司或大型企业与企业集团。
  A. 事业部制   B. 矩阵制   C. 委员会制
  D. 网络制   E. 团队制

4. 下列构成组织结构的核心要素是( ),对于组织的合理构建与有效运行具有关键性作用。
  A. 集权   B. 分权   C. 授权   D. 职权

5. 组织文化的核心层是( )。
  A. 物质文化   B. 精神文化   C. 行为文化   D. 制度文化

6. 某企业董事会做出了逐步以外购某种关键零部件代替原自产这部分零部件的决策,并预计会出现以下一些抵制因素。你认为其中( )因素对这个变革的影响最小。
  A. 原负责生产这些零部件的管理人员担心失去在企业中的地位
  B. 原生产这部分零部件的工人担心失业
  C. 财务人员担心原生产零部件的设备不能顺利地出售
  D. 总装车间的负责人担心外购零部件的质量及其他供应条件不符合要求

7. 为了消除上述的抵制因素,企业董事会做出了以下决定。你认为( )最不可行。
  A. 由企业总经理亲自负责整个变革过程
  B. 鼓励与变革有关的人员参与变革的计划和实施过程
  C. 在企业内宣传这次变革对企业的意义
  D. 对原生产零部件的工人进行培训

三、多项选择题

1. 组织职能主要包括以下( )内容。
  A. 组织设计   B. 组织运行   C. 人员配备   D. 组织变革

2. 在进行组织设计时必须考虑( )因素。
  A. 组织环境   B. 组织战略
  C. 技术   D. 企业发展阶段

3. 企业为适应环境变化和提高内部运行效率,创造出了一些新的组织结构是( )。
  A. 委员会制   B. 网络制   C. 团队制   D. 虚拟制

4. 影响集权与分权的因素最主要的( )。
  A. 组织因素   B. 环境因素   C. 人员因素   D. 技术因素

5. 为保证组织中人与事的优化组合,在人员配备的过程必须依照的原则是(　　)。
   A. 优化原则　　　　　　　　　　B. 激励原则
   C. 开发原则　　　　　　　　　　D. 统一指挥原则
6. 组织变革的内在动力主要是(　　)。
   A. 组织目标的选择和修正　　　　B. 技术的变革
   C. 组织规模与成长阶段的变化　　D. 市场的变化
7. 按照所需要变革的对象分类,可将组织变革分为(　　)。
   A. 结构变革　　　B. 技术变革　　　C. 人员变革　　　D. 文化变革

四、问答题

1. 如何正确理解组织的含义?
2. 试述组织结构设计的原则。
3. 组织设计的任务是什么?
4. 组织结构的基本形态有哪几种类型?各类型有何特点?
5. 影响管理宽度的因素主要有哪些?
6. 部门划分有哪些方法?
7. 试比较集权与分权的优缺点。
8. 人员选聘的方式和途径有哪些?
9. 如何理解集权与分权的相对性?影响集权与分权程度的因素有哪些?
10. 授权的含义是什么?应如何进行授权?
11. 怎样才能处理好职权关系?
12. 为什么要进行组织变革?
13. 组织变革的阻力有哪些?消除变革的对策有哪些?
14. 什么是组织文化?培养组织文化有哪些环节?内容有哪些?

案例分析

案例 5.1　陷于困境的王经理

王先生作为一名有能力的工程师,开创了一个小型生产企业,他的朋友帮他得到了一些印刷电路板的订单。

这个公司位于一个平房厂房之中,员工大约有 50 名。公司是一人管理体制,王先生几乎处理他公司的所有业务,包括从计划、采购、市场、人事到生产监督的每一项工作。

由于已经完全投入企业,王先生自然想全盘掌握他的公司。

尽管没有组织结构图,王先生对公司每一部门的参与也可以通过如下图所示的组织结构图来表示。

王先生制定所有的决策。向他汇报工作的人们执行每天的日常工作。王先生处理以下问题：

企业计划；

建立和保持与现有和潜在顾客的联系；

安排财务筹资并处理日常的财务问题；

招募新员工；

解决生产中的问题；

监管库存、货物接收和发运；

在秘书的帮助下管理日常的办公事务。

他在工厂投入相当多的时间，指导工人该做什么和不该做什么。一旦他看到了自己不喜欢的事情，他就会叫附近的任何职工来改变它。

最近进行体检时，他的医生告诉他："王先生，如果你再消瘦下去，你的心脏病将可能很快发作。"

王先生正在考虑他的健康和公司的生存。

（资料来源：陈卫中.管理学基础[M].北京：北京理工大学出版社，2009.）

思考：

（1）你认为王先生的问题是什么？

（2）王先生所面临的问题如何能得到解决？

（3）授权将怎样帮助王先生呢？

案例5.2　为某制造公司绘制组织图

下面是某制造公司所设置的一部分职位的名称和配备人员数，请据此绘制一张组织图说明相互间的报告关系。

财务副总裁	财务主管
董事会	环境工程
工业关系专家	总裁
安全主管	技术主任
设计工程师	生产计划专家
审计师	招聘面谈专家
信用贷款经理	预算主任
销售经理	营销副总裁
主任会计	会计人员（3名）
广告经理	人事副总裁
顾客服务代表	装运与验收
工厂厂长	
设备维护计划专家	设备维修主管
质量管理主任	总裁助理
地区销售经理（3名）	工长（24名）

销售人员(12 名)　　　　　　工程技术人员
技术与研究副总裁　　　　　　车间主任(4 名)
研究开发主任　　　　　　　　工厂安全总监
采购主任　　　　　　　　　　生产副总裁

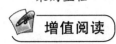

日本和美国的企业文化比较

1. 日本的企业文化

日本企业文化具有鲜明的民族特色,强调团队意识、家庭精神。日本企业文化的表现形式是多种多样的,如"社风""社训""社魂""组织风土""经营原则""企业使命感"等。日本的资本主义是在封建家庭制的基础上发展起来的,封建家庭和村社的意识深深植根于日本传统文化之中。日本的企业又是由武士阶层首先发展起来的,武士阶层强烈的民族意识对日本文化有深远的影响。日本的企业依靠传统的风土观念,在长期经营实践过程中,建立起独特的思考和行为方式。它是以重视群体为特征,倡导个体对群体的归属,强调群体的和谐统一的价值观。以此为基础,建立起民族主义的、家长式的和反个人主义的企业文化。

同其他国家比较,日本企业文化的主要特点有以下几点。

(1) 现代文化同日本传统文化相结合。日本通过解散财阀等改革,以及引进欧美的先进思想和体制,抛弃了封建糟粕,在建立自己的企业文化中保留了民族的特点。在日本企业文化中,体现了组织上的集团意识和思想上的"和""忍""信"等观念。

(2) 企业家族化。在日本,强调企业是一个大家庭,雇员、管理人员之间有一种亲属式的团结感,在企业决策方面采取集体决策的禀议制(即非正式协商的务虚活动),征求各级管理人员的意见,以保持群体的亲和感。

(3) 重视培养员工忠于企业的观念。企业除了对员工进行技术、业务培训外,还十分重视对员工精神的培养,树立荣辱共存的集团主义精神,使员工把忠于企业作为自身行为的基本准则。

(4) 加强企业内部的凝聚力。采用各种制度加强员工的群体观念。例如,在用工制度方面实行终身雇佣制。注重雇佣人员的品质、忠诚和长期为公司服务的愿望,以实现企业群体长期稳定的发展;在分配制度方面采取年功序列制。以工龄长短作为衡量员工对企业贡献大小的重要标志,力求员工的需要在企业内得到满足,增强员工对企业的归属感,增强群体的凝聚力。

(5) 充分发挥群体的优势。提倡企业内部员工之间的竞争是一种竞相为企业出力的竞争。鼓励员工积极参与企业之间的竞争,提倡一致对外。

对日本企业文化形成的主要原因,学者们有以下看法。

(1) 日本民族单一性和社会结构的同质性,使日本国民的意识和行为趋向同一,具有相同的民族习惯。

(2) 战后的改革为日本企业文化的发展创造了适宜的环境和条件。

(3) 日本社会文化的荣辱观,强化了从业人员同所属集团的"一体感",成为孕育日本文化的土壤。

(4) 善于吸取外来文化。将外来文化与本国文化相结合，融人性精神与无情效率于一体，形成既有"原则"，又有"信条"和"精神"的企业文化。

(5) 依靠企业自身的努力，依赖于宣传、教育、灌输、渗透、身体力行、潜移默化等一系列有效手段，经历了漫长的实践过程，而逐步形成。

2. 美国的企业文化

美国的企业文化具有其明显的特色。各国移民所带来的民族、种族文化在美国企业中得到了体现，资本主义私有制所提倡的个人至上、个人奋斗的个人主义在企业文化中得到充分发展。

美国企业文化与美国的社会文化有着天然的联系。美国是一个只有二百多年的移民国家，它的社会文化流派甚多，十分复杂，其文化源头主要是基督教文化。这种社会背景决定了美国企业文化的最大特点是：提倡自由贸易、自由经营，鼓励个人凭才智和工作致富。美国企业文化与美国管理理论的发展也密切相关。长期以来，美国是世界上管理科学最发达的国家，从科学管理到行为科学以及第二次世界大战后出现的"管理理论丛林"这几个阶段来看，美国都出现过十分著名、对世界管理理论做出重大贡献的管理专家，各种学派的理论对美国企业文化形成和发展也产生了重大影响。

美国的企业文化具有以下主要特点。

(1) 强烈的竞争意识。鼓励发明创造，制定高水平的工作规范、生产计划和经营战略，强调个人竞争。

(2) 强烈的个人奋斗意识和进取精神。它是美国企业的基本价值观。美国人认为，凭个人成绩和个人能力去工作、奋斗，是培养造就企业优秀人才的最好方法。

(3) 强烈的自我驾驭生活的意识。强调个人决策，领导者身体力行。

(4) 明显的雇佣观念。由于个人有权选择自己的生活道路，使美国从业人员流动迅速，形成企业管理中的短期雇佣和对员工迅速评估及升级的特点。

(5) 人际关系淡漠。由于不干涉个人私事，企业和职工之间、职工和职工之间的关系成为单纯的工作关系，造成美国企业文化中人际关系淡漠的氛围。同时，也形成过分重利润、市场占有率和技术革新等实际价值的特点。

美国企业文化的发展迄今大体经历了三个阶段。

(1) 美日比较管理学阶段。这是20世纪70年代美国管理界兴起的一股热潮，它的基本特征是寻求美日两国在管理方面的文化差异，从而为企业文化理论的诞生奠定了理论基础。

(2) 公司文化阶段。进入20世纪80年代后，从对美日管理比较的研究转移到对美国自身管理模式的研究上，确立了立足于美国国情，寻求自身优势，创建具有美国特色的企业文化。同时，美国企业文化的理论和概念传到国外。

(3) 组织文化阶段。美学者E.谢思于1985年出版了《组织文化与领导》一书，标志着美国企业文化的研究由经验阶段进到了理论研究阶段。研究的内容和方向明显带有学术色彩，不再是经验的罗列和事例的陈述，形成一支以学术为主，有广泛的企业文化理论研究人员参加的队伍，使企业文化变为一种理论。

第五章 组 织

美国企业文化理论的研究,从管理哲学和文化的高度,开拓了管理学研究的新视野,把管理科学的研究推向一个新的阶段。然而,美国传统的个人主义文化的超然独立的态度,又影响着他们对国外先进文化的吸收,阻碍了美国企业文化的发展。20世纪80年代以来,美国进行一场对企业文化的研究与重塑的实践运动,其中强调研究和探索企业文化对企业生产率、企业效率以及企业市场地位等各方面的影响,寻求适应新经济形势的企业价值准则,重塑和发展美国企业文化。

(资料来源:陈卫中.管理学基础[M].北京:北京理工大学出版社,2009.)

第六章 领　导

 **学习目标**

通过本章的学习,读者应当能够:
1. 明确领导的内涵及其与管理的区别;
2. 了解领导的作用;
3. 掌握领导者权力的来源及分类;
4. 结合实际掌握人性假设理论的各种假设;
5. 结合我国实际了解领导理论及领导方式的主要内容;
6. 掌握有关的激励理论并结合实际进行讨论;
7. 了解沟通的作用与类型,掌握沟通的原则与方法。

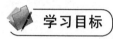 **思政目标**

通过《郎平的人格魅力》《袁隆平——成功的秘诀是知识汗水灵感机遇》等案例学习,引导大学生职业规划要以建立健全人格和铸造强大的魅力为目的,通过学好课内外知识,加强内在品质、专业素养和待人接物礼仪等学习,并坚定爱国奉献思想,从多方面、一体化壮大自己,在日常生活中做一个有担当的人。

第一节　领导工作概述

 案例导入

王永庆的经营理念

"经营之神"王永庆指出,企业要提高团队的经营绩效,必须要有一个能干的领导人。对企业经营者来说,企业经营不善,问题不完全在员工,是老板管理方法不当。王永庆以狮子与羊做生动的比喻说:"如果让一头狮子来带领一群羊,将来这群羊一定个个勇猛;而如果让一只羊来带领一群狮子,最后很可能狮子变得很软弱。"他的意思是企业经营的成败关键全看领导人。有能干的领导,就能培养能干的部属,自然就能提高团队的经营绩效。

(资料来源:刘永行.为何平凡却出奇伟大?[EB/OL].(2013-06-06)[2023-07-08]. https://www.163.com/money/article/90MAT0S400253G87_all.html.)

一、"领导"的内涵

"领导"是个人人都熟悉的词汇。然而,关于它的精确定义却是众说纷纭。这个问题在心理学界和管理学界争论了几十年,比较有代表性的看法有以下几种。

科·杨认为,领导是一种统治形式,其下属或多或少地愿意接受另一个人的指挥和控制。

G.R.特纳认为,领导是影响人们自动地为完成群体目标而努力的一种行为。

G.本尼斯认为,领导是诱导下属按所要求的方式行动的过程。

阿吉里斯认为,领导即有效的影响。为了施加有效的影响,领导者需要对自己的影响进行实地的了解。

根据管理的本质,本书认为应从以下几点来理解"领导"的内涵。

(一)领导是领导者的行为

纵观上述定义,都清楚地将领导与领导者两个概念区别开来。在英文中,"领导"和"领导者"是两个词,很容易区别;但在汉语中,人们通常将领导行为与领导者都简称为领导。事实上,领导与领导者是两个不同的概念,要回答什么是领导,必须首先明确"领导是领导者的行为"这个前提。

研究领导行为,当然要研究领导者本身的种种因素,但更重要的是研究领导行为的特点、作用及其有效性。前者可称为领导的静态结构,后者则称为领导的动态过程。由于现代领导者的概念已经从个人逐步向集体演进,所以领导的静态结构不仅包括领导者个人的知识、能力、个性、态度、意志、地位等内容,还包括领导集体的结构,如知识结构、能力结构、个性结构、年龄结构,等等。在现代管理中,一个良好的领导集体比一个优秀的领导者更重要。

(二)领导是一种行为过程

它促使群体和个人共同努力,以实现组织目标的全过程即为领导行为。该过程的主体是领导者,而客体则是被领导者。因此有学者认为,领导就是让别人把事情做好的过程。

(三)领导工作本身只是一种投入,其产出表现为他人的行为

领导工作成功与否及有效程度,并不反映在它的自身,而要从被领导者的行为效率来鉴定。决定被领导者行为效率及对组织目标贡献大小的因素有很多,如工作动机、热情、对未来的期望、工作能力,等等,然而,这些因素都与领导者的行为有关。领导者的行为随时都在影响着被领导者的行为。原因就是,投入在变化,产出也必然变化。当然,这种投入产出并不是机械的、简单的关系,而是十分复杂的心理过程。

(四)领导的本质是一种人与人之间的关系

有人提出,领导工作的本质主要表现在三个方面。

(1) 同人打交道,处理各种关系。

(2) 同事情打交道,决定各种事务,保证管理活动得到正确、有条不紊地进行。

(3) 同时间打交道,掌握时间的进度,保持高效率。

从管理过程来看,管理的对象就是人、事、物等,管理学的研究对象就包括人与人的关系和人与物的关系。而在这一职能中,就表现为对人的管理,即研究人与人的关系。

由于人们在组织中各自处于不同的地位,于是产生了一定的关系。领导者与被领导者的关系便是组织中人与人关系的一种形式。从表面上看,领导者与被领导者之间是隶属关系,但实质上是一种相互影响的关系。领导者就是要通过这种关系来激发每一个人的积极性,使之为实现组织目标而努力。

(五)领导行为的有效性与组织环境密切相关

任何组织都处于某种特定的环境之中,环境对于人的心理和行为有很大影响。对于被领导者来说,领导行为就是客观心理环境的重要组成部分。领导行为既要适应客观环境的要求,同时又在改变环境。

根据以上要点,本书认为,领导工作是指对组织内每个成员(个体)和全体成员(群体)的行为进行引导和施加影响的活动过程,其目的在于使个体和群体能够自觉自愿、有信心地为实现组织的既定目标而努力。据此,可以把领导表述为如下公式:

$$领导 = f(领导者,被领导者,环境)$$

上式说明,领导是一个复杂的函数,它的变量因素细分一下有很多,而且在变量之间还存在着内在联系。

二、领导的功能

领导的功能即领导的职能,指的是领导者所承担的基本职责及主要活动内容。关于领导的功能,国外有着种种不同的说法,一种较为普遍接受的观点是把领导的功能归结为组织功能与激励功能两个方面。

(一)组织功能

所谓组织功能,是指领导者围绕着实现组织目标这一最终目的所直接从事的各种活动。就企业组织而言,领导的组织功能包括:

(1) 根据企业的内外部条件、需要与可能,制定出符合企业实际的目标与重大决策。

(2) 充分地利用人、财、物各种资源,合理地组织供、产、销各个环节,以实现企业的目标和决策。

(3) 建立一整套科学、有效的管理系统。

(二)激励功能

激励功能,即充分调动组织成员的工作积极性,促使全体员工为实现组织目标做出积极贡献的各种活动。激励功能主要包括以下三个方面。

1. 提高被领导者接受和执行组织目标的自觉程度

个体行为理论告诉我们,人的行为是由需要、动机决定的。在通常情况下,个体的目标与组织的目标并非完全一致。两者的一致程度越低,个体行为的积极性也越低。如果组织成员意识到组织目标与自己所追求的目标是一致的,则他的积极性、创造性就会充分地发挥出来。领导者的首要职责就在于把组织目标与职工个人目标统一起来,创造出一种组织环境,使职工加强对组织目标的感受性,从而提高职工接受和执行组织目标的自觉程度。

2. 激发被领导者实现组织目标的热情

被领导者对于实现组织目标的热情与他的工作积极性直接相关。组织目标与个人目标的一致程度对于被领导者实现组织目标的热情固然是重要的影响因素,但这仅是激发员工为组织目标而努力的手段之一。被领导者热情的发挥与持续不断,还有赖于领导者本人的感染能力。如前所述,领导者与被领导者之间的关系是企业内部人与人关系的一种表现形式。在两者之间不仅存在隶属关系,也存在着相互影响。一般来说,领导者在相互影响中往往占有主导地位。而满足被领导者的各种需要,则是激发被领导者实现组织目标热情的关键因素。如果一个领导者不能激发起下属的这种热情,则他的领导行为无疑是失败的。

相关链接

董明珠给力兑现承诺:员工一人一套房

房子对国人来说,不只是一个安家之所,更是一个心灵港湾。

在 2018 年 5 月的一次盛典上,董明珠表示珠海市政府已经承诺给一万套房的土地,而格力已经启动 3000 套的建设。这个消息出来后,引发网友振奋。

2021 年 2 月 26 日,董明珠在接受媒体采访时表示,今年将投放 3700 套,科技人员一人一套房。但需要在格力干到退休,房子才是你的。这意味着没有退休之前离开格力,这房子只是免费给你住,算是员工住房福利。

(资料来源:21 财经.董明珠:员工一人一套房承诺不变![EB/OL].(2023-02-27)[2023-08-16]. https://baijiahao.baidu.com/s?id=1758993948709016715&wfr=spider&for=pc.)

3. 提高被领导者的行为效率

被领导者的行为效率是指为实现企业目标所做贡献的大小,它是鉴定领导行为优劣的直接依据。如上所述,被领导者对接受和执行组织目标的自觉性(即认识)和实现组织目标的热情(态度)固然是构成被领导者行为效率的因素,但是无论对组织目标的认识或态度都还不等于有效行为,而只是为有效行为提供了必要的前提和条件。有效行为还与被领导者本身的需要结构、具有的技能、知识、组织内部人与人的关系、规章制度、管理方式以及所从事的工作在组织中所占的位置等都有关系。而这一切都要受到领导行为的影响。这就要求领导者通过领导行为从各方面为被领导者创造有利于提高行为效率的物质环境和心理气氛。

三、领导与管理

领导是从管理中分化出来的。领导和管理在社会活动的实践以及社会科学的理论方面,都具有较强的相容性和交叉性。

领导与管理的区别在于:

第一,管理侧重于处理复杂的问题,优秀的管理者通过制订详细的步骤或时间表,及监督计划实施的结果而确保目标的达成。领导主要处理变化的问题,领导者开发未来前景,发展出达到前景的变化战略,并与员工进行有效的沟通,激励他们克服困难实现目标。

第二,管理的计划与预算强调微观方面,覆盖的时间范围约为几个月到几年,希望降低甚至排除风险,追求合理性。领导注重宏观方面,着重于更长的时间范围,不排斥带有一定风险性的战略。

第三,管理行为的从业人员强调专业化,领导行为的从业人员注重于综合素质和整体能力。

第四,领导与管理的根本区别体现在它们的功用上,管理行为通常具有很强的可预测性,以有效地维持秩序为目标;领导行为则具有较大的可变性,能带来有益的变革。

领导是从管理中分化而来的,但是也具有管理所不具备的一些特点,主要体现在:

第一,领导具有战略性。领导侧重于重大方针的决策和对人、事的统御,强调通过与下属的沟通和激励实现组织目标;管理则侧重于政策的执行,强调下属的服从和组织控制实现组织目标。领导追求组织乃至社会的整体效益;管理则着眼于某项具体效益。

第二,领导具有超脱性。领导重在决策,管理重在执行。工作重点的不同,使领导不需要处理具体、琐碎的具体事务,主要从根本上、宏观上把握组织活动。管理则必须投身于人、事、财、物、信息、时间等具体问题的调控与配置,通过事无巨细的工作实现管理目标。

 案例讨论

拿破仑带领他的部队进攻意大利时,部队在途中感染了瘟疫,减员严重,长途跋涉,极其辛苦,晚上拿破仑出来查岗,发现哨兵睡着了。请判断这时候拿破仑怎么办?拿破仑站在哨兵旁边帮他站岗,半个小时以后哨兵醒了,哨兵发现元帅在帮自己站岗,腿一软跪下了,腰也弯曲了,磕头请求饶命,拿破仑说没有关系,太辛苦了,可以谅解,下不为例。要是一个连长在查岗时发现哨兵睡着了,请判断他怎么办?他必须把哨兵叫醒,然后找来另外一个哨兵帮他站岗,再把这个哨兵送到拿破仑那里,如果连长像拿破仑一样饶了这个哨兵,连长将和哨兵同罪处治。这就是领导。领导有情,可以灵活。制度是领导制定的,破坏制度的权力在领导者,管理者没有这种破坏制度的灵活性,他必须执行制度。

(资料来源:佚名.企业战略管理小故事[EB/OL].(2014-04-09)[2023-05-09]. https://www.doc88.com/p-7582040416948.html.)

思考:谈谈领导者和管理者的区别?

四、领导的权力及影响力

(一) 领导者的权力

权力是职位上的权限,是由组织上以法律或条例的形式固定下来的。权力是一种控制力,一种影响力,必须在两人或两人以上才能产生。权力也是构成企业的必要条件,正式组织一般都是建立在合法权力的基础上的。

谁拥有权力呢?企业的领导者才是权力的拥有者。凭借权力的控制力和影响力,一个企业的领导人有权招聘人员、给下属奖罚、运用生产资料进行商品生产经营、辞退职工、剥夺他们的某些权力和要求等,如果企业领导人不拥有其合法权力,企业的正常经营就不能维持。

不过,组织中处于同样领导地位,拥有同样权力的不同领导者,在权力运用上往往会出现差异悬殊的领导效果。造成这种差异的原因当然是多方面的,而不善于运用权力往往是最根本的。

(二) 权力的分类

大多数管理学家认为,权力可分为两类,即合法权力与由影响力产生的权力。也可以把它们理解为领导影响下的两个成分,即权力性影响力和非权力性影响力。

合法权力是合法的,它可能由国家的法律、法令和主管部门的决议命令直接制定,也可能是参照上述精神做出的规定。它体现着个人与国家、集体的关系,是一种正式规定,对接受权力者具有不可违抗的约束力。合法权力是通过正式授权而获得的,一般是自上而下地授予。

1. 权力性影响力

合法权力能产生一定的影响力,这种影响叫权力性影响力,它的特点是:对别人的影响带有强迫性、不可抗拒性,以外在形式来发生作用。构成权力性影响力的主要因素是传统因素、职位因素、资历因素。

1) 法定性权力

法定性权力是指组织内各领导所固有的、合法的、法定的权力,取决于个人在组织中的职位。它可以被看作是一个人的正式或官方明确规定的权威地位。拥有法定性权力的个人凭借与其职位、岗位相当的要求或主张,来施加其影响。

2) 奖赏性权力

奖赏性权力是指领导者提供奖金、提薪、晋级、表扬、理想的工作安排和其他任何会令人愉悦的东西的权力,是指某人由于控制着对方所重视的资源而对其施加影响。包括给予加薪、额外津贴和晋升的权力;授予官职的权力;选拔员工完成特别任务或有利可图的活动的权力;分配合意资源的权力等。

3) 强制性权力

与奖赏性权力相反,强制性权力是指领导者对其下属具有的强制其服从的力量,是指通过负面处罚或剥夺积极事项来影响他人的权力。它是利用人们对惩罚或失去其重视的成果的恐惧来控制他人。与奖赏性权力一样,在某种程度上说,强制性权力是领导者的部分职责,但情境往往也会限制领导者可资利用的强制性措施。

2. 非权力性影响力

非权力性影响力即由影响力产生的权力。与合法权力的显著差别是,它既没有正式的规定,也没有上下授予形式,更多地表现为下属对上级的顺从和依赖关系。构成非权力性影响力的因素很多,有品格因素、能力因素、知识因素和感情因素,有时候它能起到合法权力不能起到的约束作用。

1) 感召性权力

郎平的人格魅力

中国女排重上巅峰,除了女排姑娘的顽强拼搏外,主教练郎平的排兵布阵起到了决定性的作用。郎平是中国女排崛起时代的主攻手,扣球有力,人称"铁榔头"。1985年退役后入北京师范大学外语系攻读英语专业,1987年,郎平赴美国留学,后在国外多个女排俱乐部执教,并曾执教美国国家队,率领美国队夺得2000年北京奥运会亚军。期间也数度回国执教,1996年,率领中国女排夺得亚特兰大奥运会银牌。2013年又正式出任中国女排主教练,率队取得2015年世界杯冠军,2016年又获里约奥运会冠军。

中国女排在里约热内卢夺冠后,媒体纷纷扒出郎平的各种往事加以报道,其中有两处细节颇能展示出郎平的人格魅力。

其一,20世纪90年代初,中国女排步入低谷,国家希望郎平回国执教。对于祖国的召唤,郎平没有提出工资待遇上的要求,只要求由自己组建教练班子。

当时的郎平此前在国外执教多年,相比国外的丰厚收入,国内的收入相对低一些。但郎平并不介意,她觉得如果为了钱就不会选择回国。什么是奉献精神?这就是活生生的无私奉献啊!

其二,郎平与前夫白帆离婚后,从没多讲过什么。有一次被问到这个问题,她说:"这个问题我不想多说,因为我有很多渠道发声,但他(白帆)没有,所以我不管说什么都对他不公平。"郎平的这番话相对于一些明星所上演的"狗血剧"以及那些热衷于传播散布八卦消息的媒体人,人品修养高下立判。

(资料来源:大圣哲子哲.这就是郎平的人格魅力[EB/OL].(2018-05-07)[2023-06-07]. https://www.sohu.com/a/230694730_620367.)

感召性权力是由于领导者拥有吸引别人的个性、品德、作风而引起人们的认同、赞赏、钦佩、羡慕,进而自愿地追随和服从他。例如无私工作、刚正不阿、主持正义、清正廉洁,思路敏捷、开拓创新、不畏艰险、有魄力、关心群众疾苦、保护下属利益、倾听不同意见、结交朋友等模范行为,都会引来大批追随者,形成巨大的模范权力。

感召性权力的大小与职位高低无关,只取决于个人的行为。不过具有职位的人,其模范行为会有一种放大的乘数效应。一些行为对普通人来说可能是很平常的事,但对某些领导者就会变成非常感人的模范行为,产生巨大的感召性权力。但是任何组织中,总是有许多没有任何职位的人,也往往会有巨大的感召性权力,成为非正式的群众领袖,他们对人们的影响力可能远远大于拥有正式职位的领导者。对组织有利的做法是后者应对前者有更多的尊重和争取更好的合作。

2) 专长性权力

 **相关链接**

袁隆平——成功的秘诀是知识、汗水、灵感、机遇

20世纪50年代,全国人民严重缺少粮食,过着苦日子。袁隆平心里就有了一个愿望,希望大家不再少吃饿肚子。他废寝忘食,潜心研究,揭开了杂交水稻研究的序幕。在他的组织和指导下,终于研究成功了杂交水稻,解决了吃饭问题,为世界粮食安全做出了巨大贡献。杂交水稻从地处物种变异天堂的安江农校发源并走向了世界。

"经常有人问我成功的'秘诀'是什么?其实谈不上什么秘诀,我的体会是'知识、汗水、灵感、机遇'这八个字。"袁隆平说。

袁隆平认为,知识是创新的基础。在知识方面,不一定要是博古通今的学问家,但除了要对自己从事的专业很熟悉外,还应掌握一些相关领域的知识以开拓视野。要了解最新发展动态,并具备能够阅读外文资料的能力。他赞成标新立异,但要避免盲目性,以免钻牛角尖,走进死胡同。

"其次,要脚踏实地地苦干。任何一项科研成果都来自于深入细致的实干、苦干。我培养学生,第一要求就是要下试验田,这是起码的。书本知识和电脑技术都很重要,但是书本上种不出水稻,电脑里也种不出水稻来。"袁隆平说。

有了知识和苦干,袁隆平认为灵感也必不可少。在他看来灵感是知识、经验、思索和孜孜追求综合在一起的升华产物,它往往在外来因素刺激下突然产生,灵感在科学研究与艺术创作中,具有几乎相等的重要作用。袁隆平列举当年发现"鹤立鸡群"的稻株的例子,"忽然"间产生它是"天然杂交稻"的念头,就是一种灵感。但这灵感是多年来不停地搜索和思考的结果。如果没有思考,这"特殊"稻株就只会被认作是一堆废品。

(资料来源:柯高阳.袁隆平分享成功"秘诀":知识、汗水、灵感、机遇[EB/OL].(2019-09-27)[2023-08-26]. https://baijiahao.baidu.com/s?id=1645809493440232358&wfr=spider&for=pc.)

专长性权力是知识的权力,是指因为人在某一领域所特有的专长而影响他人的能力。一位医术精湛的医生在医院中具有巨大的影响力;一位知名教授、著名学者可能没有任何行政职位,但在教师和学生中具有巨大的影响力;企业中的一位财务、营销、工程师等都可能拥有某种专长性权力,在一定领域内发挥巨大的影响。

合法权力能使下属服从,非权力性影响力能赢得职工的敬畏。所以,要使下属能在感情上与领导心心相印,忧乐与共,就必须发挥感情的影响力。如何发挥感情影响力呢?这就要克服官僚主义,改进工作作风,深入基层,关心职工疾苦,在其权力范围内合法、合理、合情地满足下属的正当需要,踏踏实实干实事。

第二节 人性假设理论与领导方式

一、人性假设理论

唯物主义的观点认为,世界是物质的,天地之间,人是最重要的。一切的发展与进步,都依赖于人的能动性的发挥,因此,管理者必须树立以人为本的思想,以人性化的管理来达到预期的目的。麦克雷戈指出,每项管理决策与措施,都是依据有关人性与行为的假设做出的。管理者制定什么样的管理制度,采用什么样的管理方法,建立什么样的组织机构,都同管理者的人性观有关。因此,从很大程度上说,以人为本的思想,人性化的管理乃是制胜之道。

本节主要介绍几种比较著名的人性假设理论。

(一)经济人假设

经济人又称实利人或唯利人。经济人假设源于亚当·斯密的思想。亚当·斯密认为,人的行为动机源于经济诱因,人都要争取最大的经济利益,工作就是为了取得经济报酬;并认为,在自由经济制度中,经济活动的主体是体现人类利己主义本性的个人。

经济人假设的核心内容包括:

(1) 一般人的本性是不喜欢工作的;他会尽可能逃避工作。

(2) 工人没有雄心壮志,希望逃避责任,对安全的需要高于一切,宁愿受指挥。

(3) 个人目标与组织目标是矛盾的,为达到组织目标须靠外力管制。

(4) 人缺乏理智、不能自制,易受他人影响。

(5) 人的目标是满足自己的生理需要和安全需要,因而会选择经济上获利最大的事去做。

(6) 少数能克制自己的人应负起管理责任。

经济人假设理论认为应该采用下列管理原则。

第一,管理工作的重点在于提高劳动生产率,完成生产或工作任务,而不考虑人的感情。管理就是为完成任务而进行计划,这种管理方式叫作任务管理。

第二,管理人员的职能是指导生产,管理只是少数人的事,员工的任务是听从指挥,努力生产或工作。

第三,在奖励制度上,主张金钱奖励和惩罚相结合,被称为"胡萝卜加大棒"的政策。

对下属持有经济人假设的领导者倾向于采用极端的管理方式:要么非常严厉强硬,用强迫、惩罚和威胁的方法对下属下达严格的命令,进行严密的监督和控制,不断激励其达成组织目标;要么极其温和软弱,毫无原则地放纵下属的懒惰行为,满足下属的个人要求,宽容他们的低效和错误,以求相安无事。

(二)社会人假设

社会人假设理论是由著名的霍桑试验的主持人梅奥提出来的。他认为,人是有情感的社会性动物,是社会关系的产物。

社会人假设的核心内容包括:

(1) 交往的需要是人们行为的主要动机,也是人与人的关系形成整体感的主要因素。

(2) 工业革命所带来的专业分工和机械化的结果,使劳动本身失去了许多内在的含义,传送带、流水线以及简单机械的动作使人失去了工作的动力,因此只能从工作的社会意义上寻求安慰。

(3) 工人之间的影响力比管理部门所采取的管理措施和奖励具有更大的作用。

(4) 管理人员应当满足职工的归属、交往和友谊的需要,工人的效率随着管理人员满足他们社会需要的程度的增加而提高。

由此假设所产生的管理措施如下。

第一,作为管理人员应当注意对人的关心、体贴、爱护和尊重,建立相互了解、团结融洽的人际关系和友好的感情。

第二,管理人员在进行奖励时,应当注意集体奖励,而不能单纯采取个人奖励。

第三,管理人员的角色应从计划、组织、指引、监督变为上下级的中间人,应当经常了解工人的感情并听取他们的意见和呼声。

(三) 自我实现人假设

自我实现人是心理学家马斯洛提出的假设。在他提出的需要层次理论中,自我实现是最高层次的需要。所谓自我实现,是指人都需要发挥自己的潜能,表现自己的才能,唯此人才会感到满足。

自我实现人假设的核心内容包括:

(1) 管理者既不是生产任务的指导者,也不是人际关系的调节者,而是一个采访者。由于环境往往给人发挥才智造成障碍,所以管理者应以采访者的身份采访环境。

(2) 管理者的主要任务是寻找什么工作对什么人最具有挑战性、最能满足人自我实现的需求。

(3) 自我实现人认为人有自动的、自主的工作特性,因而管理制度应保证员工能充分施展自己的才能,充分发挥他们的积极性和创造性,主张下放权力、建立决策参与制度、提案制度、劳资合议制度,把个人的需要同组织的目标结合起来。

自我实现人假设理论认为应该采用下列管理原则。

第一,管理的重点是创造一种适宜的工作环境、工作条件,使人们能在这种条件下较充分地挖掘自己的潜力,发挥自己的才能,从而达到自我实现。

第二,管理人员的职能是:做一个采访者,为发挥人的才智创造适宜的环境和条件,减少和消除职工自我实现过程中所遇到的障碍。

第三,在奖励方式上,提倡满足人的自尊和自我实现的需要的内在奖励。

第四,在管理制度上,提倡"以人为本",一切管理工作均以充分发挥人的主动性和创造性为基础。

持有自我实现人假设的管理者对员工具有足够的信任,因而倾向于采用高授权、高参与的领导方式,以及以引导、奖励为主的激励手段。

(四)复杂人假设

人的最大需求可能并不是一样的,而是因人、因地而异的,不可能有纯粹的经济人,也不可能有纯粹的社会人或自我实现人,实际存在的是复杂人。

(1) 人的需要是多种多样的,而且会根据不同的时期、不同的生活条件和环境而改变。

(2) 人在同一时间会有多种需要和动机,这些需要和动机相互作用、相互结合,形成了一种错综复杂的动机模式。

(3) 人在组织中生活可以产生新的需要和动机。在人生活的某一特定阶段和时期,其动机是内部的需要和外部环境相互作用形成的。

(4) 一个人在不同的组织或同一组织的不同部门工作时会形成不同的动机。一个人在正式组织中郁郁寡欢,而在非正式组织中有可能非常活跃。

(5) 一个人是否感到满足或是否表现出献身精神,取决于自身的动机及他与组织的关系。

(6) 人的需要和能力是有差异的,对于不同的管理方式反应是不一样的,没有一套适合任何情况、任何人的普遍的管理方法。

复杂人假设理论认为应该采用下列管理原则。

第一,具体问题具体对待的原则,根据不同的人、不同的情况采用不同的管理方法。

第二,以变应变的原则,也就是根据变化了的情况采用相应的措施。

第三,审时度势,不断出新的原则,善于分析形势,根据出现的新情况、新问题,创造新的管理方法,实施新的管理措施。

根据复杂人假设,不存在一种适合于任何人、任何组织的一成不变的管理方式,这体现了权变的思想。管理者应分析不同员工的特点,做出不同的人性假设,相应地采取不同的领导方式和激励措施;管理者应通过后天的教育、培训等手段加以引导,使员工的人性特征朝着对实现组织目标有利的方向发展;管理者还应考虑到所处组织和部门的工作特点,结合每个员工的人性特点,实现组织状况与人性特征的最佳匹配,使员工在最适合自己的工作岗位上发挥人性当中最好的一面,从而提高工作效率。

二、领导理论

在管理学领域中,现有的领导理论,大致归纳为三种比较典型的理论,即特性理论、行为理论和权变理论。

(一) 特性理论

交响乐指挥家小泽征尔胜于自信

小泽征尔是世界著名的交响乐指挥家。在一次世界优秀指挥家大赛的决赛中,他按照评委会给的乐谱指挥演奏,敏锐地发现了不和谐的声音。起初,他以为是乐队演奏出了错误,就停下来重新演奏,但还是不对。他觉得是乐谱有问题。

这时,在场的作曲家和评委会的权威人士坚持说乐谱绝对没有问题,是他错了。面对一大批音乐大师和权威人士,他思考再三,最后斩钉截铁地大声说:"不!一定是乐谱错了!"话音刚落,评委席上的评委们立即站起来,报以热烈的掌声,祝贺他大赛夺魁。

原来,这是评委们精心设计的"圈套",以此来检验指挥家在发现乐谱错误并遭到权威人士"否定"的情况下,能否坚持自己的正确主张。前两位参加决赛的指挥家虽然也发现了错误,但终因随声附和权威们的意见而被淘汰。小泽征尔却因充满自信而摘取了世界指挥家大赛的桂冠。

(资料来源:淮师大大学生经济学研究会.交响乐指挥家小泽征尔胜于自信[EB/OL].(2023-03-07)[2023-05-07].https://weibo.com/2786319687/Mw7OdwiKj.)

特性理论主要是通过研究领导者的各种个性特征,来预测具有怎样性格特征的人才能成为有效的领导者。早期提出这种理论的学者认为,领导者所具有的特性是天生的,是由遗传决定的。显然,这种认识是不全面的。实际上,领导者的特性和品质是在实践中逐渐形成的,可以通过教育和培训而造就。当然,不同的环境,对合格领导者提出的标准是不同的。对于领导者应当具有哪些特性,不同的研究者得到的结论并不相同。但特性理论并非没有用处,一些研究表明,个人品质与领导有效性之间确实存在着某种相互联系。另外,特性理论系统地分析了领导者所应具有的能力、品德和为人处世的方式,向领导者提出了要求和希望,这对组织选择、培养和考核领导者是有帮助的。

某些非天生的个性特点能够将有效的领导者与其他人区别开来。领导者有六项特性不同于非领导者,即进取心、领导欲望、正直与诚实、自信、智慧和工作相关知识。

(1)进取心。领导者表现出高度的工作积极性,拥有较高的成就渴望。他们不断地努力提高,进取心强,精力充沛,对自己所从事的活动坚持不懈,并有高度的主动精神。

(2)领导欲望。他们有强烈的权力欲望,喜欢领导别人,而不是被别人所领导。强烈的权力欲望驱使他们试图去影响别人,并在领导过程中获得满足和利益。

(3)正直与诚实。领导者言行一致,诚实可信。据此与下属之间建立起相互信任的关系。

(4)自信。领导者表现出高度的自信,自信能让领导者克服困难,在不确定的情况下惯于做出决策,并能逐渐将自信传给别人。

(5)智慧。领导者必须有足够的才智来搜集、整理和解释大量的信息,并能确立目标、解决问题和做出正确决策。在职业生涯中高学历是重要的,但最终还是有关组织的业务专长更重要。

(6)工作相关知识。一个有效的领导者对其公司、行业和技术问题要清楚地了解,广博的知识能使他们做出富有远见的决策,并能理解这种决策的意义。

(二)行为理论

行为理论主要研究领导者的行为及其对下属的影响,以期寻求最佳的领导行为。也就是要回答一个领导人是怎样领导他的群体的。行为理论中最有影响力的是连续统一体理论、领导方式理论、管理系统理论、领导行为四分图、管理方格理论等。

1. 连续统一体理论

基于民主与独裁两个极端领导方式,坦南鲍姆与施密特提出了领导连续统一体理论。他们假设了两个极端,一个极端是独裁的领导方式,认为权力来自职位;另一个极端是民主的领导方式,认为权力来自群体的授予和承认,这是两个极端的领导方式。从一个极端到另一个极端或从独裁到民主,从左到右,领导方式的民主程度逐渐提高,领导者运用权力逐渐减少,下属的自由度逐渐加大。

坦南鲍姆和施密特认为,很难说哪种领导方式是正确的,领导者应当根据具体情况,考虑各种因素选择某种领导方式。在这个意义上,连续统一也是一种情景理论。

2. 领导方式理论

美国爱荷华大学的研究者、著名心理学家罗温和他的同事从 20 世纪 30 年代起就进行了关于团体气氛和领导风格的研究。罗温等人发现,团体的任务领导并不是以同样的方式表现他们的领导角色,领导者通常使用不同的领导风格,这些不同的领导风格对团体成员的工作绩效和工作满意度有着不同的影响。罗温等研究者力图科学地识别出最有效的领导行为,他们着眼于三种领导行为或领导风格,即专制型、民主型和放任型的领导风格。

所谓专制型领导风格是指靠权力和强制命令让人服从的领导风格。具体的特点如下。

(1) 独断专行,从不考虑别人意见,所有的决策都由领导自己决定。

(2) 从不把任何消息告诉下级,下级没有任何参与决策的机会,而只能察言观色,奉命行事。

(3) 主要依靠行政命令、纪律约束、训斥和惩罚,而只有偶尔的奖励,有人统计具有专制作风的领导人和别人谈话时,有 60% 左右采取命令和批示的口吻。

(4) 领导者预先安排一切工作的程序和方法,下级只能服从。

(5) 领导者很少参加群体的社会活动,与下级保持相当的心理距离。

所谓民主型领导风格,是指以理服人、以身作则的领导风格。这种风格的领导使每个人做出自觉的有计划的努力,各施其长,各尽所能,分工合作。其特点如下。

(1) 所有的政策是在领导者的鼓励和协作下由群体讨论决定,而不是由领导单独决定的。政策是领导者和其下级共同智慧的结晶。

(2) 分配工作时尽量照顾到个人的能力、兴趣和爱好。

(3) 对下属的工作,不安排得那么具体,个人有相当大的工作自由、较多的选择性与灵活性。

(4) 主要应用个人权力和威信,而不是靠职位权力和命令使人服从。谈话时多使用商量、建议和请求的口气,下命令仅占 5% 左右。

(5) 领导者积极参加团体活动,与下级无任何心理上的距离。

玛丽的领导作风

某国一教会学校入不敷出，被迫关闭。玛丽接到关闭通知后，未简单行事，而是召开全体教职员工大会，向大家详细介绍财政困难，讨论如何才能维持。如果关门，如何处理善后等。同时邀请家长、社区和教职员工，倾听大家意见。各种会议持续两月，最后达成共识：必须关门，学生转学。最终关门是必然的。玛丽这样做与当初接到通知后立即关门，结果无任何不同，但让利益相关者集体做出关门决定，避免可能发生的激烈反应。虽然大家对关门伤心不已，但理解了这是不得已而为之，因此无人反对。而另一家同样接到通知的学校，校长毫不犹豫地执行了命令，但结果却是灾难性的。学生家长将校方告上法庭，并在校区周围抗议，地方报纸也对此进行攻击，致使校方花了一年时间才平息，然后才着手关门事宜。

所谓放任型领导风格，是指工作事先无布置，事后无检查，权力完全给予个人，一切悉听自便，毫无规章制度。

罗温认为，这三种不同的领导风格会造成三种不同的团体氛围和工作效率。专制型的领导者只注重工作的目标，仅仅关心工作任务和工作效率。但他们对团队的成员不够关心，被领导者与领导者之间的社会心理距离比较大，领导者对被领导者缺乏敏感性，被领导者对领导者存有戒心和敌意，容易使群体成员产生挫折感和机械化的行为倾向。民主型的领导者注重对团体成员的工作加以鼓励和协助，关心并满足团体成员的需要，营造一种民主与平等的氛围，领导者与被领导者之间的社会心理距离比较近。在民主型领导风格下，团体成员有较强的工作动机，责任心也比较强，团体成员自己决定工作的方式和进度，工作效率比较高。放任型领导者采取的是无政府主义的领导方式，对工作和团体成员的需要都不重视无规章、无要求、无评估，工作效率低，人际关系淡薄。

友邦公司部门经理的三种领导方式

友邦公司是一家规模中等的高新技术企业，主要从事计算机软件开发等技术类研发工作。公司的高级研发总监职位空缺有一段时间了，现拟从三位研发副总监当中择一任用。这三人虽然处于性质类似的工作岗位上，但领导风格截然不同。

刘铭非常强调工作绩效的重要性，坚持严格指导和控制研发人员的工作。他为所辖人员规定了标准的作息时间、规范的工作流程、详细的注意事项、烦琐的汇报制度，以及严格的惩罚机制；他时常巡视员工的工作，发现不合常规的情况立即指出，小到员工的仪容仪表、言行举止都要过问；他常以自己是资深技术大牛自居，在做决策时从不考虑下属的建议，完全由自己决定；在下属面前不苟言笑、爱摆领导架子。他所领导的部门一般能完成工作任务，但员工士气低落，怨声载道。

王江则表现得极为关心和尊重下属。他非常信任下属的工作能力，常常鼓励他们放手去干,对于工作只做总体的要求,而没有详细的规定;对于工作过程不严加过问,对下属的言行也较为包容,不拘小节;他常与下属聊天,了解他们的问题,满足他们的需要;在做出决策之前常常先以各种正式和非正式的方式征求下属的意见和建议;工作之余愿意和员工一起活动放松、喝茶聊天,与下属打成一片。王江所领导的部门工作业绩一直很好,员工个个精神饱满、斗志昂扬,对王江赞不绝口。

柳方相信,只要下达命令,员工就能解决一切,所以柳方对他们的工作过程几乎不闻不问,对他们的思想动态也漠不关心。但员工仿佛辜负了他的信任,工作时心不在焉,表现不佳。

(资料来源:陈卫中.管理学基础[M].北京:北京理工大学出版社,2009.)

思考:

(1) 你认为可以用哪些领导理论描述刘铭、王江和柳方的领导风格?

(2) 根据这些不同的领导理论,这三位候选人的领导风格分别是什么?

(3) 根据这些领导理论和三位候选人的领导风格,应该选择谁担任研发总监一职呢?请说明原因。

3. 管理系统理论

利克特于1961年在其所著的《管理新模式》一书中,将企业的领导方式归结为四种:专制式—权威式、开明—权威式、协商式、参与式。

利克特认为,这四种方式各自具有不同的特点。

系统1是一种剥削式的集权领导。采用这种领导方式时,权力集中在最高一级的领导层,下级没有任何发言权,领导者只是单方面地向下级下达命令。对下级的管理,领导者采用的是恫吓和威胁的手段。这样,领导者与下属之间存在着一种互不信任的气氛,上下级在心理上格格不入,因而组织目标就难以实现。

系统2是一种传递式的集权领导。采用这种领导方式时,权力虽然控制在最高一级的领导层,但也可能授予中、下层领导一部分权力。上下级之间虽然有些沟通,但仍是表面的、肤浅的。对下级的管理,领导者采用的是奖励和惩罚并用的手段。领导者对下级虽比较和气,但并不信任;下级对上级虽毕恭毕敬,但心存畏惧,向上级汇报情况时报喜不报忧,所以工作的主动性是有限的。

系统3是一种协商式的民主领导。采用这种领导方式时,权力仍在最高一级的领导层,但下级对本部门的工作有一定的发言权,并且有时也能对某些次要的或具体的问题做出决定。上下级之间相互沟通的程度比较深,可以互相交换意见。对下级的管理,领导者主要采用的是鼓励,只是偶尔也采用惩罚的手段。上下级之间有一定的信任感,实行的是部分参与制,所以在执行决策时,能获得一定的相互支持。

系统4是一种参与式的民主领导。采用这种领导方式时,按分工授权的原则,在规定范围内,下级有自行决策权。领导者可以根据企业目标的要求,向下级提出具体目标,不过多地干涉下级如何实现目标的方法,而是给予实现目标的支持。上下级之间有充分的沟通,准确的信息在上下级之间以及同级之间传递。对下级的管理,领导者采用给予物质奖励的手段,并注重于确立远期目标,改善工作方法。上下级之间有充分的相互信任,处于平等的地位,实行的是充分全面的参与,而且能建立一定的友谊。

利克特的研究揭示,具有高度成就的领导者,大部分采用系统 4 的领导方式,因为它能导致生产的高效率,能实现广泛的个人参与,并能产生最佳的上下级关系;而工作成效低下的领导者,则大部分采用系统 1 的领导方式。利克特根据调查研究的结果,大力提倡一、二型的企业必须向三、四型企业转变。他认为,依靠奖惩来调动职工积极性的管理形式要过时了,只有依靠民主管理,从内心来调动积极性,才能充分发挥人们的潜力。他建议领导人员真心诚意地(而不是假心假意地)让职工参与管理。要看到职工的智慧,相信他们愿意搞好工作。利克特还认为,独裁式的管理永远不能达到民主管理体制所能达到的生产水平和对工作的满意感。企业要获得持久的变革,首要的不是去改变人们的态度,而是排除那些影响人们积极性的组织束缚。

4．领导行为四分图

1945 年,美国俄亥俄州立大学商业研究所发起了对领导行为进行研究的热潮。一开始,研究人员列出了一千多种刻画领导行为的因素,通过逐步概括和归类,最后将领导行为的内容归纳为两个方面,即着手组织与体贴两类。所谓着手组织是指领导者规定他与工作群体的关系,建立明确的组织模式、意见交流渠道和工作程序的行为。它包括设计组织机构、明确职责、权力、相互关系和沟通办法,确定工作目标与要求,制定工作程序、工作方法与制度。所谓体贴是建立领导者与被领导者之间的友谊、尊重、信任关系方面的行为。它包括尊重下属的意见,给下属以较多的工作主动权,体贴他们的思想感情,注意满足下属的需要,平易近人,平等待人,关心群众,作风民主。

他们依照这两方面的内容设计了领导行为调查问卷,关于"组织"和"关心"各列举了 15 个问题,发给企业的员工,由下级来描述领导人的行为如何。调查者对问卷上的每项必须在总是、经常、偶尔、很少和从未这 5 项中选出一个答案。因此,列出的答案是他人对领导行为的感受。图 6-1 列出了调查的部分问题。

关　心	组　织
1. 领导者找时间倾听组织成员的意见吗? 2. 领导者愿意改变自己的意见吗? 3. 领导者是友善的、可亲的吗? 等等	1. 领导者是指定工作给组织成员吗? 2. 领导者要求组织成员遵守标准的法则与规律吗? 3. 领导者让成员明白上级对他们的期望吗? 等等

图 6-1　领导行为调查问题

根据他们的研究,组织与关心精神不是一个连续带的两个端点,不是注重了一个方面必须忽视另一方面,领导者的行为可以是这两个方面的任意组合,即可以用两个坐标的平面组合来表示,如图 6-2 所示。

可用四个象限来表示四种类型的领导行为:高组织与高关心,低组织与低关心,高组织与低关心,高关心与低组织。这是用两个坐标表示领导行为的初次尝试,为今后进行领导行为研究指出了一种途径。

5. 管理方格理论

美国管理学家布莱克和穆顿于 1964 年设计了一个巧妙的管理方格图（见图 6-3），醒目地表示了主管人员对生产的关心程度和对人的关心程度。

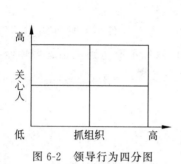

图 6-2　领导行为四分图　　　　图 6-3　管理方格图

图 6-3 中横坐标与纵坐标分别表示对工作和对人的关心程度。每个方格表示"关心工作"和"关心人"这两个基本因素以不同程度相结合的一种领导方式。对工作的关心表示为主管人员对各种事物所持的态度，例如政策决定的质量、程序与过程、研究的创造性、职能人员的服务质量、工作效率及产品产量等。对人的关心含义也很广泛，例如个人对实现目标所承担的责任；保持职工的自尊；建立在信任而非顺从基础上的职责；保持良好的工作环境以及只有满意感的人际关系。

这和上述领导行为四分图相似：它也是采取二维构面来说明领导方式；对人的关心程度和对工作的关心程度；它也以坐标方式表现上述二维构面的各种组合方式，各有 9 种程度，因此，可以有 81 种组合，形成 81 个方格。这就是所谓"管理方格"，其中有 5 种典型的组合，表示典型的领导方式。

1,1 型方式：表示对工作和人都极不关心，这种方式的领导者只做一些维持自己职务的最低限度的工作，也就是只要不出差错，多一事不如少一事，因而被称为"贫管型的管理"。

9,1 型方式：表示对工作极为关心，但忽略对人的关心，也就是不关心工作人员的需求和满足，并尽可能使后者不致干扰工作的进行。这种方式的领导者拥有很大的权力，强调有效地控制下属，努力完成各项工作，因而称为"独裁的重任务型的管理"。

1,9 型方式：表示对人极为关心，关心工作人员的需求是否获得满足，重视搞好关系和强调同事和下级同自己的感情，但忽略工作的效果，因而被称为"乡村俱乐部型的管理"。

5,5 型方式：表示既对工作关心，也对人关心，兼而顾之，程度适中，强调适可而止。这种方式的领导者既对工作的质量和数量有一定要求，又强调通过引导和激励去使下属完成任务。但是这种领导往往缺乏进取心，乐意维持现状，因而被称为"中庸之道型管理"。

9,9 型方式：表示对工作和对人都极为关心。这种方式的领导者能使组织的目标与个人的需求最有效地结合起来，既高度重视组织的各项工作，又能通过沟通和激励，使群体合作，下属共同参与管理，使工作成为组织成员自觉自愿的行动，从而获得高的工作效率,因而被称为"战斗集体型管理"。这种管理方式充分显示在管理过程中,指导与领导工作表现为使组织更有效、更协调地实现既定目标。

案例讨论

销售副总家失火以后

一家公司的销售副总,在外出差时家里失火了。他接到妻子电话后,火速连夜赶回家。第二天一早去公司向老总请假,说家里失火要请几天假。但老总却说:"谁让你回来的?你要马上出差。如果你下午还不走,我就免你的职。"这位副总很有情绪,无可奈何地从老总办公室里走了出来并马上又出差走了。老总听说副手已走,马上把公司党、政、工团负责人都叫了过来,要求他们分头行动,在最短的时间内,不计代价把副总家里的损失弥补回来,把家属安顿好。

思考:

(1) 从管理方格理论分析这位老总属于哪种领导风格?为什么?

(2) 从管理的角度而言,从本案例中可以获得哪些启迪?

(三) 权变理论

该理论认为,没有一种领导方式对所有的情况都是有效的,没有一成不变的、普遍适用的"最好的"管理理论和方法,管理者做什么,怎样做完全取决于当时的既定情况。下面介绍几种权变理论。

1. 菲德勒模式

菲德勒是第一个把人格测量与情境分类联系起来研究领导效率的学者。从 1951 年起,他经过 15 年的调查研究提出了一个"有效领导的权变模式"。他认为,任何领导形态均可能有效,关键是要与环境相适应。因此,经理人员必须是一位"具有适应能力的人"。

关于影响领导效果好坏的情境因素,菲德勒认为有以下三个方面。

(1) 领导者与被领导者的关系。这是指下属对其领导人的信任、喜爱、忠诚、愿意追随的程度,以及领导者对下属的吸引力。

(2) 工作任务的结构。这是指下属担任的工作的明确程度,是枯燥乏味的例行公事,还是需要一定创造性的任务。

(3) 领导者所处职位的固有权力。这是指与领导者职位相关联的正式职权以及领导者从上级和整个组织各个方面所取得的支持程度。这一地位权力是领导者对下属的实有权力所决定的,假如一位车间主任有权聘用或开除本车间的职工,则他在这个车间就比经理的地位权力还要大。因为经理一般并不直接聘用或开除一个车间工人。

这三个维度互相组合,可以产生八种不同的情境。菲德勒认为两种领导风格在八种不同的情境下有不同的效能(见图 6-4)。例如,汽车总装生产线的班组的工作是结构化的,主管的职位权力非常强。如果领导者—成员关系是正面的,该环境更适合于工作取向的领导。

菲德勒的模型表明,在高度非结构化环境下,领导者的结构和控制可以解决该情境下

序号	1	2	3	4	5	6	7	8
以人为主 LPC 以工作为主	高 低							
上下级关系	好	好	好	好	差	差	差	差
任务结构	明确	明确	不明确	不明确	明确	明确	不明确	不明确
职位权力	强	弱	强	弱	强	弱	强	弱
情境有利性	有利	有利	有利	适中	适中	适中	适中	不利
领导方式	任务导向型	任务导向型	任务导向型	人际关系型	人际关系型	无资料	无关	任务导向型

图 6-4 菲德勒模型

的模糊和焦虑问题,所以结构化的方法更能得到员工的喜爱。在任务高度程序化以及领导者与员工的关系很好的情况下,他们会觉察到任务导向更加有助于工作绩效。其余的情况下需要建立更好的领导者—成员关系,于是更加关心人的、员工导向的领导者是有效的。

2. 领导生命周期理论

这一理论由俄亥俄州立大学的卡曼创立。卡曼认为,人们在考虑领导行为有效性的时候,应该把"工作行为""关系行为"与被领导者的成熟程度结合起来。所谓成熟程度,是指被领导者具有的知识技能和经验的多寡,以及独立工作能力,承担责任的态度和对成就的向往等,也就是心理成熟。卡曼赞同阿吉利斯的观点,认为每一个人都有一个从不成熟到成熟的发展过程,即不成熟、初步成熟、比较成熟、成熟四个阶段。面对分别处于这四个阶段的员工,领导行为不能一成不变,而应随他们成熟度的变化而变化,这就是领导生命周期理论的精髓,可以用图 6-5 来表示。

图中表明,当下级的成熟程度在平均以下时,有效的领导方式应是第 1 象限:高工作,低关系,即工作上必须从严要求,这个阶段的领导方式可以总结为命令。

当下属素质(成熟程度)提高时,进入第 2 象限:高工作、高关系,即注重工作任务的完成,也注意发展员工、进行必要的沟通,这个阶段的领导特点可以归结为说服。

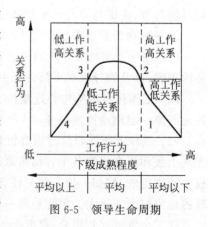

图 6-5 领导生命周期

当下属的素质进一步提高,如独立性、技能和工作责任心加强,可以适当降低工作行为,强化关系行为,考虑下属的意见、建议和要求,这个阶段的领导工作特点可以归结为协作或沟通。

若下级为平均成熟以上时,这时下属已经具备相当的独立性和能力,有效的领导方式是第 4 象限:低工作、低关系,这时领导方式特征可归纳为授权。

这个理论形象反映领导工作行为和下属的成熟程度的关系,对领导行为有一定指导作用,但是,不能教条地搬用这个理论,在现实的领导过程中,也不一定要求必须沿着这条曲线进行。

某校校长管理教师分三种情况:对青年教师,尤其是新来的教师,他每月交代一次任务,并告诉他们怎样去具体完成。对中年教师,他很注意关心他们的生活困难,教学工作上喜欢听取他们的意见。对老教师,除关心他们的身体外,对日常教学工作,校长一概不问。

思考:你赞成这位校长的做法吗?为什么?

第三节　激励理论与激励方法

工程师为什么要走

助理工程师李某是一名名牌大学高才生,毕业后工作已八年,于四年前应聘到一家大厂工程部负责技术工作,工作勤恳负责,技术能力强,很快就成为厂里有口皆碑的"四大金刚"之一,名字仅排在一号种子厂技术部主管陈工之后。然而,工资却同仓管人员不相上下,一家三口尚住在来时住的那间平房。对此,他心中时常有些不平。

黄厂长,一位有名的识才老厂长,"人能尽其才,物能尽其用,货能畅其流"的孙中山先生名言,在各种公开场合不知被他引述了多少遍,实际上他也这样做了。四年前李某调来报到时,门口用红纸写的"热烈欢迎李工程师到我厂工作"几个不凡的颜体大字,是黄厂长亲自吩咐人事部主任落实的,并且交代要把"助理工程师"的"助理"两个字去掉。这确实使李某当时春风不少,工作更卖劲。

两年前,厂里有指标申报工程师,李某属有条件申报之列,但名额却让给一个没有文凭、工作平平的老同志。他想问一下厂长,谁知,他还未去找厂长,厂长却先来找他了:"李工,你年轻,机会有的是。"去年,他想反映一下工资问题,这问题确实重要,来这里的目的不就是想得到高一点工资,提高一下生活待遇吗?但是几次想开口,都没有勇气讲出来。因为厂长不仅在生产会上大夸他的成绩,而且,有几次外地人来取经,黄厂长当着客人的面赞扬他:"李工是我们厂的技术骨干。"哪怕厂长再忙,路上相见时,总会拍拍李工的肩膀说两句,诸如"李工,干得不错""李工,你很有前途"。这的确让李某兴奋,"黄厂长确实是一个伯乐"。此言不假,前段时间,厂长还把一项开发新产品的重任交给他呢,大胆起用年轻人,然而最近,厂里新建好了一批职工宿舍,听说数量比较多,李某决心要反映一下住房问题,谁知这次黄厂长又先找他,还是像以前一样,笑着拍拍他的肩膀:"李工,厂里有意培养你入党,我当你的介绍人。"他又不好开口了,结果家没有搬成。最终,李某还是决定辞职。

(资料来源:陈卫中.管理学基础[M].北京:北京理工大学出版社,2009.)

一、激励概述

(一) 激励的含义

从心理学角度讲,激励是指激发人的行动动机的心理过程,是一个不断朝着期望的目标前进的循环的动态过程。简言之,就是在工作中调动人的积极性的过程。员工的工作绩效是员工能力和受激励程度的函数,用公式可以表示为

$$工作绩效 = f(能力 \times 激励)$$

激励是对人的一种刺激,是促进和改变人的行为的一种有效手段。激励的过程就是管理者引导并促进工作群体或个人产生有利于管理目标行为的过程。每个人都需要激励,在一般情况下,激励表现为外界所施加的推动力或吸引力,转化为自身的动力,使得组织的目标变为个人的行为目标。

(二) 激励的过程

激励是一个非常复杂的过程,它从个人的需要出发,引起欲望并使内心紧张(未得到满足的欲求),然后引起实现目标的行为,最后在通过努力后使欲望达到满足。激励过程如图 6-6 所示。

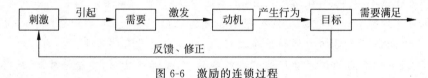

图 6-6　激励的连锁过程

1. 需要

激励的实质就是通过影响人的需要或动机达到引导人的行为的目的,它实际上是一种对人的行为的强化过程。研究激励,先要了解人的需要。需要是人的一种主观体验,是人们在社会生活中对某种目标的渴求和欲望,是人们行为积极性的源泉。人的需要一旦被人们所意识,就会以动机的形式表现出来,从而驱使人们朝着一定的方向努力,以达到自身的满足。需要越强烈,它的推动力就越强越迅速。人的需要有三个方面:一是生理状态的变化引起的需要,如饥饿时对食物的需要;二是外部因素影响诱发的需要,如对某种新款商品的需要;三是心理活动引起的需要,如对事业的追求等。

2. 动机

动机是建立在需要的基础上的。当人们有了某种需要而又未能满足时,心理上便会产生一种紧张和不安,这种紧张和不安就成为一种内在的驱动力,促使个体采取某种行动。从某种意义上说,需要和动机没有严格的区别。需要体现一种主观感受,动机则是内心活动。实际上一个人会同时具有许多种动机,动机之间不仅有强弱之分,而且会有矛盾,一般来说,只有最强烈的动机才可以引发行为,这种动机称为优势动机。

3. 行为

在企业组织中,员工的行为与工作、生活环境相互作用,任何一种行为的产生都是有

其内在原因的。动机对于行为有着重要的功能,表现为三个方面:一是始发功能,即推动行为的原动力;二是选择功能,即它决定个体的行为方向;三是维持和协调功能,行为目标达成时,相应的动机就会获得强化,使行为持续下去或产生更强烈的行为,趋向更高的目标;相反,则降低行为的积极性,或停止行为。

4. 需要、动机、行为和激励的关系

通过分析我们知道,人的任何动机和行为都是在需要的基础上建立起来的,没有需要,就没有动机和行为。人们产生某种需要后,只有当这种需要具有某种特定的目标时,需要才会产生动机,动机才会成为引起人们行为的直接原因。但并不是每个动机都必然会引起行为,在多种动机下,只有优势动机才会引发行为。员工之所以产生组织所期望的行为,是组织根据员工的需要来设置某些目标,并通过目标导向使员工出现有利于组织目标的优势动机,同时按照组织所需要的方式行动。管理者实施激励,即是想方设法做好需要引导和目标引导,强化员工动机,刺激员工的行为,从而实现组织目标。

二、激励理论

(一)马斯洛需要层次理论

需要层次理论是美国心理学家马斯洛于 20 世纪 40 年代提出的。该理论认为,人人都有许多复杂的需要,而这些需要可以按其优先次序排列成阶梯式的层次系列。从低级到高级划分为五个层次:生理需要、安全需要、社交需要、尊重需要与自我实现的需要,如图 6-7 所示。

生理需要。是指人类生存最基本的需要,如食物、水、住房、医药等。这是动力最强大的需要,如果这些需要得不到满足,人类就无法生存,也就谈不上其他的需要。

图 6-7 马斯洛需要层次理论

安全需要。是指保护自己免受身体和情感伤害的需要。这种安全需要体现在社会生活中是多方面的,如生命安全、劳动安全、职业有保障、心理安全等。

社交需要。包括友谊、爱情、归属、信任与接纳的需要。人们一般都愿意与他人进行社会交往,想和同事保持良好的关系,希望给予和得到友爱,希望成为某个团体的成员,等等。这一层次的需要得不到满足,可能会影响人的精神上的健康。

尊重需要。包括自尊和受到别人尊重两方面。自尊是指自己的自尊心,工作努力不甘落后,有充分的自信心,获得成就感后的自豪感。受人尊重是指自己的工作成绩、社会地位能得到他人的认可。这一层次的需要一旦得以满足,必然信心倍增,否则就会产生自卑感。

自我实现的需要。这是最高一级的需要,指个人成长与发展,发挥自身潜能、实现理想的需要。即人希望自己能够充分发挥自己的潜能,做最适宜的工作。马斯洛认为,如果一个人想得到最大快乐,那么,一个音乐家必须创作乐曲,一个画家必须绘画,一个诗人必须写诗。

应该注意的是,并不是说人非得在某一层次的需求获得百分之百的满足之后,次一个层次的需求才能够显示出来。应有一个比较确切的描述,即从较低的层次逐级向上,满足的程度百分比逐级减少。马斯洛所列举的需求各层次,绝不是一种刚性的结构。所谓层次,并没有截然的界限,层次与层次之间往往相互叠合,某一项需求的强度逐渐降低,则另一项需求也许随之而上升。此外,可能有些人的需求始终维持在较低的层次上,而马斯洛提出的各项需求的先后顺序,不一定适合于每一个人,即使两个行业相同的人,也并不见得有同样的需求。

总之,马斯洛的这一理论,其最大的用处在于它指出了个人均有需求。身为主管人员,为了激励下属,必须要了解其下属要满足的是什么需求。

案例讨论

广东某高校为了加快"双一流"大学建设,决定下大力气引进一批高层次人才。为此,该校面向社会发布了招聘信息:

(一)凡名校毕业的博士(特别是理、工科博士),且具有副教授以上职称的人员到该校工作的,一次性给予50万元安家费,同时,免费使用80平方米左右的周转房5年。

(二)学校与其签订长期就业合同,并解决配偶的工作安排和小孩入学的问题。

(三)鼓励教师以自己的知识、专长和技术成立学术团队或公司,同时,允许教师有3年时间专门从事社会服务或创业。

(四)对在学术上有突出成就的可直接聘为相应学科的学术带头人,或给予处级行政职务待遇。

(五)对能力和胜任感特别强的教师,学校另拨100万元科研经费,并对有创新性、推广性的科研成果给予公开表彰。由于该校的招聘条件优越,措施得力,应聘人员络绎不绝。

(资料来源:宋默西.管理学案例集[M].北京:经济管理出版社,2023.)

思考:用马斯洛需要层次理论分析该校采取的招聘措施。

(二)赫茨伯格的双因素理论

激励因素—保健因素理论是美国的行为科学家弗雷德里克·赫茨伯格提出来的,又称双因素理论。20世纪50年代末期,赫茨伯格和他的助手们在美国匹兹堡地区对二百名工程师、会计师进行了调查访问。访问主要围绕两个问题:在工作中,哪些事项是让他们感到满意的,并估计这种积极情绪持续多长时间;又有哪些事项是让他们感到不满意的,并估计这种消极情绪持续多长时间。赫茨伯格以对这些问题的回答为材料,着手去研究哪些事情使人们在工作中快乐和满足,哪些事情造成不愉快和不满足。结果他发现,使职工感到满意的都是属于工作本身或工作内容方面的;使职工感到不满的,都是属于工作环境或工作关系方面的。他把前者叫作激励因素,后者叫作保健因素。

保健因素的满足对职工产生的效果类似于卫生保健对身体健康所起的作用。保健从人的环境中消除有害于健康的事物,它不能直接提高健康水平,但有预防疾病的效果;它不是治疗性的,而是预防性的。保健因素包括公司政策、管理措施、监督、人际关系、物质工作条件、工资、福利等。当这些因素恶化到人们认为可以接受的水平以下时,就会产生对工作的不满意。但是,当人们认为这些因素很好时,它只是消除了不满意,并不会导致积极的态度,这就形成了某种既不是满意、又不是不满意的中性状态。

那些能带来积极态度、满意和激励作用的因素就叫作"激励因素",这是那些能满足个人自我实现需要的因素,包括:成就、赏识、挑战性的工作、增加的工作责任,以及成长和发展的机会。如果这些因素具备了,就能对人们产生更大的激励。从这个意义出发,赫茨伯格认为传统的激励假设,如工资刺激、人际关系的改善、提供良好的工作条件等,都不会产生更大的激励;它们能消除不满意,防止产生问题,但这些传统的"激励因素"即使达到最佳程度,也不会产生积极的激励。按照赫茨伯格的意见,管理当局应该认识到保健因素是必需的,不过它一旦使不满意中和以后,就不能产生更积极的效果。只有"激励因素"才能使人们有更好的工作成绩。

赫茨伯格及其同事以后又对各种专业性和非专业性的工业组织进行了多次调查,他们发现,由于调查对象和条件的不同,各种因素的归属有些差别,但总的来看,激励因素基本上都是属于工作本身或工作内容的,保健因素基本都是属于工作环境和工作关系的。但是,赫茨伯格注意到,激励因素和保健因素都有若干重叠现象,如赏识属于激励因素,基本上起积极作用;但当没有受到赏识时,又可能起消极作用,这时又表现为保健因素。工资是保健因素,但有时也能产生使职工满意的结果。

双因素理论仍让管理阶层注意到工作内容的重要性,尤其是工作内容和从工作获得满足感之间的关系,赫茨伯格认为,满足各种需要所引起的激励深度和效果是不一样的。物质需求的满足是必要的,没有它会导致不满,但是即使获得满足,它的作用往往是很有限的,并不能持久。

要激发员工积极主动地工作,不仅要注意物质利益和工作条件等外部因素,更重要的是要注意工作内容的安排,根据每个人的专长和能力分派工作,时时对员工施以精神鼓励,给予表扬和认可,并且让员工有晋升和成长的机会,这种内在激励才是真正驱使员工积极主动工作的最主要因素。

 案例讨论

小李已经在某软件开发公司工作了六年。在此期间,他工作勤恳负责,技术能力强,多次受到公司的表扬,领导很赏识他,并赋予他更多的工作和责任,几年中他从普通的程序员晋升到了资深的系统分析员。虽然他的工资不是很高,住房也不宽敞,但他对自己所在的公司还是比较满意的,并经常被工作中的创造性要求所激励。公司经理经常在外来的客人面前赞扬他:"小李是我们公司的技术骨干,是一个具有创新能力的人才。"

去年7月份,公司有申报职称指标,小李属于有条件申报之列,但名额却给了一个学历比他低、工作业绩平平的老同志。他想问一下领导,谁知领导却先来找他:"小李,你年轻,机会有的是。"

最近小李在和同事们的聊天中了解到他所在的部门新聘用了一位刚从大学毕业的程

序分析员,但工资仅比他少50元。尽管小李平时是个不太计较的人,但对此还是感到困惑不解,甚至很生气,小李觉得这里可能有什么问题。

在这之后的一天下午,小李找到了人力资源部宫主任,问他此事是不是真的。宫主任说:"小李我们现在非常需要增加一名程序分析员,而程序分析员在人才市场上很紧俏,为使公司能吸引合格人才,我们不得不提供较高的起薪。为了公司的整体利益,请你理解。"小李问能否相应提高他的工资。宫主任回答:"你的工作表现很好,领导很赏识你,我相信到时会给你提薪的。"小李向宫主任说了声"知道了!"便离开了他的办公室,开始为自己在公司的前途感到忧虑。

(资料来源:佚名. 激励案例分析[EB/OL]. (2021-01-24)[2023-03-24]. https://www.renrendoc.com/paper/111624542.html.)

思考:用双因素理论解释小李的忧虑、困惑。

(三)期望理论

小苗是一名大学毕业生,刚毕业就直接进了羊绒生产工厂,他一直想用他所学的知识解决生产的需要。这样一种抱负和追求一直激励着他。在刚开始研制的时候,厂子处于低谷,消耗资金大加上人力、物力的条件都不是特别具备,小苗有种力不从心的感觉,在他犹豫是否放弃的时候,李总来了(因为他是技术出身),了解到这个情况,又了解了分梳的重要性以后,决定把这个项目干下去。他就开始鼓励小苗。

将近六年的时间里,在研制小组的领导下,他发挥了自己的特长,终于在2015年取得了突破性的进展,获得了专家鉴定,就是这项名为BSLD-2015的工艺技术,获得国际先进水平这样一个评价。小苗指着公司奖给他的房子,激动地对人们说:"公司奖励给我的这套住房我非常知足。在这个项目搞好之前,公司曾两次给我调整住房,从原来我住的八平方米到十六平方米,后来又给了一套两居室。公司认为贡献与报酬应该是相对应的,所以就奖给了我这套住房,建筑面积大约有九十多平方米。我心里很踏实很满足。这是对我工作的一种承认。除此之外,晋级、职称还有工资待遇上也给了相应的奖励,我不能辜负领导对我的奖励,在工作上应该更努力地工作,为企业做出新的贡献。"

期望理论是美国心理学家弗鲁姆于1964年在他的《工作与激励》一书中提出的。他通过考察人们的努力行为与其所获得的最终奖酬之间的因果关系,来说明激励的过程。期望理论的基本观点是:人们在预期他们的行动将会有助于达到某个目标的情况下,才会被充分激励起来去做某些事情以达到这个目标。他认为,任何时候,一个人从事某一行动的动力,是由他的行动的全部结果(或积极的或消极的)的期望值乘以那个人预期这种结果将会达到所要求目标的程度决定的。换言之,他认为,激励是一个人某一行动的期望价值和那个人认为将会达到其目标的概率的乘积,用公式表示为

$$激发力量(M) = 效价(V) \times 期望值(E)$$

其中:

M——激励力量,是直接推动或使人们采取某一行动的内驱力。这是指调动一个人的积极性,激发出人的潜力的强度;

V——目标效价,指达成目标后对于满足个人需要其价值的大小,它反映个人对某一成果或奖酬的重视与渴望程度;

E——期望值,这是指根据以往的经验进行的主观判断,达成目标并能导致某种结果的概率,是个人对某一行为导致特定成果的可能性或概率的估计与判断。

显然,只有当人们对某一行动成果的效价和期望值同时处于较高水平时,才有可能产生强大的激励力。

弗鲁姆的期望理论辩证地提出了在进行激励时要处理好三方面的关系,这些也是调动人们工作积极性的三个条件。第一,努力与绩效的关系。人们总是希望通过一定的努力达到预期的目标,如果个人主观认为达到目标的概率很高,就会有信心,并激发出很强的工作力量,反之如果他认为目标太高,通过努力也不会有很好绩效时,就失去了内在的动力,导致工作消极;第二,绩效与奖励的关系。人总是希望取得成绩后能够得到奖励,当然这个奖励也是综合的,既包括物质上的,也包括精神上的。如果他认为取得绩效后能得到合理的奖励,就可能产生工作热情,否则就可能没有积极性;第三,奖励与满足个人需要的关系。人总是希望自己所获得的奖励能满足自己某方面的需要。然而由于人们在年龄、性别、资历、社会地位和经济条件等方面都存在着差异,他们对各种需求得到满足的程度就不同。因此,对于不同的人,采用同一种奖励办法能满足的需要程度不同,能激发出的工作动力也就不同。

对期望理论的应用主要体现在激励方面,这启示管理者不要泛泛地采用一般的激励措施,而应当采用多数组织成员认为效价最大的激励措施,而且在设置某一激励目标时应尽可能加大其效价的综合值,加大组织期望行为与非期望行为之间的效价差值。在激励过程中,还要适当控制期望概率和实际概率,加强期望心理的疏导。期望概率过大,容易产生挫折;期望概率过小,又会减少激励力量。而实际概率应使大多数人受益,最好实际概率大于平均的个人期望概率,并与效价相适应。

(四) 公平理论

公平理论是美国的斯达西·亚当斯在 20 世纪 60 年代提出的。亚当斯通过大量的研究发现:员工对自己是否受到公平合理的待遇十分敏感。员工首先思考自己收入与付出比,然后将自己的收入付出比与其他人的收入付出比进行比较,如果员工感觉到自己的与他人的相同,则为处于公平状态;如果感到二者不相同,则产生不公平感,也就是说,他们会认为自己的收入过低或过高。

员工的工作积极性不仅受到其所得报酬的绝对值的影响,更受到相对值的影响。相对值来源于横向比较与纵向比较。横向比较是将自己所做的付出和所得的报酬,与一个和自己条件相当的人的付出和所得的报酬进行比较,从而对此作出相应的反应。纵向比较是指个人对工作的付出和所得与过去进行比较时的比值。比较的结果有三种可能。

(1) 感到报酬公平。当企业员工经过比较,感到相对值相等时,其心态就容易平衡。有时尽管他人的结果超过了自己的结果,但只要对方的投入也相应变大,就不会有太大的不满。他们会认为激励措施基本公平,积极性和努力程度可能会保持不变。

(2) 感到报酬不足。在比较中,当员工发现自己的报酬相对低了,就会感到不公平,他们就会设法去消除不公,并有可能采取以下的措施来求得平衡:一是曲解自己或他人的付出或所得;二是采取某种行为使得他人的付出或所得发生改变;三是采取某种行为改变自己的付出或所得;四是选择另外一个参照对象进行比较;五是辞去工作。员工感到不公平时,工作的积极性往往会下降。

(3) 感到报酬多了。当员工感到自己相对于他人而言,报酬高于合理水平时,多数人认为不是什么大问题,他们可能会认为这是自己的能力和经验有了提高的结果。但有关研究也证明,处于这种不公平的情况下,工作积极性不会有多大程度的提高,而有些人也会有意识地减少这种不公。例如:通过付出更多的努力来增加自己的投入;有意无意曲解原先的比率;设法使他人减少投入或增加产出。

公平理论表明公平与否是源于个人的感觉。人们在心理上通常会低估他人的工作成绩,高估别人的得益,由于感觉上的错误,就会产生心理不平衡。这种心态对组织和个人都很不利。所以管理人员应有敏锐的洞察力来体察职工的心情,如确有不公,则应尽快解决,如是个人主观的认识偏差,也有必要进行说明解释,做好思想工作。

三、激励方法

有效的激励,必须通过适当的激励方法来实现,本节主要介绍以下几种激励方法。

1. 物质利益激励法

物质利益激励法就是以物质利益(如工资、奖金、福利、晋级和各种实物等)为诱因对员工进行激励的方法。最常见的物质利益激励有奖励激励和惩罚激励两种方法。奖励激励是指组织以奖励作为诱因,驱使员工采取最有效、最合理的行为。物质奖励激励通常是从正面对员工引导。组织首先根据组织工作的需要,规定员工的行为,如果符合一定的行为规范,员工可以获得一定的奖励。员工对奖励追求的欲望,促使他的行为必须符合行为规范,同时给企业带来有益的活动成果。物质惩罚激励,是指组织利用惩罚手段,诱导员工采取符合组织需要的行动的一种激励。在惩罚激励中,组织要制定一系列的员工行为规范,并规定逾越了行为规范的不同的惩罚标准。物质惩罚手段包括扣发工资、奖金、罚款、赔偿等。人们避免惩罚的需求和愿望促使其行为符合特定的规范。

实施物质激励要注意保持组织成员的公平感,充分体现"多劳多得,少劳少得"的分配原则。虽然这种激励是直接满足组织成员的低级需要的,但也能间接地满足组织成员的高级需要,因为物质利益可以看作是自己受到尊重,或自己的成就为组织所赏识的标志。

2. 目标激励方法

目标是组织对个体的一种心理引力。所谓目标激励,就是确定适当的目标,诱发人的动机和行为,达到调动人的积极性的目的。目标作为一种诱引,具有引发、导向和激励的作用。一个人只有不断启发对高目标的追求,也才能激发动其奋发向上的内在动力。正如一位哲人所说"目标和起点之间隔着坎坷和荆棘;理想与现实的矛盾只能用奋斗去统一；困难，会使弱者望而却步，却使强者更加斗志昂扬；远大目标不会像黄莺一样歌唱着向我们飞来，却要我们像雄鹰一样勇猛地向它飞去。只有不懈地奋斗，才可以飞到光辉的顶峰"。

在目标激励的过程中，要正确处理大目标与小目标，个体目标与组织目标、群众目标，理想与现实，原则性与灵活性的关系。在目标考核和评价上，要按照德、能、勤、绩标准对人才进行全面综合考察，定性、定量、定级，做到"刚性"规范，奖罚分明。

3. **榜样激励法**

榜样激励法是指通过组织树立的榜样使组织的目标形象化，号召组织内成员向榜样学习，从而提高激励力量和绩效的方法。

运用榜样激励法，首先要树立榜样，榜样不能人为地拔高培养，要自然形成，但不排除必要的引导。选择榜样时要注意榜样的行为确实是组织中的佼佼者，这样才能使人信服。其次，要对榜样的事迹广为宣传，使组织成员都能知晓，这就是使组织成员知道有什么样的行为才能荣登榜样的地位，使学习的目标明确。还有非常重要的一环就是给榜样以明显的使人羡慕的奖酬，这些奖酬中当然包括物质奖励，但更重要的是无形的受人尊敬的奖励和待遇，这样才能提高榜样的效价，使组织成员学习榜样的动力增加。

使用榜样激励法时还需要注意两点，一是要纠正打击榜样的歪风，否则不但没有多少人愿当榜样，也没有多少人敢于向榜样学习。二是不要搞榜样终身制，因为榜样的终身制会压制其他想成为榜样的人，并且使榜样的行为过于单调，有些事迹多次重复之后可能不再具有激励作用，而原榜样又没有新的更能激励他人的事迹，就应该物色新的榜样。

4. **内在激励法**

日本著名企业家道山嘉宽在回答"工作的报酬是什么"时指出："工作的报酬就是工作本身！"这句话深刻地指出了内在激励的重要性。尤其在今天，当企业解决了员工基本的温饱问题之后，员工就更加关注工作本身是否具有乐趣和吸引力，在工作中是否会感受到生活的意义；工作是否具有挑战性和创新性；工作内容是否丰富多彩，引人入胜；在工作中能否取得成就，获得自尊，实现正价值，等等。要满足员工的这些深层次需要，就必须加强内在激励。

5. **荣誉激励法**

从人的动机看，人人都具有自我肯定、光荣、争取荣誉的需要。对于一些工作表现比较突出，具有代表性的先进人物，给予必要的精神奖励，都是很好的精神激励方法。对各级各类人才来说激励还要以精神激励为主，因为这可以体现人对尊重的需要。在荣誉激励中还要注重对集体的鼓励，以培养大家的集体荣誉感和团队精神。

6. **信任关怀激励法**

一个社会的运行必须以人与人的基本信任做润滑剂，不然，社会就无法正常有序地运转。信任是加速人体自信力爆发的催化剂，自信比努力更为重要。信任激励是一种基本激励方式。干群之间、上下级之间的相互理解和信任是一种强大的精神力量，它有助于单位人与人之间的和谐共振，有助于单位团队精神和凝聚力的形成。

领导干部对群众信任体现在相信群众、依靠群众、发扬群众的主人翁精神上；对下属的信任则体现在平等待人、尊重下属的劳动、职权和意见上,这种信任体现在"用人不疑,疑人不用"上,而且还表现在放手使用上。刘备"三顾茅庐"力请诸葛亮显出一个"诚"字;魏征从谏如流,得益于唐太宗的一个"信"字;这都充分体现了对人才的充分信任上。只有在信任基础之上的放手使用,也才能最大限度地发挥人才的主观能动性和创造性。有时甚至还可超水平地发挥,取得自己都不敢相信的成绩。

7. 兴趣激励法

兴趣对人的工作态度、钻研程度、创新精神的影响是巨大的,往往与求知、求美、自我实现密切联系。在管理中只要能重视员工的兴趣因素,就能实现预期的精神激励效果。国内外都有一些企业允许甚至鼓励员工在企业内部双向选择,合理流动,包括员工找到自己最感兴趣的工作。兴趣可以导致专注,甚至于入迷,而这正是员工获得突出成就的重要动力。

业余文化活动是员工兴趣得以施展的另一个舞台。许多企业组织并形成了摄影、戏曲、舞蹈、书画、体育等兴趣小组,使员工的业余爱好得到满足,增进了员工之间的感情交流,感受到企业的温暖和生活的丰富多彩,大大增强了员工的归属感,满足了社交的需要,有效地提高了企业的凝聚力。

第四节 人际沟通

一、人际沟通的概念及重要性

人际沟通的简单定义是指信息和思想在两个和两个以上的主体与客体之间传递和交流的过程。有效沟通是指通过沟通的过程,使信息真实迅速地得到交流,并使组织中需要此信息的个体达成共识,完成沟通所要求达到的目的。

人际沟通的重要意义在于:

沟通是实现组织目标的重要手段。组织中的个体、群体为了实现一定的目标,在完成各种具体工作的时候都需要相互交流,统一思想,自觉地协调。信息沟通使组织成员团结起来,把抽象的组织目标转化为组织中每个成员的具体行动。没有沟通,一个群体的活动就无法进行,特别是管理者通过与下属的沟通使员工了解和明确自己的工作任务,以保证目标的实现。

沟通使管理决策更加合理有效。对信息的收集、处理、传递和使用是科学决策的前提。在决策过程中利用信息传递的规律,选择一定的信息传播方式,可以避免延误决策时间而导致的失败。管理人员通过一定的方式推行决策方案,赢得上级的支持和下级的合作,没有有效的沟通是不会达到这一目标的。

沟通成为企业中各个部门、各成员之间密切配合与协调的重要途径。由于现代组织是建立在职能分工基础上的,不同职能部门之间"隔行如隔山",不易相互了解和协作配合。通过有效的沟通,可以使组织内部分工合作更为协调一致,保证整个组织体系的统一指挥、统一行动,实现高效率的管理。

沟通是管理人员激励下属、影响和改变别人的态度和行为、实现领导职能的基本途径。沟通不仅能增进员工彼此间的了解,促进彼此之间的合作,改善人与人之间的关系,也是最大限度地调动员工积极性的一种方式,管理者与员工的定期沟通会提高员工的满意度,从而提高工作效果,降低组织的缺勤率和流动率。

沟通也是企业与外部环境之间建立联系的桥梁。企业外部环境处于不断变化之中,企业为了生存就必须适应这种变化。企业必然要和顾客、政府、公众、原材料供应商、竞争者等发生各种各样的关系,它必须按照顾客的要求调整产品结构,遵守政府的法规法令,担负自己应尽的责任,获得适用、廉价的原材料,并且在激烈的竞争中取得一席之地,这就迫使企业不得不和外部环境进行有效的沟通。不同规模和不同类型的组织沟通联络的着重点也有所不同。例如,一个规模很小的企业里,沟通的重点应是对外的,小企业的主管需要从外部获得信息,以便决定自己的产品和服务。

二、沟通的过程

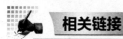

有一条船在海上遇险了,有三个幸存者被海浪冲到三个相距很远的孤岛上。第一个人大声呼救,但周围什么也没有。第二个人也高声呼救,恰好一架飞机飞过天空,但飞机上的人听不到他的声音。第三个人在呼救的同时点燃了一堆篝火,飞机上的人发现了孤岛上的浓烟,通知海上救护队把他救了出来。虽然遇险的三个人都在向外联系请求救命,但由于沟通方式不同,效果截然不同。第一个人没有信息的接受者,第二个人发出的信息未被对方辨认,只有第三个人既有信息的接受者,发出的信息又能被对方辨认,才实现了有效的沟通。

(资料来源:吴雨潼.人际沟通实务教程[M].2版.大连:大连理工大学出版社,2014.)

人际沟通过程是指一个信息的传递者通过选定的渠道把信息传递给接受者的过程。

沟通发生之前,必须存在一个意图,我们称之为要被传递的信息。它在信息源(发送者)与接受者之间传送。信息首先被转化为信号形式(编码),然后通过媒介物(通道)传送至接受者,由接受者将收到的信号转译回来(解码)。这样信息的意义就从一个人那里传给了另一个人。

沟通过程这一模型包括七个部分:信息源,信息;编码;通道;解码;接受者,反馈。

(一) 沟通主体,即信息的发出者或来源

信息发出者把自己的某种思想或方法转换为信息发送者自己与双方都能理解的共同"语言"或"信号"。这一过程就叫作编码。没有编码人际沟通无法进行。

信息源把头脑中的想法进行编码而生成了信息,被编码的信息受到以下四个条件的影响。

(1) 技能。如果教科书的作者缺乏必要的技能,则很难用理想的方式把信息传递给学生。我能够成功地把信息传递给你,依赖于我的写作技巧。当然,成功的沟通还要求一个人的听、说、读,以及逻辑推理技能。

（2）态度、个体的态度影响着行为。我们对许多事情有自己预先定型的想法，这些想法影响着我们的沟通。

（3）知识。我们在某一具体问题上所掌握的知识范围的限制。我们无法传递自己不知道的东西；反过来，如果我们的知识极为广博，则接受者又可能不理解我们的信息。也就是说，我们关于某一问题的知识影响着我们要传递的信息。

（4）社会—文化系统。我们在社会—文化系统中所持的观点和见解也影响着行为。我们的信仰和价值观（均是文化的一部分）影响着作为沟通信息源的我们。

 相关链接

美国老板：完成这份报告要花费多少时间？

希腊员工：我不知道完成这份报告需要多少时间。

美国老板：你是最有资格提出时间期限的人。

希腊员工：30 天吧。

美国老板：你同意在 15 天内完成这份报告吗？

希腊员工：没有作声。（认为是命令）

15 天过后……

美国老板：你的报告呢？

希腊员工：明天完成。（实际上需要 30 天才能完成。）

美国老板：你可是同意今天完成报告的。

第二天，希腊员工递交了辞职书。

请从沟通的角度分析美国老板和希腊员工对话，说明希腊员工辞职的原因并提出建议。

（资料来源：宋默西.管理学案例集[M].北京：经济管理出版社，2023.）

（二）信息传递渠道

 相关链接

古代信息传递

在我国古代，纸还没有发明以前，常见的"信"是用漆书写在薄木板上的，叫作木牍。由于木牍一般一尺长，故又称为"尺牍"。

我国最早的信封是用木板制成的。秦汉时，公私书信大多写在竹简或木笺上，然后用两块刻成鲤鱼形的木板，作为一底一盖，将笺牍夹在中间。这种木板可算是历史上最早的信封。到了唐代，自贞观年开始，就用朝鲜厚茧纸制信封，形若鲤鱼，两面俱画鳞甲，腹中可以藏书，名曰"鲤鱼函"。

在外国古时有漂流瓶等。

比较特殊的方法：

（1）候鸟，特别是鸽、雁等作传输工具。

(2) 内馅的方式,如藏在鱼肚、饼类、包子等。

(3) 特殊声音,如钟声、鼓声、鞭炮声等。

(4) 灯光、火光、如孔明灯、烽火台、狼烟等。

(资料来源:吴雨潼.人际沟通实务教程[M].2版.大连:大连理工大学出版社,2014.)

通道是指传送信息的媒介物,它由发送者选择。口头交流的通道是空气;书面交流的通道是纸张。如果你想以面对面交谈的方式告诉你的朋友一天中发生的事,则使用的是口头语言与手势语言表达你的信息。但你可以另有其他选择。一个具体的信息(比如邀请别人参加舞会)可以口头表达也可书面表达。在组织中,不同的信息通道适用于不同的信息。如果大厦着火,使用备忘录方式传递这一信息显然极不合适。对于一些重要事件,如员工的绩效评估,管理者可能希望运用多种信息通道,如在口头评估之后再提供一封总结信。这种方式减少了信息失真的潜在可能性。

(三) 信息接收者

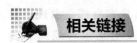 **相关链接**

有一个秀才去买柴,他对卖柴的人说:"荷薪者过来!"卖柴的人听不懂"荷薪者"(担柴的人)三个字,但是听得懂"过来"两个字,于是把柴担到秀才前面。秀才问他:"其价如何?"卖柴的人听不太懂这句话,但是听得懂"价"这个字,于是就告诉秀才价钱。秀才接着说:"外实(你的木材外表是干的,里头却是湿的,燃烧起来,会浓烟多而火焰小,请减些价钱吧。)"卖柴的人因为听不懂秀才的话,于是担着柴就走了。

(资料来源:淮南恒企会计培训学校."秀才买柴"[EB/OL].(2019-06-05)[2023-05-05].https://www.sohu.com/a/318815416_99960820.)

接收者是信息指向的个体。但在信息被接收之前,必须先将其中包含的符号翻译成接收者可以理解的形式,这就是对信息的解码。与编码者相同,接收者同样受到自身的技能、态度、知识和社会——文化系统的限制。

(四) 反馈回路

 **相关链接**

你们的资料什么时候才能发过来?

有家机械设备公司研制了一套新型的设备。先前自己最大的一家客户明确表明有意向购买他们的这套新型设备,也曾经多次打电话催要这套新型设备的报价和性能介绍资料。他们知道自己的定价有些高,但公司销售人员还是将报价等资料传真给了对方。

结果对方一连三天都没有音信,这下可急坏了经理。于是召集各部门经理开会讨论应对方案:如果对方嫌我们的报价太高了我们怎么办?如果竞争对手也给了他们同类产品的报价我们怎么办?如果对方老总生气了怎么办?如果出现其他什么情况我们怎么办？结果在第四天，客户终于打来电话了，问"你们的资料什么时候才能发过来？"

嗨！原来发过去的传真他们没收到！

（资料来源：同学们好我是融老师．获得"反馈"究竟有多重要？[EB/OL]．(2019-05-17)[2023-06-17]．https://baijiahao.baidu.com/s?id=1633739894199627198&wfr=spider&for=pc．）

"如果沟通信息源对他所编码的信息进行解码，如果信息最后又返回系统当中，这就是反馈。"也就是说，反馈把信息返回给发送者，并对信息是否被理解进行核实。它是检验信息沟通效果的沟通，有利于信息发送者迅速修正自己的信息发送，以便达到最好的沟通效果。

（五）整个过程易受到噪声的影响

这里的噪声指的是信息传递过程中的干扰因素。

典型的噪声包括难以辨认的字迹、电话中的静电干扰、接收者的疏忽大意。

在沟通过程中，无论使用什么样的支持性装置来传递信息，信息本身都会出现失真现象。我们用于传递意义的编码和信号群、信息本身的内容，以及信息源对编码和内容的选择与安排所做的决策，都影响着我们的信息，三者之中的任一方面都会造成信息的失真。

三、沟通的分类

沟通的方法多种多样，通常包括以下类别。

（一）单向沟通与双向沟通

单向沟通是一方发送信息，另一方接收信息而不再向发送者反馈信息。其优点是传递信息快，适于上级下达命令、指示等；其缺点是发出者得不到反馈信息，听不到接收者的意见，容易犯主观、片面的毛病；接收者无论理解与否都要执行，可能产生抗拒心理。由于没有反馈，对接收的信息是否完整、准确，双方都会有些疑虑。双向沟通是沟通双方互相传递信息，其发出与接收的地位不断交换，双方多次重复交流，得到共识，因此沟通的信息准确。由于发出者能充分听取接收者意见，使其受到尊重，产生参与感，增强了自信心，有利于双方相互理解，形成融洽的人际关系。

（二）横向沟通与纵向沟通

横向沟通是指组织中各平行或同一层次的机构之间的信息沟通。这种沟通可以加强各部门的联系、协调与团结，减少他们之间的矛盾、冲突，可以简化办事程序、手续，节省时间，提高工作效率。纵向沟通分下行沟通与上行沟通。下行沟通是组织中上级对下级的信息沟通，如组织的目标、计划、规章制度、工作程序和评价传达到基层。通过下行沟通，有助于统一思想认识，步调一致，协调行动。这种沟通的缺点是逐级传递，容易出现搁置、误解、失真、歪曲等现象，其结果可能导致接收者向错误的目标行动。所以，单纯采用下行沟通手段对一个领导者来说可能是危险的。上行沟通是指下级向上级汇报工作，提出意见、建议、要求等。领导者应通过座谈会、意见箱、定期汇报、民意测验、谈心等方式，鼓励下级人员提意见。只有上下沟通渠道畅通无阻，才能改善上下级关系，领导者才能了解真实情况。

（三）正式沟通与非正式沟通

正式沟通是通过组织明文规定的渠道进行信息传递和交流。如组织与组织间的公函往来、组织内部的文件传达、召开会议、上下级之间的定期情报交换等。非正式沟通是指正式沟通渠道之外的信息交流和传递，它不受组织监督，自由选择沟通渠道。如组织内员工之间私下交换意见，议论某人某事等。这种沟通能真实地表露或反映人们的思想动机，还能提供正式沟通难以获得的消息。精明的领导者对非正式沟通比较重视，常常利用个人之间的聚会、某种娱乐活动、微服私访等形式，广泛接触群众，听取呼声、意见，以便改进领导工作。

（四）书面沟通与口头沟通

书面沟通是指通过书面形式所进行的信息传递和交流。其特点是在信息传递前，经过了加工浓缩，内容比较集中、凝练，可以在远距离多次传递，既便于利用也便于存储。它适于传递精确且要求一致的信息。它比较严谨，具有权威性，便于日后学习、查考，可防止信息传递的遗漏、曲解。口头沟通是指口头汇报、会谈、讨论、演说以及通过电话、广播进行联系等。其优点是节省时间、较快地传递信息，双方交流可直至听清、理解或达成共识为止，除了语言之外，往往还可用眼神、手势动作、姿态等伴随语言表达。

四、沟通的原则

管理者怎样才能做好沟通呢？作为起着承上启下作用的管理人员，在沟通中应遵循以下几项原则。

1. 清晰原则

清晰原则是沟通中最为重要的、首要的原则。坚持这一原则，管理者应做到：使用沟通对象的语言。就是说，管理者要熟悉自己的上级、下级、平级所使用的语言，把信息改变成他们各自的语言再传递给他们，使沟通不致产生理解上的偏差；信息量要控制得当。人的注意力是有限的，管理者应避免一次沟通对象太多的信息而导致出楼，确需传递较多信息时，应建议沟通对象记录信息要点；信息要明确。在上级下达工作指令的时候，应当将任务是什么、完成时间、配备什么资源、要达到的效果等明确地告诉下级。在执行制度时，不仅要讲明其然，还要讲明其所以然。

2. 真诚原则

真诚体现了尊重，是管理者在沟通中始终要坚持的原则，坚持真诚原则有两点应该做到的：走到第一线。管理者一定要把"走到第一线"作为每日例行的公务，一方面要为坚持沟通收集信息、获得启示，另一方面要对沟通效果进行评估；保持沟通的开放。始终保持开放的沟通气氛也有利于打消沟通者的顾虑。管理者在沟通中不仅应始终保持友善、礼貌的态度,专心、耐心地倾听,还必须认识到不同的观点也是有益的,并避免过早地对接收的信息作出结论或评价。

3. 坚持不懈原则

企业的经营管理一刻也离不开信息的传递,因此,管理者在沟通中必须遵循坚持不懈的原则:沟通必须是持续的。沟通在企业的经营管理活动中表现的是循环往复、不间断的信息流,因此,无论是自上而下的、自下而上的,还是平级的信息传递都必须经常化、日常化、随机化,始终贯穿于经营管理活动;沟通必须是及时的。凡是沟通都必须及时,尤其是重要信息的沟通更要及时,要在第一时间进行,以使工作的进度、程度等及时被掌握,为快速反应赢得时间;鼓励和提倡平级间的沟通。平级间可以提高信息的传递的效率。积极做好平级间的沟通不仅有利于管理者自身协调能力的锻炼和提高,而且可以促进良好的协作关系。

4. 创造性原则

变是唯一不变的真理,沟通也不例外。传统的沟通多是谈话、会议、报表等形式,如今,我们面对着现代化科学技术的普及和个性十分张扬的时代,传统的沟通方式往往不能很好地解决沟通中的问题,因而,根据信息的性质、特点、结合企业所倡导的文化和沟通对象的特点来创造多样化、个性化的沟通方式,应该成为管理者做好沟通所应遵循的原则。创新可以从以下几方面来考虑:沟通地点的创新;信息传递载体的变化;实施幽默战略。

五、实现有效沟通的方法

(一)改进沟通态度

信息沟通不仅仅是信息符号的传递,它包含着更多的情感因素,所以在沟通过程中,沟通双方采取的态度对于沟通的效果有很大的影响。只有双方坦诚相待时,才能消除彼此间的隔阂,从而求得对方的合作。另外,在信息沟通过程中还要以积极的、开放的心态对待沟通,要愿意并且有勇气用恰当的方法展示自己的真实想法,在沟通过程中顾虑重重,会导致很多误解。

(二)提高自己的语言表达能力

语言是信息的载体,是提高沟通效率要解决的首要问题。掌握语言表达艺术的前提是通过学习和训练,使自己运用语言的能力达到熟练自如、得心应手的水平。一般规律是沟通中要与沟通对象、沟通环境、沟通内容结合起来考虑怎么使用语言。也就是说,无论是口头交谈还是采用书面交流的形式,都要力求准确地表达自己的意思。同时,还要双方相互了解对方的接受能力,根据对方的具体情况来确定自己表达的方式和用语等;选择正确的词汇、语调、标点符号;注意逻辑性和条理性,对重要的地方要加上强调性的说明;借助于体态语言来表达完整的思想和感情的沟通,加深双方的理解。

（三）培养倾听的艺术

 相关链接

从前，有个国王给邻国的国王捎去一个口信："给我送一头黑尾巴的蓝猪来，要不然……"邻国国王未听完，就说道："我没有这样的猪，如果我有的话……"那国王也没听全，顿时大发雷霆，立即宣布对邻国开战。战争持续了数个月，最后两国国王终于同意坐下来谈判。

在谈判桌上，邻国国王先问道："您说：'给我送一头黑尾巴的蓝猪来，要不……'这是什么意思？"

那国王回答说："很清楚，我是说一头黑尾巴的蓝猪，要不然其他颜色也可以。现在该我问你了，你说'我没有这样的猪，如果我有的话……'这是什么意思？"

"我的意思很简单，我是说要是我有的话，我当然会送去的。"

"哎呀，瞧，我们俩是多么糊涂呀！"两个人几乎是异口同声地喊道。

于是双方讲和了。后来，这个故事被写进了两国的史书里，作为对后人的告诫：话不听全是非多，遇事不要急于发怒。

（资料来源：佚名.沟通中倾听的重要性[EB/OL].（2021-09-25）[2023-06-25]. https://www.qinxue365.com/kczx/408869.html.）

以前人们往往只注重说写能力的培养，忽视了听的能力的训练和培养。事实上，没有听就很难接收到有用的信息。而倾听则区别于一般的听，它是一种通过积极地听来完整地获取信息的方法，主要包括注意听、听清内容、理解含义、记忆要点和反馈五层内容。

（1）注意听。要听得投入，全神贯注地听，不仅要用耳朵去听，还要用整个身体去听对方说话。比如，要保持与说话者的目光接触，身体微微前倾，以信任、接纳、尊重的目光让说话者把要说的意思表达清楚。同时，注意控制自己的情绪，克服心理定式，保持耐心，尽可能站在说话者的角度去听，认真地顺着说话者的思路去听。另外，自己不要多说，尽量避免中间打断别人的谈话。

（2）听清内容。要完整地接收信息，听清全部内容，不要听到一半就心不在焉，更不能匆忙下结论。同时要营造一种轻松、安静的气氛，排除谈话时的各种噪声干扰，使得听者能努力抓住其中的关键点。

（3）理解含义。理解信息并能听出对方的感情色彩，这样才能完全领会说话者的真正含义。同时要准确地综合和评价所接收的信息，对一些关键点要时时加以回顾，通过重复要点或提一些问题来强化和证实你所理解的信息；对一些疑问和不清楚的问题，也要在适当的时候向对方提问，以保证信息的准确理解。另外，为了能听懂，还要借助一些辅助材料，如报告、提纲、小册子或讲义等来帮助理解。

（4）记忆要点。在理解对方的基础上要记住所传递的信息，可以通过将对方的话用自己的语言来重新表达，或者通过记住所说的典型事例，以及对信息加以分类和整理的方法,增进有效记忆。另外,如有必要在听的时候做些笔记,以便于事后回忆和查阅。

(5) 反馈。给予说话人适当的反馈,可以使谈话更加深入和顺利。在听的时候,用点头、微笑、手势等体态语言对说话人作出积极反应,让对方感觉到你愿意听他说话,以及通过提一些说话人感兴趣的话题,可以加深双方的感情,并使得谈话更加深入。

(四) 构建合理的沟通渠道

为实现有效的组织沟通,管理者应在注重人际沟通的基础上,进一步考虑组织的行业特点和环境因素,结合正式沟通渠道和非正式沟通渠道的优缺点,通过对组织结构的调整,设计一套包含正式和非正式沟通的沟通渠道,同时缩短信息传递的链条,以便使组织的信息沟通更加迅速、及时、有效。

(五) 采用恰当的沟通方式

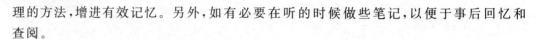

相关链接

一家著名的公司为了增进员工之间的相互信任和情感交流,规定在公司内部 200 米之内不允许用电话进行沟通,只允许面对面的沟通,结果产生了非常好的效果,公司所有员工之间的感情非常融洽。如今,我们有非常多样的沟通工具:E-mail、电话、因特网,但忽略了最好的沟通方式:面谈。致使在电子化沟通方式日益普及的今天,人和人之间的了解、信任和感情已非常淡化了。无论是一名沟通者或是一名管理者,一定不要忘记使用面谈这种方式进行沟通。

选用恰当的沟通方式对增强组织沟通的有效性也十分重要,因为组织沟通的内容千差万别,针对不同的沟通需要,应该采取不同的沟通方式。从沟通的速度方面考虑,利用口头和非正式的沟通方法,就比书面的和正式的沟通速度快。从反馈性能来看,面对面交谈,可以获得立即的反应,而书面沟通,则有时得不到反馈。从可控性来看,在公开场合宣布某一消息,对于其沟通范围及接受对象毫无控制;反之,选择少数可以信赖的人,利用口头传达某种信息则能有效地控制信息。从接收效果来看,同样的信息,可能由于渠道的不同,被接收的效果也不同。以正式书面通知,可能使接收者十分重视,反之,在社交场合所提出的意见,却被对方认为讲过就算了,并不加以重视。因此,要根据沟通渠道的不同性质,采用不同的沟通方式,这样沟通效果才会更好。

本章小结

领导实质上是一种对他人的影响力。管理者采取何种领导方式基于一定的人性假设。在关于领导理论研究中,主要是特性理论、行为理论和权变理论,形成诸如领导行为连续统一体、管理方格、管理生命周期等领导理论。

领导的权力主要包括权力性影响力和非权力性影响力。权力性影响力主要影响因素是传统因素、职位因素、资历因素;构成非权力性影响力的因素很多,有品格因素、能力因素、知识因素和感情因素。

激励的核心作用是调动下级积极性。激励的理论主要有需要层次论、双因素论、期望理论和公平理论等。激励的方式主要包括物质激励法、目标激励法、榜样激励法、内在激励法、荣誉激励法等。

沟通是管理者极为重要的领导手段。影响有效沟通的影响因素主要有个人因素、人际因素、结构因素。为实现有效沟通,就要注意清晰、真诚、坚持不懈、有创造性。在管理实践中,要特别强调有效沟通的重要性,提高大家沟通的技能。

关键术语和概念

领导工作　经济人　社会人　自我实现人　复杂人　激励　需要层次理论
双因素理论　期望理论　公平理论　人际沟通

思考与练习

一、判断题

1. 领导工作就是为各项职务配备合适的人选。（　　）
2. 从管理学的发展历程可以看出,对于管理中人的理解的发展过程是从社会人到理性经济人。（　　）
3. 根据菲德勒的随机制宜领导理论,如果实行目标管理,下级参与程度较高,对下级的工作有明确的要求和规定,则领导者的影响力就越小。（　　）
4. 人际关系因素属于激励因素。（　　）
5. 公平理论是由弗鲁姆提出的。（　　）
6. 谈判中需要沟通,沟通也就是双方达成协议。（　　）

二、单项选择题

1. 领导和管理的关系是（　　）。
   A. 领导者就是管理者,这二者没有区别
   B. 领导包含管理,领导是比管理更大的范畴
   C. 管理包含领导,管理是比领导更大的范畴
   D. 领导和管理没有关系,领导者和管理者是不同的两类人

2. 王轩是一个小公司的职员,收入不高,再加上妻子有病,孩子上学,家庭经济状况不好,虽说他很喜欢文学创作,但为了生计也不得不放弃爱好,因为他每天下班都要到附近的一家鞋厂去做计件工,赚一些钱用来贴补家用,鞋厂的工头是个细心、心肠也很好的人,他总是手把手地教王轩怎样才能做得更快,王轩也非常愿意接受,工厂里有很多像王轩这样的人。据此判断,鞋厂对员工的人性假定最有可能为（　　）。
   A. 经济人　　　B. 自我实现人　　　C. 社会人　　　D. 复杂人

3. 领导者有意分散领导权,给部属以极大的自由度,只是检查工作成果,不主动作指导(除非部属有要求),这种领导类型属于（　　）。
   A. 专断型领导　　B. 民主型领导　　C. 自由型领导　　D. 放任型领导

4. 比较马斯洛的需求层次理论和赫茨伯格的双因素理论,马斯洛提出的五种需求

中,属于保健因素的是( )。
  A. 生理和自尊的需要   B. 生理、安全和自我实现的需要
  C. 生理、安全和社交的需要   D. 安全和自我实现的需要
5. 平行沟通是指组织中( )。
  A. 上下级之间的信息交流
  B. 非正式组织成员之间的信息交流
  C. 同级领导人员的信息交流
  D. 各平行部门或人员之间的信息交流

三、多项选择题

1. 社会人的要点是( )。
  A. 人们的经济需求是首要的
  B. 人是由社会需求引起动机的
  C. 人们只能从工作上的社会关系去寻求意义
  D. 多数人的个人目标与组织目标不一致
  E. 职工非常重视对同事们的社会影响力
2. 领导工作的作用有( )。
  A. 更有效地实现组织目标   B. 更协调地实现组织目标
  C. 激发下属的积极性   D. 有助于确定科学的定额
  E. 有利于培养组织中的管理者
3. 在管理的四分图理论中,确定领导行为的两个因素是( )。
  A. 对人的关心   B. 对生产的关心
  C. 正式结构   D. 体谅
4. 在双因素理论中,更多的属于激励因素的有( )。
  A. 责任感   B. 与同事的关系
  C. 薪水   D. 成就
5. 按发送者与接收者的地位是否变换的角度看,沟通联络可分为( )。
  A. 上行沟通 B. 下行沟通 C. 单向沟通
  D. 双向沟通 E. 平行沟通

四、思考题

1. 简述领导的概念及功能。
2. 比较领导与管理的区别。
3. 解释人性假设理论中若干关于人性的假设。
4. 什么是利克特的管理系统理论?
5. 简述需要层次理论的主要内容,并联系实际谈谈对实际工作的启示。
6. 解释期望理论、公平理论的主要观点,并谈谈对实际工作的启示。
7. 简述双因素理论的主要内容,并联系实际谈谈对实际工作的启示。
8. 简述沟通的作用与种类。

案例分析

案例6.1 谁的方式更有效

高明是一位空调销售公司的总经理。他刚接到有关公司销售状况的最新报告：销售额比去年同期下降了25%、利润下降了10%，而且顾客的投诉上升。更为糟糕的是，公司内部员工纷纷跳槽，甚至还有几名销售分店的经理提出辞呈。他立即召集各主管部门的负责人开会讨论解决该问题。会上，高总说："我认为，公司的销售额之所以下滑都是因为你们领导不得力。公司现在简直成了俱乐部。每次我从卖场走过时，我看到员工们都在各处站着，聊天的、打电话的，无处不有，而对顾客却视而不见。他们关心的是多拿钱少干活。要知道，我们经营公司的目的是赚钱，赚不到钱，想多拿钱，门儿都没有。你们必须记住，现在我们迫切需要的是对员工的严密监督和控制。我认为现在有必要安装监听装置，监听他们在电话里谈些什么，并将对话记录下来，交给我处理。当员工没有履行职责时，你们要警告他们一次，如果不听的话，马上请他们走人。"

部门主管对高总的指示都表示赞同。唯有销售部经理李燕提出反对意见。她认为问题的关键不在于控制不够，而在于公司没有提供良好的机会让员工真正发挥潜力。她认为每个人都有一种希望展示自己的才干，为公司努力工作并做出贡献的愿望。所以解决问题的方式应该从和员工沟通入手，真正了解他们的需求，使工作安排富有挑战性，促使员工们以从事这一工作而引以为豪。同时在业务上给予指导，花大力气对员工进行专门培训。

然而，高总并没有采纳李燕的意见，而是责令所有的部门主管在下星期的例会上汇报要采取的具体措施。

（资料来源：陈卫中.管理学基础[M].北京：北京理工大学出版社，2009.）

思考：

(1) 高总是一位(　　)领导。

　　A. 专制型　　　　B. 民主型　　　　C. 放任型　　　　D. 中间型

(2) 高总对员工的看法是基于(　　)。

　　A. 泰罗制　　　　B. 人际关系学说　　C. Y理论　　　　D. 超Y理论

(3) 李燕对员工的看法属于(　　)假设。

　　A. 经济人　　　　B. 社会人　　　　C. 自我实现人　　D. 复杂人

(4) 根据领导生命周期理论，可以判断高总的领导类型基本属于(　　)。

　　A. 高关系，低工作　　　　　　　　　B. 低关系，高工作
　　C. 高关系，高工作　　　　　　　　　D. 低关系，低工作

(5) 当员工没有履行职责时，高总要他的部门主管警告他们一次，如果他们不听的话，马上请他们走人。这种强化手段属于(　　)。

　　A. 正强化　　　　B. 负强化　　　　C. 惩罚　　　　　D. 自然消退

(6) 高总与各部门主管通过开会方式进行信息沟通，属于(　　)。

　　A. 非正式沟通　　　　　　　　　　　B. 环式沟通

C. 平行沟通   D. 口头沟通
(7) 根据卡特兹的三大技能,你认为高总目前最需要加强的是(   )。
    A. 人际技能   B. 技术技能
    C. 概念技能   D. 领导技能
(8) 销售部经理李燕在该公司中属于(   )管理人员。
    A. 基层   B. 中层   C. 高层   D. 专业
(9) 你认为对高总的方案和李燕的方案作怎样的评价最合适(   )。
    A. 高总的方案和李燕的方案都不会产生效果
    B. 高总的方案和李燕的方案都会奏效
    C. 高总的方案更可行,没有严格的规章制度,工人的工作效率不会有保证
    D. 李燕的方案更可行,再严格的规章制度,如果工人不接受和服从也是无效的

案例6.2 哪种领导类型更有效?

ABC公司是一家小型家电产品公司。最近,该公司对几个所属部门进行了一次有关领导类型的调查。

负责生产的王经理认为,无论在何种情况下,完成生产任务是第一要务,因此实行对生产过程、产品质量的严格管理,每次接到生产任务,都迅速下达到车间,要求车间按时完成,如果不能完成,必将进行处罚,已有四位车间主任因未及时完成任务而遭到解职,解雇工人更是时有发生。他对自己的行为很满意,也对本部门的业绩感到自豪。

负责研发的张经理认为公司要充分尊重研发人员的积极性和创造性,要给他们充分的自由和空间,给他们分配了研发任务后,就让研发人员以自己的方式去完成,不要老去检查他们、监督他们,要信任他们,要多给他们支持和鼓励。他相信大多数员工知道如何把自己的工作做好,会自觉完成自己的研发任务。

负责销售的李经理强调,公司要取得好的销售业绩,一定要给销售人员施以足够压力。他每年都制订详细的销售计划,并把计划分解到个人,要求销售人员每周要向他汇报销售情况。每次员工生日,他都会亲自送去销售蛋糕,并给员工放假半天,当员工家里遇到什么困难时,他也总是自请帮助解决。几年来,他的销售队伍很乐意和他一起工作,年年都超额完成销售任务。

(资料来源:陈卫中.管理学基础[M].北京:北京理工大学出版社,2009.)

思考:

(1) 根据管理方格理论,这三位部门经理的领导行为分别属于哪种类型?你的判断理由是什么?

(2) 请你进一步评价管理方格理论五种典型领导行为的效果。

案例6.3 吴某辞职引起的分配制度改革

某电子公司是一家高新技术产品制造公司,在同行业中居领先地位。不久前生产技术部门有位既能干技术水平又高的年轻人吴某提出辞职,到提供更高薪资的竞争对手公司里任职。其实,吴某早在数月前就向生产技术部王主管提出给他提薪的要求,王主管觉

得吴某工作表现十分出色,并为公司做出了较大的贡献,应该给他加薪。随后王主管便向人事部门提出了给吴某增加工资的意见,但人事部门的主管认为,按同行业平均水平来说,吴某的薪资水平已经是相当高了,而且这种加薪要求不符合公司现行建立的基于职位、年龄和资历的薪资制度,因此拒绝给予加薪。

对这一辞职事件,公司里的人议论纷纷。有人说,吴某的薪资在公司里已经是相当高了,再提出提薪有些过分。也有的人说尽管吴某所得报酬的绝对量高于行业平均水平,但他的表现那么出色,贡献又那么大,应该给予他更高的薪资……

公司的总经理也已经感觉到公司确实存在大锅饭的现象,现行的分配制度不利于留住人才,于是他责成人事部门牵头与生产、财务等部门人员组成一个专门小组,就公司薪资分配制度广泛征求各部门职工的意见,并提出几套方案,供月底公司董事会讨论和决策之用。

(资料来源:陈卫中.管理学基础[M].北京:北京理工大学出版社,2009.)

思考:根据公平理论,解释吴某辞职的原因。

案例6.4 刘国梁宁可自罚也要"下狠手"

2020年2月25日,中国乒协主席刘国梁公布了中国乒协备战东京奥运会战略体系,同时宣布国家队教练组及各部门正式成立。在备战东京奥运会战略体系中,刘国梁担任总指挥,由核心教练员组成指挥部,由老教练代表、大满贯选手代表和教练代表共同组成参谋部,由医务、体能、康复、科研人员及协会副主席组成保障部。

跟教练班子一起出台的"教练员考核及奖惩办法",精心挑选了比赛并拟定积分,作为男女一队教练组积分考核标准。其中世乒赛男女单打积分最多,为4000分,世界杯团体赛因为是2019年唯一的世界级团体赛,并且在东京奥运场馆举行,亚锦赛团体冠军将直接获得洲际资格入选奥运会,因此积分也在前列。

刘国梁在媒体通气会上表示,男女队任何一个教练组出现考核不及格,作为总指挥的他将自罚全年薪酬与团队共进退,此举突出了感召性权力的影响力。

(资料来源:中新经纬.乒协最严考核出炉 刘国梁自罚也要"下狠手"[EB/OL].(2019-02-26)[2023-03-26].https://www.sohu.com/a/297738376_561670.)

思考:结合感召性权力的特点,分析刘国梁为什么要这么做?

案例6.5 张经理的解聘风波

甲公司是一家专门生产传统家具的企业。这几年随着企业规模的不断扩大,公司先后成立了几家分公司。为了进一步拓展广东市场,公司聘请张先生担任南方分公司的总经理。为此,张先生着实高兴了好一段时间,但是一年以后他就被解聘了,还闹得沸沸扬扬。总公司为什么解聘张经理呢?一是张经理既说不好普通话,又说不好、听不懂粤语。加上他讲话从来不用讲稿,经常是一个问题讲了十几二十几分钟,下属都没听清楚、弄明白。二是张经理虽有工作热情,但文化程度不高,以他为首制订的公司年度计划不大合理,得不到上级的认可。同时,他又不怎么信任别人,有时还有点高高在上。三是张经理经常打断下属的工作谈话和汇报,也不愿听取和采纳员工的意见和建议,还常常对公司员工的一些私下议论采取压制的态度。另外,公司内部又以垂直沟通居多,部门之间、车间之间、班组之间的横向交流很少，使得公司的各种意见和信息难以得到有效的沟通与传播。

（资料来源：陈卫中. 管理学基础[M]. 北京：北京理工大学出版社，2009.）

思考：

（1）请结合案例分析影响有效沟通的障碍包括哪些因素？

（2）试分析有效沟通的实现应坚持哪些准则？

第七章 控 制

通过本章的学习,读者应当能够:
1. 了解控制的含义、特点、分类及要求;
2. 了解控制的过程;
3. 掌握控制的方法;
4. 了解考核与奖惩。

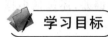

通过理论学习与案例分析,培养学生自我控制精神、勇于纠正错误的态度,明白计划与目标实现离不开有效控制,只有他律与自律相结合,才能实现定下的计划与目标。

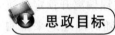

亡羊补牢

从前,有一位放羊的老人,每天晚上总是把羊关在羊圈里面。有一天早晨发现少了一只羊,但是他也没有在意,可是连续几天每天早晨都会发现少一只羊。后来老人发现羊圈破了一个洞,原来每天少的羊是狼从洞口把羊叼走了,于是老人把洞补起来了,从此再也没有丢失过羊。

思考:如果老人事先把羊圈修得很结实,狼可能会在羊圈上打洞叼羊吗?如果老人在发现羊圈有洞时及时补上,还会丢失羊吗?老人补上洞后再也没有丢过羊,那么以前丢失的羊会回来吗?

控制是管理的基本职能之一,也被称为监督职能,它贯穿整个管理过程。

第一节 控制工作概述

一、控制的含义

(一)计划与控制

控制是指管理者根据组织的目标和计划,用设定的标准对组织的实际工作进行衡量和评估,发现偏差,寻找原因并纠正偏差的过程。

这一定义包含了以下几层意思。

(1) 控制的目的是使组织的目标和计划能够顺利地完成。

(2) 控制是通过"衡量""评估"和"纠正偏差"作为实施手段。

(3) 控制是一个过程,并且是一个复杂的过程。

从控制的定义可以了解,控制职能与计划职能有着密切联系。计划是控制的基础,为控制提供了目标和标准,使管理者明确了控制的方向;控制为计划的实施提供了信息,是计划能够得以实现的根基。控制不但包括纠正实施计划过程中工作的偏差,还包括根据情况、环境等变化及时纠正和调整计划方案本身。

(二) 管理中的控制工作

通过计划活动我们明确了目标和途径,通过组织活动我们建立起一种既有分工又有协作的结构。而通过领导活动,我们营造起一种促使人们努力的氛围,那这是不是就能自然而然地实现目标呢?还不见得。在实现目标的这个进程中,我们会受到各种各样的因素影响,会有各种各样意想不到的事情发生。所以,我们实现目标的航程偏离开预定的轨道事实上几乎是一种不可避免的存在。这就意味着作为管理者,必须随时随地地来检测我们的运行情况。如果发生偏离,就要及时地把进程拉回到一个正常的轨道上来,这就是管理的控制工作。

作为管理职能之一的控制工作是指:为了确保组织的目标以及为此而拟订的计划能够得以实现,各级主管人员根据事先确定的标准或因发展需要而重新拟订的标准,对下级的工作进行衡量、测量和评价,并在出现偏差时进行纠正,以防止偏差继续发展或今后再度发生;或者,根据组织内外环境的变化和组织的发展需要,在计划的执行过程中,对原计划进行修订或制订新的计划,并调整整个管理工作过程。因此,控制工作是每个主管人员的职能。主管人员常常忽视了这一点,似乎控制工作是上层主管部门和中层主管部门的事。实际上,无论哪一层的主管人员,不仅要对自己的工作负责,而且都必须对整个计划的实施和目标的实现负责,因为他们本人的工作是计划的一部分,他们下级的工作也是计划的一部分。因此各级主管人员(包括基层主管人员)都必须承担实施控制工作这一重要职能的责任。

在管理工作中,根据对象的不同(如质量控制、财务控制、成本控制等)把管理中的控制工作称为管理控制或控制工作。

(三) 管理控制的重要性与特征

1. 管理控制的重要性

组织的各项活动都离不开控制,控制工作是组织顺利开展活动、实现组织目标的基本保证。

(1) 可以有效减轻环境的不确定性对组织活动的影响。现代组织所面对的环境具有复杂多变的特点,再完善的计划也难以将未来出现的变化考虑得十分周全。因此,为了保证组织目标和计划的顺利实施,就必须有控制工作,以有效地降低环境的各种变化对组织活动的影响。

（2）可以使复杂的组织活动协调一致地运作。由于现代组织的规模有着日益扩大的趋势,组织的各种活动日趋复杂化,要使组织内众多的部门和人员在分工的基础上能够协调一致地工作,完善的计划是必备的基础,但计划的实施还要以控制为保证手段。

（3）可以避免和减少管理失误造成的损失,组织所处环境的不确定性,以及组织活动的复杂性,会导致不可避免的管理失误。控制工作通过对管理全过程的检查和监督,可以及时发现组织中的问题,并采取纠偏措施,以避免或减少工作中的损失,为执行和完成计划起着必要的保障作用。

2. 管理控制的特征

基于管理活动的特点,管理控制区别于一般控制,有其自身的特征。

（1）管理控制具有整体性。这包含两层含义：一是管理控制是组织全体成员的职责,完成计划是组织全体成员的共同责任,参与控制是全体成员的共同任务；二是控制的对象是组织的各个方面。确保组织各部门、各单位彼此在工作上的均衡与协调,是管理工作的一项重要任务。为此,需要了解掌握各部门和单位的工作情况并予以控制。

（2）管理控制具有动态性。管理工作中的控制不同于电冰箱的温度调控,后者的控制是高度程序化的,具有稳定的特征。组织不是静态的,其外部环境及内部条件随时都在发生着变化,从而决定了控制标准和方法不可能固定不变。管理控制应具有动态的特征,这样可以提高控制的适应性和有效性。

（3）管理控制是对人的控制并由人执行控制。管理控制是保证工作按计划进行并实现组织目标的管理活动,而组织中的各项工作要靠人来完成,各项控制活动也要靠人去执行。所以,管理控制首先是对人的控制。

（4）管理控制是提高工作能力的重要手段。控制不仅仅是监督,更重要的是指导和帮助。管理者可以制订纠正偏差计划,但这种计划要靠员工去实施,只有当员工认识到纠正偏差的必要性并具备纠正能力时,偏差才会真正被纠正,通过控制工作,管理者可以帮助员工分析偏差产生的原因,端正员工的工作态度,指导他们采取纠正措施。这样,既能达到控制的目的,又能提高员工的工作和自我控制能力。

3. 管理控制的目标

在组织的动态发展中,目标既是控制活动的方向和依据,又是控制过程循环发展的终点,目标贯穿于整个管理控制过程的始终。管理控制的目标主要有以下四个。

（1）限制偏差的累积。小的差错和失误并不会立即给组织带来严重的损害,然而时间一长,小的差错就会得以积累、放大,并最终变得非常严重。工作中出现偏差在很大程度上是不可完全避免的,关键是要能够及时采取有效的纠正措施。

（2）适应环境的变化。如果管理者能够建立起目标并立即实现,那么就不需要进行控制。事实上,制定目标到目标实现之前总有一段时间。在这段时间,组织内部和周围环境有许多情况发生：新材料和新技术可能会出现,政府可能会制定新的法规或对原有的政策进行修正,组织内部人员可能会产生很大的变动,等等。这些变化不仅会阻止目标的实现,甚至可能要求对目标本身进行修改。因此,需要构建有效的控制系统帮助管理者预测和确定这些变化,并对由此带来的机会和威胁做出反应。

(3) 处理组织内部的复杂局面。如果一个企业只购买一种原材料、生产一种产品、组织设计简单,并且市场对其产品需求稳定,那么管理者只需一个非常基本简单的系统就能保持对企业生产经营活动的控制。但在现实中大多数企业要选用很多原材料,制造多种产品,市场区域广阔,组织设计复杂并且竞争对手林立。他们需要复杂的系统来保证有效的控制。

(4) 降低成本。低成本优势是企业获得竞争的一个主要来源,它要求积极建立起达到有效的生产设施,强化成本控制,减少浪费。为了达到这些目标,有必要在管理方面对成本控制予以高度重视,通过有效的控制可以降低成本,增加产出。

4. 管理控制的对象

管理控制的对象主要包括人员、财务、作业、信息和组织绩效五个方面。

(1) 人员是管理的第一要素,也是控制的对象之一。组织需要通过组织成员才能实现组织计划。管理者需要对组织成员的素质、行为等方面进行控制,引导和监督员工,使其行为符合管理的要求,最终能顺利实现组织计划。

(2) 财务的控制是实现组织计划的重要一环。组织计划的实现需要有资金的支持,也需要健康的财务管理。因此,财务控制也是保证企业健康发展和计划实现的重要手段,如监督资金的使用,以使资金的使用符合计划预算。

(3) 作业是指组织运行过程中,从投入到产出的各个环节。组织计划的实施,离不开对作业的过程进行控制,如生产率的控制、质量的控制、采购的控制,等等。

(4) 信息是组织生存和发展的重要资源。企业需要有及时、精确和完整的信息确保组织的运作。因此,以信息的控制就是确保企业有一套科学的管理信息系统,能有效地收集和处理信息。

(5) 组织绩效控制是组织高层管理者的控制对象,它反映的是组织最终目标能否实现,这包括组织的短期目标和长期目标的实现。组织绩效很难用一个指标来衡量,要对其进行控制,需要有一套科学合理的绩效考核体系。

二、控制工作的类型及要求

(一) 控制工作的类型

计划工作一旦付诸实施,就会产生许多信息。这些信息以不同的方式,通过不同的渠道反映到各级管理人员那里,经过分析、整理,管理人员对不同的控制对象确定不同的控制工作重点,并采用不同的控制工作类型进行控制。控制工作的类型,按照不同的标志可以分成许多种。

1. 按作用的环节不同分类

根据纠正措施作用的环节不同,将控制工作分为现场控制、反馈控制和前馈控制三类。

(1) 现场控制。这类控制工作的纠正措施是作用在进行的计划执行过程,它是一种主要为基层主管人员所采用的控制工作方法。主管人员通过深入现场,亲自监督检查、指导和控制下属人员的活动。它包括的内容如下。

① 向下级指示恰当的工作过程。

② 监督下级的工作以保证计划目标的实现。

③ 发现不合标准的偏差时,立即采取纠正措施。

在计划的实施过程中,大量的管理控制工作,尤其是基层的管理控制工作都属于这种类型。因此,它是控制工作的基础,一个主管人员的管理水平和领导能力常常会通过这种工作表现出来。

在现场控制中,组织机构授予主管人员权力使他们能够使用经济的和非经济的手段来影响其下属。控制活动的标准来自计划工作所确定的活动目标和政策、规范和制度。控制工作的重点是正在进行的计划实施过程。控制的有效性取决于主管人员的个人素质、个人作风、指导的表达方式以及下属对这些指导的理解程度。其中,主管人员的"言传身教"具有很大的作用。例如,工人的操作发生错误时,工段长有责任向其指出并作出正确的示范动作帮助其改正。

在进行现场控制时,要注意避免单凭主观意志进行工作。主管人员必须加强自身的学习和提高,亲临第一线进行认真仔细的观察和监督,以计划(或标准)为依据,服从组织原则,遵从正式指挥系统的统一指挥,逐级实施控制。

(2) 反馈控制。反馈控制又称事后控制,是在工作结束之后进行的控制。反馈控制把注意力主要集中于工作结果上,通过对工作结果进行测量、比较和分析采取措施,进而矫正今后的行动。反馈控制可用来控制系统的最终成果,例如产量、销售收入、利润、利润率等,也可以用来控制系统的中间结果,例如新产品样机、生产计划、生产过程、工序质量、在制品库存量等。前者称为端部反馈,后者称为局部反馈。局部反馈对于改善管理控制系统的功能起着重要作用。通过各种局部反馈,可以及时发现问题,排除隐患,避免造成严重后果。例如工序质量控制、月度检查、季度检查等,就属于局部反馈。它们对于保证最终产品的质量和保证年度计划的实现无疑起着重要作用。局部反馈与端部反馈之间是一种多重嵌套关系。这种结构是复杂的动态系统的一个主要特征。

反馈控制类似于成语所说的"亡羊补牢"。它的最大弊端是在实施矫正措施之前,偏差就已经产生。但是在实际情况下,反馈控制又是唯一可选择的控制类型。反馈控制能为管理者评价今后的计划制订与执行提供有用的信息。同时人们可以借助反馈控制,认识组织活动的特点及其规律,为进一步实施前馈控制和现场控制创造条件,实现控制工作的良性循环,并在不断的循环过程中提高控制效果。

(3) 前馈控制。与反馈控制以过去的信息为导向不同,前馈控制旨在获取有关未来的信息,依次进行反复认真的预测,将可能出现的执行结果与计划要求的偏差预先确定出来(此为负前馈),或者事先察觉内外环境条件可能发生的变化(此为正前馈),以便提前采取适当的处理措施预防问题的发生。前馈控制亦称为预先控制,它由于未雨绸缪地采取了防患于未然的行动,从而可以克服反馈控制系统的滞后性问题。例如,司机驾车上山,如果等上坡时速度表显示出车速下降后再去踩油门,那就未免太晚了些。因为有经验的驾驶员知道,上坡是影响速度的变量,因此需要未上坡前就先踩油门,以提前补偿变量因素的影响。而在企业经营管理中,原料在进厂之前或投入生产过程之前便对其进行把关检验,要求工作人员"持证上岗"确保能力素质,以及对设备进行预防维护。

2. 按控制力量的来源分类

根据控制力量的来源分类,可以分为外在控制与内在控制。

(1) 外在控制是指一个单位或个人的工作目标和标准的制定,以及为了保证目标和标准的顺利实现而开展的控制工作,是由其他的单位或个人来承担,自己只负责检测、发现问题和报告偏差。例如,上级主管的行政命令监督、组织程序规则的制约等,都是这种外在加强的控制。

(2) 内在控制是一种自我控制。自我控制的单位或个人,不仅能自己检测、发现问题,还能自己订立标准并采取行动纠正偏差。例如,目标管理就是一种让基层管理人员和工人参加工作目标的制定(上下协商确定目标),并在工作中实行自主安排(自己决定实现目标的方法手段)、自我控制(自己检查评价工作结果并主动采取处理措施)的一种管理制度和方法。目标管理通过变"要我做"为"我要做",使人们更加热情、努力地去实现自己制定的工作目标。当然,目标管理只有在个人目标与组织目标差异较小、员工素质普遍较低时,较多的外在强加控制则是更为需要的。

3. 按控制点的重要性和影响程度分类

根据控制点的重要性和影响程度划分,可分为任务控制、绩效控制和战略控制。

(1) 任务控制也称运营控制、业务控制,主要是针对基层生产作业和其他业务活动而直接进行的控制。任务控制多数采用负反馈控制法,其目的是确保有关人员或机构按既定的质量、数量、期限和成本标准要求完成所承担的工作任务。

(2) 绩效控制是一种财务控制,即利用财务数据来观测企业的经营活动状况,以此考评各责任中心的工作实绩,控制其经营行为。此种控制亦称为责任预算控制或以责任发生制为基础进行的控制。

(3) 战略控制是对战略计划和目标实现程度的控制。战略控制中不仅要进行负馈控制,更常需要进行正馈控制。也就是说,在战略控制过程常有可能引起原定战略方案的重大修改或重新制定。也正因为这个缘故,人们倾向于将战略的计划与控制系统笼统地称作战略计划系统,而将任务的计划与控制系统称作是任务控制系统。这说明,在较低层次的管理控制中,以负馈为手段的常规控制占主要地位,随着组织层次的提高和考虑环境变化的需要与责任的加重,正馈控制的成分就越来越增大。

4. 按业务范围分类

此外,还可以按照业务范围将控制工作分为生产(作业)控制、质量控制、成本控制和资金控制等。

(二)控制工作的基本要求

无论哪种类型的控制工作,为确保控制工作取得更好的成效,都必须按照以下基本要求去实施控制。

(1) 要以明确的切实可行的组织目标和计划作为开展控制工作的基础。控制工作的任务是保证组织目标和计划的实现,控制标准的确定也是以计划指标为依据的,控制工作的展开也是针对计划实施的全过程。因此,实现有效控制的基本前提是要有一套切实可行的组织计划。

(2) 要有专职的控制职能部门和人员作为实施控制工作的组织保证。控制的对象为整个组织的活动涉及管理的各个方面,为保证控制工作对组织活动的有效监督,组织应设有专职的控制机构和人员,赋予其相应的责任和权限,建立和健全规章制度以保证控制工作在组织活动中的权威性。

(3) 要有健全的信息反馈渠道。控制是对计划实施过程的检查与调整,要随时掌握工作实际并与标准进行比较,以便从差异中寻找问题,纠正偏差。这一过程的顺利进行是以信息的及时获取和反馈为前提的,具备畅通的信息渠道,才能有利于问题的及时发现和解决。

(4) 要有一套符合组织目标和计划的要求且切实可行的控制标准。控制标准是控制过程中对实际工作进行检查的衡量尺度,是实施控制的必要条件。因此实施控制工作一定要把确定控制标准作为控制过程的首要环节。

(5) 要科学地选择控制点,突出控制工作的重点对象。控制工作的对象是整个组织的活动,但这并不意味着组织内事无巨细的各种活动都是控制的直接对象。因为这对于需要大量资源投入的控制工作而言,是不可能而且也不必要的。控制工作应善于抓住组织活动中的关键点,以重点控制达到控制全局的目的。

(6) 要能够及时准确地发现、分析和解决组织活动中的问题。控制工作的有效性取决于能否及时地发现并解决组织活动中的各种问题。因此,一定要重视控制的及时性和准确性。这种及时性一方面反映在控制系统信息渠道反馈控制所需信息的灵敏度上,另一方面反映在控制系统解决问题的及时性和准确性上。

(7) 要提高控制工作的灵活性。组织活动的复杂性及组织环境的不确定性,都给计划工作和控制工作的准确性带来了极大的难度,因此,管理中的失误是不可避免的。为了应对复杂多变的环境,控制工作应注意把握灵活性和适应性。要有各种方案,要尽可能采用多种控制手段,以便于灵活地适应各种变化。

(8) 要考虑控制工作的经济合理性。控制工作的开展需要大量的人力、物力和财力的投入,有效的控制也要以是否具有经济合理性作为开展工作的标准。要将控制过程中的投入与可能得到的效果相比较,从中选择经济合理的控制点。控制过程中也应注意采用各种组织技术措施,以降低控制成本。

要注重采用先进适用的控制方法和手段。实施控制要有必要的控制方法和手段。控制工作应注重采用先进的控制方法和手段,以不断提高控制工作的效率和效果。

三、有效控制系统的设计

对一个以盈利为目的的企业而言,建立有效的控制系统具有重要的意义。为了达到将潜在的利益最大化同时尽可能地将损失最小化的目的,管理者应当设计满足以下条件的控制系统。

1. 建立有效的控制标准

有效的控制系统必须建立在有效、准确的绩效标准上。事实上,最有效的标准是数量标准,数量标准具有客观性的特点,这是其他的主观标准所不能比较的。另外,控制系统还应当包括衡量企业绩效的所有重要的方面。如我们都知道考核在控制中的重要作用,但也应有个限度:如果过多地进行考核,必然引起员工的反感,导致控制过度,并带来员工的抵制。

2. 提供充足的信息

管理者必须将控制系统的重要性传达给全体员工,以使全体员工认识到控制的重要性,自觉地进行控制。在控制的过程中,应当及时将员工绩效反馈给员工本人,以激励员工。同时,员工也可以根据自己的绩效,对自己的行为进行调整,使之适应企业控制的需要,让员工自发地修正自己的行为,鼓励自我控制,减少外部监督。

3. 保证员工能够接受

任何一项改革措施都要得到员工的支持,或至少使员工可以接受这一措施,控制活动也不例外。一般而言,员工接受的是有用但又不过度的控制。因此,控制的标准是员工经过努力可以达到的,这样他们才可以接受。

在控制的过程中,应当强化正面行为,而不是控制负面行为。对员工正面行为的强化可以使员工加强这些行为,以切实加强控制。另外,让员工参与控制决策也有利于员工减少抵触情况,更好地开展控制工作。

4. 使用多种方法进行控制

使用多种方法进行控制有许多优越性。一方面,多种控制方法可以互相弥补各自的不足,形成有效的控制;另一方面,多种控制方法对于调动员工参与控制的积极性也是十分有益的。

案例讨论

假设你是一家企业的区域销售经理,你们公司主要向国内的建筑商提供高品质的橱柜。但是在过去的几年中,你们公司的销售增长率一直在下降。越来越多的事实说明,销售人员为了使自己工作更容易,主要为大客户提供服务而忽视了小客户。此外,工作人员不重视客户的疑问和投诉,总是不能迅速处理,这已然导致售后服务质量的下降。

请你对该问题进行讨论,设计一种既能够提高销售量,又能够提高客户服务质量的控制系统。

第二节 控 制 过 程

对于资金、办事规程、产品质量、员工情绪或其他控制对象所构成的控制系统和所运用的控制技术在本质上都是一样的。不论控制的对象是新技术的研究与开发,还是产品的加工制造;是市场营销宣传,还是企业的人力条件;还是物质要素,或是财务资源,控制的过程都包括三个基本环节的工作:一是确定标准;二是衡量绩效;三是纠正偏差。

一、确定标准

标准代表人们期望的绩效,是人们检查和衡量工作及其结果(包括阶段结果与最终结果)的规范,是测度实际绩效的依据和进行控制的基础。它往往是一个组织为开展业务工作在计划阶段所制定的目标。在组织系统中,标准必须统一,必须人人明了,以免产生混乱。

控制标准来源于计划,但不同于计划。有些计划已经制定了具体的、可考核的目标或指标,这些可以直接作为控制的标准。但有许多计划是为实现某一决策目标而制定的综合性的行动方案,其内容有时只有行动纲领,而没有具体的实施过程,因此,就需要将计划的目标转换为更具体的、可考核的标准。例如,某销售商计划在今后五年内使销售额每年增长 25%,某车间希望将本月产量提高 10%,这类的目标往往要等到计划期快结束时才可以衡量是否已经达到要求,因而对平时工作的考核性较差。如果能将"车间的产量提高 10%"的目标转换为"每个员工每班生产 10 个部件"这样的标准,无疑更便于日常检查和评价。例如,麦当劳快餐店就制定了非常详尽、具体的工作标准:其一,95% 以上的顾客进餐馆后 3 分钟内,服务员必须迎上去接待顾客;其二,事先准备好的汉堡包必须在 5 分钟内热好供应顾客;其三,服务员必须在就餐人员离开 5 分钟内把餐桌收拾干净。

1. 确定控制标准的方法

不同种类的标准有不同的特点,确定标准的方法也有所不同。常用的确定控制标准的方法如下。

(1) 标准化法。即根据国际标准、国家标准、部颁标准和企业标准,选择确定为有关活动控制用的技术标准和管理标准。

(2) 经验估算法。缺乏充分数据,有些工作标准本身很难衡量化。该情况下就可采用这种根据管理者的个人经验和主观判断为基础进行估算评价,以确定控制标准的方法。这种方法简单易行,但准确性差。

(3) 统计法。运用这种方法确定标准,需要有较系统的、准确的统计资料,并应注意分析过去的数据能否说明现在的情况这一问题。借鉴其他同行的数据资料建立有关的控制标准,不可简单地生搬硬套,要有分析地加以取舍利用。

(4) 技术测度法。这是一种通过某种技术方法,对获取的一次信息进行具体的定量计算、分析而生成控制标准的方法。许多工程标准就是运用该方法推出的。

接下来谈谈控制标准方面的误区。构成控制的基础就是要有一套合适的控制标准。控制标准对人们的行为起着指挥棒作用,如果控制标准不合适,就会误导人们的行为,从而影响组织目标的实现。在这一点上,现实的管理活动中,人们存在着很多的误区。这些误区多数是控制标准与实际情况相悖的问题。在制定控制标准的时候,人们希望的是一回事,但是实际用标准来调整和鼓励的却是另外一回事。

例如常常宣称期望的是长期的增长,但是在考评的时候,却着重于短期的业绩。这种情况下,再强调希望长期的增长,对人们的行为也是无济于事的,人们仍然会把行为集中到短期业绩上。

再如管理层经常嚷嚷鼓励团队合作,但是实际考评指标常常确实鼓励人们独行其是,鼓励排出名次,选出冠军,这样又怎么促使人们进行团队合作呢?

也经常说要缩减规模、优化规模、要减少层次等,但是却在现实生活中增加人员、增加预算,等等。

口号喊的是要重视质量,但是现实中要求的却是按时交货,哪怕有缺陷也在所不惜。

鼓励人们说真话,鼓励人们正直,但是现实中的考核机制却是在促使人们作假,报告好消息,赞同上司,做种种唯唯诺诺的事情。

2. 确定控制对象

标准的具体内容涉及需要控制的对象。经营活动的成果无疑是需要控制的重点对象。控制工作的最初动机就是要促进企业有效地取得预期的活动效果。要保证企业取得预期的成果,必须在成果最终形成以前进行控制,纠正与预期成果的要求不相符的活动。因此,需要分析影响企业经营活动结果的各种因素,并把它们列为需要控制的对象。

3. 选择控制的重点

企业无力也没有必要对所有方面或所有活动进行控制,而必须在影响经营成果的众多因素中选择若干关键环节作为重点控制对象。美国通用电器公司关于关键绩效领域的选择或许能给我们提供某种启示。通用电器公司在分析影响和反映企业经营绩效的众多因素的基础上,选择了对企业经营成败起决定作用的八个方面。

(1) 获利能力。通过提供某种商品和服务取得一定的利润,这是任何企业从事经营的直接动因之一,也是衡量企业经营成败的综合标志,通常可用与销售额或资金占用量相比较的利润率来表示。它们反映了生产成本的变动或资源利用效率的变化,从而为企业采取改进方法指出了方向。

(2) 市场地位。市场地位是指对企业产品在市场上占有份额的要求。这是反映企业相对于其他厂家的经营实力和竞争能力的一个主要标志。如果企业占领的市场份额下降,那么意味着由于价格、质量或服务等某些方面的原因,企业产品对于竞争产品来说其吸引力降低了,因此应该采取相应的措施。

(3) 生产率。生产率标准可用来衡量企业各种资源的利用效果,通常用单位资源所能生产或提供的产品数量来表示。其中,最重要的是劳动生产率标准。企业其他资源的充分利用在很大程度上取决于劳动生产率的提高。

(4) 产品领导地位。产品领导地位通常指产品的技术先进水平和功能完善程度。为了维持企业产品的领导地位,必须定期评估企业产品在质量、成本方面的状况及其在市场上受欢迎的程度。

(5) 人员发展。企业的长期发展在很大程度上依赖于人员素质的提高。为此,需要测定企业目前的活动以及未来的发展对职工的技术、文化素质的要求,并与他们目前的实际能力相比较,以确定如何为提高人员素质采取必要的教育和培训措施。要通过人员发展规划的制定和实施,为企业及时提供足够的经过培训的人员,为员工提供成长和发展机会。

(6) 员工态度。员工的工作态度对企业目前和未来的经营成就有着非常重要的影响。如果发现员工态度不符合企业的预期,企业应采取有效的措施来提高员工在工作或生活上的满意程度,以改变他们的态度。

(7) 公共责任。企业的存续是以社会的承认为前提的。而要争取社会的承认，企业必须履行必要的社会责任，包括提供稳定的就业机会、参加公益事业等多个方面。公共责任能否很好地履行关系到企业的社会形象。企业应根据有关部门对公众态度的调查，了解企业的实际社会形象同预期的差异，改善对外政策，提高公众对企业的满意程度。

(8) 短期目标与长期目标的平衡。企业目前的生存和未来的发展是相互依存、不可分割的。因此，在制订和实施经营活动计划时，应该统筹长期与短期的关系，检查各时期的经营成果，分析目前的高利润是否会影响未来的收益，以确保目前的利益不是以牺牲未来的利益和经营的稳定性为代价而取得的。

二、衡量绩效

该步骤的主要内容是将实际工作成绩和控制标准相比较，对工作作出客观的评价，从中发现二者的偏差，为进一步采取控制措施提供全面准确的信息。

如何评定管理活动绩效的问题，在拟订标准时就已经部分得到了解决。即通过制定可考核的标准，同时也就将计量的单位、计算方法、统计的口径等确定下来。因此，对于评定绩效而言，剩下的主要问题是如何及时地收集适用的和可靠的信息，并将其传递到对某项工作负责，而且有权采取纠正措施的主管人员手中。

在这里，从管理控制工作职能的角度看，除了要求信息的准确性外，还对信息的及时性、可靠性和适用性提出了更高的要求。

(1) 信息的及时性。所谓及时，有两层含义：一是对那些时过境迁后不能追忆和不能再现的重要信息要及时记录；二是信息的加工、检索和传递要快。如果信息不能及时提供给各级主管人员及相关人员，就会失去它的使用价值。

(2) 信息的可靠性。信息的可靠性除了与信息的精确程度有关外，还与信息的完整性有一种正比关系。因此，要提高信息的可靠性，最简单的办法和大多数情况下唯一的办法，就是尽量多地收集有关的信息。但是又出现了信息的及时性的矛盾。因此，信息的可靠性是个程序问题。上层主管人员的重大决策大都是以不完全的信息为基础的，贻误了时机，再可靠的信息也是没有用的。因此，在可靠性和及时性之间几乎经常要作出折中，这是一种管理艺术。

(3) 信息的适用性。管理控制工作需要的是适用的信息，不同的管理部门对信息的种类、范围、内容、详细程度、精确性和需要频率等方面的要求各不相同。如果向这些部门不加区分地提供一样的信息，不仅会造成信息的大量冗余，从而增加信息处理工作的负担和费用，而且还会给这些部门的主管人员查找所需要的信息带来困难，造成时间浪费甚至经济上的损失。信息适用性的另一个要求是，信息必须经过有效的加工。

三、纠正偏差

1. 进行偏差分析

将既定标准与实际绩效进行比较，从理论上讲，只要两者存在不一致，那么就成为下一步管理上要解决的问题。应该看到，某些活动中，存在一定的偏差在所难免。因此，确定可以接受的偏差范围是必要的。若偏差落在可接受范围之内,就可视为是正常偏差,可不去理会。但越过可接受范围的偏差,就应对其进行及时深入分析研究,找出原因和问题的症结所在。

一般造成偏差的原因有三大类:计划操作原因、外部环境发生重大变化原因和计划不合理原因。

(1) 计划操作原因。当由于计划执行者的自身原因使偏差发生,如工作不认真,没有责任心;或能力不够,不能胜任工作时可采取以下措施:重申规章制度,明确责任,明确激励措施,按规定处罚有关人员;或调整工作人员,加强员工培训,改组领导班子等。

(2) 外部环境发生重大变化原因。当因外部环境发生重大变化产生偏差时,如国家政策法规发生变化,国家政治风云突变,某个大客户或大供应商突然破产,自然界不可抗拒的灾害等不可控因素,只能在仔细分析的基础上采取一些补救措施,以尽量消除不良影响,然后改变策略,避开锋芒,或变换目标,另辟蹊径。

(3) 计划不合理原因。有时制定计划时不切实际,把目标定得过高,根本达不到,如制定过高的利润目标、市场占有率目标,这时应根据具体情况,及时调整目标,使之处在合理的水平;也有在制定目标时,过于保守,低估自己的实力,把目标定得太低,不能起激励作用,这时也应进行调整。当然,应注意不能凭一时冲动,随意更改计划,否则,计划将失去存在意义,也就谈不上有效控制了。

巨人集团是个典型的计划失控案例,巨人集团是个靠高科技迅速崛起的民营企业。1989 年,其创始人史玉柱以 4000 元和自己开发的 M-6401 汉卡起家,4 个月后总资产达到 100 万元,3 年时间总资产超亿元,但在 1996 年年底,巨人却陷入严重的财务危机,巨人倒下了。其直接原因就是 70 层巨人大厦的投资失误。1992 年,它以公司资产规模一个亿、流动资金才几百万元的实力,却要建造工程预算十几个亿、需要 6 年完工的巨人大厦,结果几乎导致整个企业的覆没。

2. 采取纠正偏差措施

采取纠偏措施的管理活动,主要表现如下。

(1) 调整计划及相应的标准。对修订计划应持慎重态度。若是有关方面对计划的认识不一的情况下,要在努力改善计划执行条件后仍难见成效的,再决定调整计划;如管理者经过反复思考,认为计划本身是合理的,偏差的产生并不是计划标准过高的缘故,那么就应该坚持,这时应注意向有关人员解释为什么坚持按原定计划执行的理由。有时坚持按原计划执行也是一种纠偏的措施。调整计划最好在计划执行告一段落之后再着手,以免打乱正常的工作秩序。调整计划"应从修改工作标准开始,调整标准不能奏效时,再调整上一级计划,如此依次调整,既可以保持计划的稳定性,又可以体现计划的灵活性,同时也使控制得以有效进行"。

(2) 改善指导和激励方法。这个纠偏措施的运用容易被忽视。它是从管理者自身寻找发生偏差的原因,然后从管理者方面寻求解决问题的方法。

(3) 实施运作的改进,改进实际绩效。如果偏差是由于绩效的不足所产生的,管理者就应采取纠正行动,如调整管理策略、组织结构补救措施或培训计划,也可以是重新分配员工的工作,或进行人事上的调整。其措施包括立即执行的应急性措施和永久性的根治措施。对于那些可能迅速、直接影响计划正常执行的急性问题,多数应采取补救措施。

控制过程的这三个基本环节就构成了控制的三部曲。图 7-1 就是一个控制过程示意图。

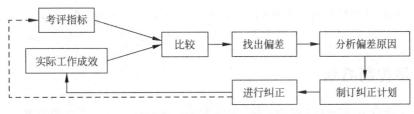

图 7-1 控制过程示意图

通过控制,才能使管理活动成为一个首尾相连的闭环过程,没有控制,就意味着做事情有始无终。

海尔的内部控制系统

日日清控制系统是海尔集团在实践中总结出来的一套内部控制系统,是一个每人、每天对自己所从事的每件事进行清理、检查的控制系统。它包括两个方面:一是"日事日毕",即对当天发生的各种问题(异常现象),在当天弄清原因,分清责任,及时采取措施进行处理,防止问题积累,保证目标得以实现。二是"日清日高",及时对工作中薄弱环节不断改善、不断提高。要求职工"坚持每天提高 1%",70 天后工作效率就可以提高一倍。

(资料来源:张丽莲.管理学原理[M].成都:西南财经大学出版社,2014.)

 案例讨论

Lily 的困惑

Lily 是华盛顿某政府机关办公室的管理员。最近她下属的士气低落,原因是原本实行了弹性工作制,现又恢复了上午 8 点至下午 4 点半的传统工作制。

上级批准她的办公室实行弹性工作制时,她慎重地宣布了弹性时间制度:上午 10 点半至下午 2 点半为核心时间,每个人均需要上班;上午 6 点至下午 6 点可由个人自行选择上下班时间补足 8 小时。她相信员工是诚实的并且已经被激励,因此,没制定新的控制系统。开始,一切进行顺利,士气旺盛。两年后,从总会计办公室来了位审计员,调查发现 Lily 的员工平均每人每天工作 7 小时,有两位只在核心时间里工作达两个月之久。Lily 的部门经理看到审计员的报告后,命令 Lily 的办公室恢复传统工作制。Lily 极为不安,对她的下属员工很失望,认为自己信任的人使她下不了台。

(资料来源:雷蕾.管理学[M].北京:北京出版社,2017.)

思考:你认为 Lily 的问题出在哪儿?

第三节 控制的方法

在组织业务活动的各个领域,目标的性质以及达到预定目标所要求的工作绩效是不相同的,控制对象和标准也就不相同,因而必须采用多种多样的控制方法,主要的方法列举如下。

一、人员控制方法

人是实现组织目标和计划的主体,实施人员控制的核心就是要合理配置人力资源,激发人员的积极性,充分发挥人的潜能,使人的行为符合管理者的要求,从而实现企业的目标与计划。人员控制方法主要包括甄选与配置、目标设定、职务设定、行业规范化、培训、监督检查、绩效评估、报酬和奖惩。

(1) 甄选与配置是为组织选聘与组织计划相匹配的人员及人员数量,且其价值观、态度、个性与能力都符合执行企业计划和目标所需,并将其配置到合适的岗位上。人员配置还包括控制组织内各类人员比率,如管理人员与操作人员的比率,后勤人员与一线人员的比率,正式职工与临时工的比率等。

(2) 目标设定包括设定员工个人及其所在集体的短期目标和长期目标,其目的是指导和限制员工行为,使员工为了达到目标,做出符合企业计划和发展的行为。

(3) 职务设定是具体为员工确定工作职责等,告诉员工需要做什么。

(4) 行为规范化包括利用规章制度、工作指引等方式告诉员工能做什么,不能做什么,指引员工的行为。

(5) 培训的形式是多样的,其作用包括提高员工能力、激励员工、传递企业文化等,最终目的是使员工符合企业计划和发展的需求。

(6) 监督检查是传统的人力控制方法,包括现场监督检查等,目的是保证员工的行为不偏离主要规定的工作行为。

(7) 绩效评估是通过建立工作评估指标,促使员工按照组织期望的方式行动;然而要建立一套客观简明的评价指标有一定的困难。人们在不断的实践中总结出一些可行的方法,如实地审查法、目标管理考评法、360度反馈评价法以及偶然事件评价法。

(8) 报酬和奖惩是通过激励和惩罚的方式强化组织期望的行为和消除不利于组织计划和发展的行为。

二、财务控制方法

财务控制方法是组织控制的重要组成部分,它对组织全面控制和各部门的具体控制都起到了重要的作用,它包括预算控制、审计控制和财务分析。

1. 预算控制

预算控制是管理控制中常用也比较有效的控制方法。预算是数字化了的计划,是用数字(特别是财务数字)表示组织预期结果的活动计划。作为一个组织,需要通过预算来估计和协调计划,预估未来一段时间内的经营收入和现金流量,为组织及下属各部门或各项活动规定了在资金、劳务、材料、能源等方面支出的额度。预算控制是指根据预算规定的与支出标准来检查、监督和控制各部门的活动以保证各部门或各项活动在完成组织目标的过程中合理有效地利用资源,达到控制的目的。

2. 审计控制

审计是对反映企业资金运动过程及其结果的会计记录及财务报表进行审核、鉴定,以判断其真实性和可靠性,从而为控制各决策提供依据。根据审查主体和内容的不同,可将审计划分为三种主要类型。

(1) 外部审计。外部审计是由外部机构(如国家的有关审计部门、独立的审计事务所等)选派的审计人员对组织财务报表及其反映的财务状况进行独立的评估。外部审计实际上是组织内部虚假、欺骗行为的一个重要而系统的检查,因此起着鼓励诚实的作用。外部审计的特点是审计机构与人员在本组织没有行政上的隶属关系,因而可以更加公正客观地进行审计,以增加审计的可靠性。这一类审计的缺点是由于参与审计的外部审计人员对组织的情况不太熟悉,因而有可能遇到一些困难,难以达到预期的效果。

(2) 内部审计。内部审计是由组织内部的机构或由财务部门的专职人员独立进行的审计评估。内部审计是组织经营控制的一个重要手段,其作用主要有三个:①提供检查现有控制程序和方法能否有效保证达成既定目标和执行既定政策的手段;②内部人员可以根据对现有控制系统的有效性的检查,提供有改进组织政策、工作程序和方法的对策建议,更有效地实现组织目标;③有助于推行分权化管理。同时内部审计也存在不少局限性:①可能需要很多费用,特别是进行深入、详细的审计的话;②不仅要搜集事实,而且需要解释事实,并指出事实和计划的偏差所在;③如果审计过程不能进行有效的信息和思想沟通,那么可能会对组织活动带来负激励效应。

(3) 管理审计。外部审计主要针对组织财务记录的可靠性和真实性,内部审计在此基础上对组织政策、工作程序与计划的遵循程度进行测定,并提出必要的改进组织控制系统的对策建议;管理审计的对象和范围则更广,它是一种对组织所有管理工作及其绩效进行全面系统的评价和鉴定的方法。管理审计虽然也是可组织内部的有关部门进行,但为了保证某些敏感领域得到客观的评价,组织通常聘请外部的专家来进行。

管理审计的方法是利用公开记录的信息,从反映企业管理绩效及其影响因素的若干方面将企业与同行企业或其他行业的著名企业进行比较,以判断企业经营与管理的健康程度。反映企业管理绩效及其影响因素主要有:经济功能、企业组织结构、收入合理性、研究开发、财务政策、生产效率、销售能力和对管理当局的评估。

3. 财务分析

财务分析是一种利用财务数据去分析组织的财务状况、企业经营状况及预测未来前景的一种方法,它可以分为财务比率分析和经营比率分析。财务比率分析可以用于分析组织的财务状况,如偿还债务的能力、盈利能力等;经营比率分析可以协助管理者了解组织的经营效率和资源的利用情况。

三、作业控制方法

作业控制是要对组织运行的各个环节进行控制,以确保其在生产产品或提供服务的能力上的效率和效果,它包括生产控制、库存控制、质量控制、成本控制等。

生产控制是对组织生产过程的作业活动、进度、生产速度等各个方面进行控制,如监督和指导生产活动、利用图表对生产进度进行分析等。

库存控制是对库存物质的掌握与控制,确保生产经营过程中物质的供应,合理安排库存资金占用,以求库存保存在最佳水平,主要的做法有库存定量控制和库存定期控制。此外,人们已经普遍以数学和计算机为基础开发了许多库存模型,如准时库存系统等。

质量控制是企业作业控制中的重要一环,主要是为了保证企业生产的产成品或提供的服务的质量,目前普遍采用全面质量控制管理。全面质量控制管理主要包括三个特点:一是实行全过程管理,强调质量管理思想贯穿从用户调查到售后服务的整个过程中;二是全部工作保证,建立一个包括全部相关工作过程的质量保证体系;三是全员参加,组织的全体人员都参与质量管理。

成本控制是指根据一定的标准,对产品形成的整个过程进行监督和控制,从而降低各项费用和劳动力的支出。成本控制一般使用事前建立标准和预算,事中进行观察、信息反馈和调整,事后分析使用情况的方式。

四、信息控制方法

信息控制是确保管理者有精确、完整和及时的信息来完成他们的工作。目前信息控制方法主要是利用计算机建立管理信息系统来进行控制。

五、组织绩效控制方法

组织绩效的控制就是要维持改进一个组织的整体效果。上述所说的人员控制方法、财务控制方法、信息控制方法等的最终目的都是为达成组织目标和计划,因此,这些方法都是控制组织绩效的方法。

此外,在组织绩效控制中,还有一个关键就是需要有科学的方法来衡量组织绩效。组织绩效很难用一个单一的指标来衡量,生产率、效率、利润、产量、市场占有率、组织成员福利、组织成长性等都有可能成为衡量的指标。因此,衡量组织绩效关键是看组织的目标取向。管理者需要根据组织的目标取向来建立一套属于自身组织的衡量指标。

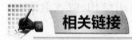
相关链接

标杆管理

标杆管理是一种管理方法,也是一种组织绩效控制方法。其核心是通过与强大的竞争对手或同行领导者进行对比找出自身的不足,进行调整,从而提高组织绩效的管理控制过程。美国的施乐公司是最早采用标杆管理的企业,它通过找出与日本领先企业的差距,在经营战略等方面进行了全面调整,成功地夺回了市场份额并降低了成本。

六、其他控制方法

1. 视察控制

视察控制是指管理人员不凭借其他手段而直接通过在现场观察业务执行情况,以了解第一手资料,并采取纠正措施。管理人员亲自观察不仅具有监督和指导功能,更重要的是具有激励功能。根据马斯洛的需求层次理论,在人们满足基本生活和安全需要之后,其更需要别人对自己的关注。所以,从某种意义上说,管理人员对员工工作的关注所产生的激励是其他方法难以达到的。

在执行决策过程中,管理应及时收集执行情况的信息,一方面反馈给执行者,另一方面用以检验决策的正确性及有效性,从而有利于执行者的进一步行动和决策的调整。如果既给执行者确定明确的目标(同时富有意义和可实现),又有及时的信息反馈,那么执行者就会进一步加强其工作表现。应该强调的是,管理者应尽可能到工作现场去了解决策的执行情况,过多依赖抽象的报告可能会误入歧途。

2. 报告分析法

报告分析法是指利用第二手资料对企业运行状况进行分析,衡量实际绩效并采取相应的纠偏措施。报告分析法的关键在于报告内容的真实性、准确性,报告形式的扼要性、可读性,以及报告时间的及时性。要保证报告具备以上的特征,必须要有良好的制度和文化基础。对控制报告的基本要求是必须做到:适时、突出重点、指出额外情况、尽量简明扼要。通常,运用报告进行控制的效果,取决于主管人员对报告的要求。管理实践表明,大多数主管人员对下属应当向他报告什么缺乏明确的要求。随着组织规模及其经营活动规模的日益扩大,管理也日益负责,而主管人员的精力和时间是有限的,从而,定期的情况报告也就越发显得重要。

 案例讨论

某机电公司总经理收到审计部门的报告。报告指出,本年公司已经大大超预算,下一年度预算方案指标也很高。为解决预算指标过高的问题,总经理召集有关部门领导开会共商对策措施。负责编制预算部门的领导介绍了预算编制的过程。他说,新一年的预算先由下面单位报预算,然后财务部门汇总做出财务预算。下面单位和财务部门的预算按照"新一年指标=本年指标+(1+变动率)"的公式计算新的预算指标。至于如何支出由部门负责,追加预算由公司高层作出决策。当问到提出追加投资预算的原因时,预算部门领导解释说主要有:市场情况发生变化,原预算不够用;产品市场开发开拓需要增加预算;新的发展机会需要经费支持;为部门财务留有资金浪费、工期拖后、"跑、冒、滴、漏"及质量事故等。如果加强管理,或把有些工程交给其他承包商,可节省经费预算20%,就等于提高20%的经济效益。公司决定调整预算控制程序,建立新的预算控制机制。

(资料来源:雷蕾.管理学[M].北京:北京出版社,2017.)

思考:请你根据控制原理,分析控制工作存在的主要问题并提出新预算控制机制。

相关链接

日本、美国和中国的控制实践活动

在西方的管理人员看来,控制需要设定标准,衡量业绩并纠正不期望出现的偏差。但是对日本人来说,这一过程则不那么直截了当,如下表所示(日本、美国和中国的控制实践活动对比)。

日本的管理	美国的管理	中国的管理
1. 同时控制 2. 控制集中在集体业绩 3. 留有面子 4. 广泛使用质量控制小组	1. 上级控制 2. 控制集中在个人业绩 3. 追究责任到人 4. 有限地使用质量控制小组	1. 受集体的领导控制(上级) 2. 控制主要是对集体,有时也集中个人业绩 3. 试图留面子 4. 有限地使用质量控制小组

1. 日本的控制工作

在有关决策的讨论中,群体(富有活力和压力)对管理过程有着深刻的影响。在没有隔断的办公室大家都能清楚地了解同事的业绩情况。此外,管理人员与其他同事在一起,而不是坐在单独的办公室。个人业绩的衡量不是根据一些具体而又可考核的目标,而强调集体业绩。再有,日本式的给下属人员"留面子"也与把计划中出现的偏差追究责任到人格格不入。控制注重过程而不是数量。日本人以其对质量的关注而闻名,但过去事情也并非如此。20世纪50—60年代时,日本的产品给人的印象也是以次充好。现在良好的质量是同日本产品联系在一起的多个亮点之一。这在部分上要归功于成功地实施了质量控制。日本的质量控制要求员工积极参与质量控制工作。

2. 美国的控制工作

在美国,控制常常意味着根据预先制定的精确标准对业绩进行衡量。在美国得以广泛应用的目标管理,需要制定可考核的目标,并依据这些目标衡量个人业绩。这样,上级人员就可以将偏差追究到某个具体的人,并常常可以确定责任在谁。为使个人产生最大业绩,就可能会损失集体业绩。

质量控制方案的使用并不是件新事物。例如,休斯飞机制造公司很久以来一直在使用被称为"零缺陷和价值工程"的方案。许多质量控制的方法都是美国人创造出来的,但后来日本用来提高生产质量和生产率。

3. 中国的控制工作

中国的控制主要是由集体的领导来进行的。控制主要针对集体,但也兼顾个体。例如,工厂的管理人员就要完成年度的生产配额。因此,中国的控制实践活动混合了美国及日本的控制工作。在确定与标准的偏差行为时,常常会给表现欠佳的人留有面子(这点类似于日本的做法)。虽然在某种程度上也使用了质量控制小组,但却不是普遍的做法。

通过对日本、美国和中国在计划、组织、人事、领导和控制等方面的对比,我们清楚地看到,这些国家在原则和管理概念的应用上存在着差异。这些对比还明确地表明,具有国际化倾向的管理人员不仅应当熟悉本国的管理情况,还要知晓世界其他地方的管理。正如在对管理职能的讨论中所得到的,中国的管理人员既考察日本的管理实践活动,又考察美国的管理实践活动。美国和日本两国某些管理上的做法是可以互换使用的,而另一些则不能。环境,特别是文化社会因素确实影响管理实践,但其作用可能被夸大了。

(资料来源:张丽莲.管理学原理[M].成都:西南财经大学出版社,2014.)

第四节 考核与奖惩

在控制工作中,对组织成员的考核与奖惩是一项重要的必不可少的工作环节。通过考核与奖惩可以规范组织成员的行为,对组织成员的工作实施有效的监督,激发人员的积极性。

一、考核

1. 考核的含义及作用

考核是指通过科学的方法和客观的标准,对组织成员的工作绩效进行评价,从而全面了解组织成员完成工作的情况,发现其存在的不足和问题,并提出相应的改进措施。

考核是对人的行为进行控制的重要环节。其目的在于发现与选拔人才,为员工实施奖惩、升降、调配、培训等提供基本依据。通过对员工工作绩效的客观评价,有利于发掘和有效利用员工潜在的工作能力;有利于激励员工努力工作,积极进取;有利于发现工作中的问题,使员工明确进一步改进工作的方向。

2. 考核的工作要求

主管人员在考评工作中,应注意以下几个问题。

(1)考核要有客观的标准。标准的制定应注意两个问题,一是标准的含义应具体明确,用词不能过于抽象;二是标准要尽可能量化,一些难以直接量化的定性标准也应采取如分级评分的方法,加以间接量化。

(2)考核要有可行的方法。一是方法的选择要有的放矢,即要明确考核目的,采用有针对性的考核方法;二是考核方法涉及的项目要简便适中,不宜过于繁杂;三是采用的考核方法获得的结果应是客观可靠的,能够令人信服。

(3)考核要有合理的时间安排。一是考核时间要事先有明确的计划,不宜搞突击性、临时性的考核;二是考核的时间间隔要适当。时间间隔过短,考核的工作量过大,考核结果的差异性小,对被考核人的工作也会有干扰;时间间隔过长,也不利于及时发现问题,难以起到考核的作用。

(4)考核结果要与被考核人见面。这样做的目的,一是使考核具有促进上下级之间沟通,了解彼此对对方期望的作用;二是有利于被考核人员及时发现自己的问题,以便改进工作。

3. 考核的内容

对组织成员的考核内容可以是多方面的。从广义上理解,考核可以是对一个人的全面考察。内容包括德、能、勤、绩、体等五个方面：德，指一个人的政治素质、思想品德、工作作风、职业道德等；能，指一个人完成各项工作的能力，如分析问题和解决问题的能力、独立工作的能力等；勤，指一个人的勤奋精神和工作态度；绩，指一个人的工作成绩和效果；体，指一个人的身体状况。这五个方面，绩是考核的重点，但也不能只看成绩，不看工作态度。

日常考核工作的重点主要包括工作成绩、工作态度和工作能力三方面内容。

（1）工作成绩是指一个人在其岗位职责范围内的工作任务完成的数量、质量、工作效率以及从事创造性劳动的成绩，包括合理化建议、科研成果等内容。

（2）工作态度是指一个人以多大的干劲在从事本职工作，包括人员的思想状态、事业心、责任感、勤奋精神和工作态度等。

（3）工作能力是指一个人在从事职能工作时，其自身能力的适应程度。包括独立工作的能力、分析解决问题的能力、领导能力、管理能力等，具体划分为一个人的学识水平、理解力、判断力、决策力、创造力、表现力、反应力等。

在考核工作中，应根据不同的人员、不同的岗位，确定出具体的评价项目和标准。

4．考核的方式分类

考核工作中有多种方式可供选择，要根据考核的具体要求和考核对象的具体情况加以合理选择。

（1）按考核范围和角度不同，可分为综合考核、工作行为考核、工作成果考核。

① 综合考核是指按照德、能、勤、绩、体，以绩为主的要求，对员工进行的全面考核。综合考核的因素多，涉及面广，工作量较大。综合考核一般适用于领导干部的选拔、管理人员的晋升、职称的评定等。

② 工作行为考核是指针对员工的工作行为表现进行的考核。其考核的内容主要是针对员工的工作态度和工作能力。行为考核一般适用于绩效较难量化的员工考核，以及对脑力劳动为主的管理人员和工程技术人员的考核。

③ 工作成果考核是指针对员工的工作成果进行的考核。其考核的内容主要是针对员工的工作成绩。成果考核广泛适用于各类组织和各类人员，特别是工作成绩可以直接量化的人员的考核。

（2）按参与考核的主体人员的不同，可分为自我考核、上级考核和群众考核。

① 自我考核是指组织成员根据组织的要求，定期对工作进行的评价。自我考核通过对自己的工作加以反省和评估，从而有利于被考核者自觉培养和提高自己的政治素质、业务水平和管理能力。自我考核的缺陷是主观性较强。

② 上级考核是指上级主管人员根据组织的要求，定期对自己的下级人员的工作情况进行的评价。这是一种较为常见的考核方式。上级主管的评价更有权威性，有助于作出正确的评价。

③ 群众考核是指组织成员之间根据组织的要求，定期进行的相互之间的考核。这里讲的群众考核，既可以是同级主管人员之间进行的考核，也可以是下级人员对上级主管人员的考核；考核的参加者既可以是主管人员，也可以是非主管人员。群众考核方式能够体现民主参与的精神，使群众感到一种参与感、荣誉感。这将有助于组织成员之间的相互

了解,有助于群众工作积极性的发挥。

(3) 按考核的时间划分,考核可分为定期考核和不定期考核。

定期考核是指每隔一定时期对员工进行的考核。不定期考核是指不定时间、不定期限地对员工进行的考核。

(4) 按考核的性质划分,可分为主观考核和客观考核。

① 主观考核是指主要由考核者的主观判断对被考核者进行的考核评价。此类考核方法较为简便易行,但易受考核者主观心理偏差的影响,削弱考核的公正性。为了降低主观心理偏差的影响,应强化考核指标的设计,尽量提高考核的客观性。一般可采用分值评价法,即对人员绩效评价的项目加以指标化,每一指标确定若干等级和分值并逐项对被考核者进行评级和评分;然后将各项指标的得分值汇总,其总分就是对人员绩效考核的结果。此方法将定性与定量相结合,有较系统的评价依据,因此比较科学合理,有助于提高考核的效率和质量。

② 客观考核是指以客观标准对员工进行的考核评价。此种方法不受考核者主观因素的影响,完全以硬性的客观指标为依据,如直接量化的生产指标和工作指标。此种方法客观性强,但也有侧重工作成果,忽视工作行为的局限性。

5. **考核方法**

(1) 业绩记录法。是指以工作业绩记录为基础的考核方法。此法通常的做法是:按需要考核的内容设计考核用的表格,定期对被考核者的工作业绩进行记录。考核表中的内容一般都是与被考核者的业务有关项目,考核的指标通常是硬性的、客观的和定量的,如生产指标、利润指标、质量指标、资源利用指标等。

(2) 配对比较法。是一种相对比较的方法。是指在某一业绩标准的基础上把每个员工都与其他员工相比较来判断谁更好,记录每个员工和任何其他员工比较时被认为更好的次数,根据次数的高低给员工排序。

(3) 范例对比法。此法通常分若干考核项目,如品德、智力、领导能力、对职务的贡献和体质等,每一项目又分为优、良、中、及格、不及格五个等级。然后,就每一项目的每一等级先选出一名适当的员工作为范例。实施考核时,将每位被考核的员工和这些范例逐一对照,按他们与各相应范例的近似程度来给他们评出等级分。最后,各项目分数的总和,便作为各被考核员工的绩效等级。

(4) 评语法。是指用简短的书面鉴定来进行考核的方法。此法是一种传统的考核方式。在考核中,考核的内容、格式、篇幅、重点等完全由考核者自由掌握,不存在标准规范。通常将涉及被考核者的优点与缺点、成绩与不足、潜在能力、改进的建议及培养方法等。此法几乎全部使用定性式描述,无量化数据,据此做出准确的决策,并不容易。但因为它明确而灵活,反馈简捷,所以至今仍颇受欢迎。

二、奖惩

奖励和惩罚是对人的行为进行控制的重要内容之一。奖惩的意义在于鼓励和肯定积极因素,抵制与否定消极因素,从而保持员工队伍积极向上、努力工作的精神面貌。

1. 奖惩的原则

奖惩要制度化、规范化。奖惩要有明确的制度的规定,要公布于众,并经常进行宣传教育,要使奖惩做到有章可循、有法可依。

奖惩要公平合理、奖罚分明。对奖惩制度的实施,要做到一视同仁,无论职位高低,都应严格按照奖惩规定办事。

奖惩要以客观事实为依据。奖惩与科学的考核制度相联系,使奖惩的实施能够建立在客观的基础之上。

奖惩要采用适宜的方式方法。奖励要注意物质奖励与精神奖励的有机结合。惩罚作为一种手段,要尽可能不损伤被惩罚者的自尊心,要以理服人,重在说服教育。

奖惩要注意时效性。奖惩要及时,以达到激励或教育的最佳效果。

2. 奖惩方法

奖励可采用的方法一般有口头表扬、定期奖励和正式嘉奖等。①口头表扬一般是在员工某一方面有了进步后,所给予的精神鼓励。②定期奖励一般是在定期考核的基础上,根据考核结果,对员工在物质上或精神上所给予的奖励。③正式嘉奖一般给予对组织做出较大贡献的员工,可采取记功、加薪、晋升、奖金、通令嘉奖等多种形式。

惩罚可采用的方法一般有批评、行政处分和除名等。①批评是对于轻微的违纪行为所采取的教育方法。包括口头批评、书面检查和公开检讨等形式。②行政处分是对于较重大的违纪行为进行的处罚。包括记过、减薪、降级、撤职等形式。③除名是对于重大违纪行为进行的处罚,是组织所能行使的最重的惩罚。

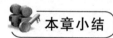 本章小结

控制就是"纠偏",即按照计划标准衡量所取得的成果,并纠正所发生的偏差,以确保计划目标的实现。管理控制具有整体性、动态性等特点。控制工作有不同的类型。控制工作的要求是应切合主管人员的个别情况、应确立客观标准、应具有灵活性、应讲究经济效益、应有纠正措施、要具有全局观应面向未来等。

控制过程包括确定标准、衡量绩效和纠正偏差三个基本环节。

控制方法有预算控制法、比率控制、审计控制、损益控制、投资报酬率控制、视察控制、报告分析法等。

考核是指通过科学的方法和客观的标准,对组织成员的工作绩效进行评价。考核工作要求要有客观的标准、要有可行的方法、要有合理的时间安排、考核结果要与被考核人见面。考核工作的重点一般包括工作成绩、工作态度和工作能力三方面内容。考核有多种方式和方法,要根据考核的具体要求和考核对象的具体情况加以合理选择。

奖励和惩罚是对人的行为进行控制的重要内容之一。奖惩的意义在于鼓励和肯定积极因素,抵制与否定消极因素,从而保持员工队伍积极向上、努力工作的精神面貌。要贯穿合理的奖惩原则,采用适宜的奖惩方法。

关键术语和概念

控制　管理控制　现场控制　反馈控制　前馈控制　有效控制　考核　奖惩

思考与练习

一、判断题

1. 一般来讲，企业控制应集中精力于生产经营控制，而人事控制则没太大意义。（　）
2. 控制工作的过程首要环节是制订计划。（　）
3. 控制的方法总体分为预算控制和非预算控制两大类。（　）
4. 日常考核工作的重点是德、勤、能、绩、体。（　）
5. 考核方法主要是评语法。（　）
6. 一般说来，有了损益表、资产负债表和相应的附表就足以评价一个组织财务和经营的状况。（　）

二、单项选择题

1. 管理控制技术中最基本、最为广泛运用的一种方法是（　）。
   A. 会计控制　　　B. 质量控制　　　C. 人事控制　　　D. 预算控制
2. 根据纠正措施作用的环节不同，将控制工作分为（　）。
   A. 现场控制、反馈控制和前馈控制
   B. 外在控制和内在控制
   C. 任务控制、绩效控制和战略控制
   D. 作业控制、质量控制、成本控制和资金控制
3. 按考核范围和角度不同，可将考核分为（　）。
   A. 综合考核、工作行为考核、工作成果考核
   B. 自我考核、上级考核和群众考核
   C. 定期考核和不定期考核
   D. 主观考核和客观考核
4. 控制过程中的合理顺序应该是（　）。
   A. 制定标准、纠正偏差、衡量绩效
   B. 衡量绩效、纠正偏差、制定标准
   C. 衡量绩效、制定标准、纠正偏差
   D. 制定标准、衡量绩效、纠正偏差
5. 目标管理是一种（　）。
   A. 任务控制　　　B. 自我控制　　　C. 绩效控制　　　D. 外在控制
6. 控制最基本的目的在于（　）。
   A. 寻找错误　　　　　　　　　　　B. 衡量雇员绩效
   C. 确保行为依循计划发展　　　　　D. 使人们失去自由
7. 控制主要起检验、调节和（　）的作用。
   A. 保障　　　　　B. 纠偏　　　　　C. 反馈　　　　　D. 激励

8. "治病不如防病,防病不如讲卫生",这一理念强调的是(　　)。
   A. 前馈控制　　　B. 间接控制　　　C. 反馈控制　　　D. 自我控制

三、多项选择题

1. 非预算控制方法有(　　)。
   A. 比率控制　　　B. 审计控制　　　C. 损益控制
   D. 投资报酬率控制　　E. 视察控制
2. 控制工作的过程包括(　　)。
   A. 确立标准　　　B. 衡量绩效　　　C. 纠正偏差　　　D. 考核与奖惩
3. 管理者设计有效的控制系统应满足以下条件(　　)。
   A. 建立有效的控制标准　　　B. 提供充足的信息
   C. 保证员工能够接受　　　　D. 使用多种方法进行控制
4. 日常考核工作的重点主要包括(　　)。
   A. 德、勤、能、绩、体　　　B. 工作成绩
   C. 工作态度　　　　　　　　D. 工作能力
5. 管理控制的目标主要有(　　)。
   A. 限制偏差的累积　　　　　B. 适应环境的变化
   C. 处理组织内部复杂局面　　D. 降低成本

四、问答题

1. 什么是控制和管理控制?管理控制的特征及要求是什么?
2. 简述控制的过程。
3. 说明控制的类型。
4. 解释预算控制的内容,并说明如何进行预算控制。
5. 一个有效控制系统应具备哪些条件?
6. 考核的重点内容是什么?考核的主要方法有哪些?

 案例分析

麦当劳公司的控制系统

麦当劳公司以经营快餐闻名遐迩。1955年,克洛克在美国创办了第一家麦当劳餐厅,其菜单上的品种不多,但食品质量高、价格低,供应迅速,环境优美。连锁店迅速发展到每个州,到1983年,国内分店已超过6000家。1967年,麦当劳在加拿大开办了首家国外分店,以后国外业务发展很快。到1985年,国外销售额约占其销售总额的1/5。

麦当劳公司主要是通过授予特许权的方式来开辟连锁分店。其考虑之一,就是使购买特许经营权的人在成为分店经理的同时也成为该分店的所有者,从而在直接分享利润的激励机制中把分店经营得更出色。特许经营使麦当劳公司在独特的激励机制中形成了对其扩展业务的强有力控制。麦当劳公司在出售其特许经营权时非常慎重,总是通过各方面调查了解后挑选那些具有卓越经营管理才能的人作为店主,而且事后如发现其能力不符合要求则撤回这一授权。

麦当劳公司还通过详细的程序、规则和条例规定,使分布在世界各地的所有麦当劳分店经营者和员工都遵循一种标准化、规范化的作业。麦当劳公司对制作汉堡包、炸土豆条、招待顾客和清理餐桌等工作都事先进行动作研究,确定各项工作开展的最好方式,然后再编成书面的规定,用以指导各分店管理人员和一般员工的行为。公司在芝加哥开办了专门的培训中心——汉堡包大学,要求所有的特许经营者在开业之前都接受为期一个月的强化培训。回去之后,他们还被要求对所有的工作人员进行培训,确保公司的规章条例得到准确的理解和贯彻执行。

为了确保所有特许经营分店都能按统一的要求开展活动,麦当劳公司总部的管理人员还经常走访、巡视世界各地的经营店,进行直接的监督和控制。例如,有一次巡视中发现某家分店自作主张,在店厅里摆放电视机和其他物品以吸引顾客,这种做法与麦当劳的风格不一致,因而立即得到了纠正。除了直接控制外,麦当劳公司还定期对各分店的经营业绩进行考评。为此,各分店要及时提供有关营业额和经营成本、利润等方面的信息,这样总部管理人员就能把握各分店经营的动态和出现问题,以便商讨和采取改进的对策。

麦当劳公司的另一个控制手段,就是在所有经营分店中塑造公司独特的组织文化,这就是大家熟知的"质量超群,服务优良,清洁卫生,货真价实"口号所体现的文化价值观。麦当劳公司的共享价值观建设,不仅在世界各地的分店,在上上下下的员工中进行,而且还将公司的一个主要利益团体——顾客也包括进这支建设队伍中。麦当劳的顾客虽然被要求自我服务,但公司特别重视满足顾客的要求,如为他们的孩子们开设游戏场所、提供快乐餐和组织生日聚会等,以形成家庭式氛围,这样既吸引了孩子们,也增强了成年人对公司的忠诚感。

(资料来源:陈卫中.管理学基础[M].北京:北京理工大学出版社,2009.)

思考:

(1) 麦当劳公司所创设的管理控制系统,具有哪些基本构成要素?

(2) 该控制系统是如何促进了麦当劳公司全球扩张战略的实现?

(3) 麦当劳提出的"质量超群,服务优良,清洁卫生,货真价实"口号如何反映它的公司文化?以这种方式来概括一个组织或公司的文化,具有哪些特色或不足?

增值阅读

潍坊亚星化工集团公司的购销比价管理

潍坊亚星化工集团是一家国有大型企业,总资产 12 亿元,下设潍坊化工公司等 6 个全资和控股子公司,年生产和经营 5 万吨烧碱、2 万吨聚氯乙烯、2.5 万吨氯化聚乙烯、5 万吨洗衣粉等十几种产品,由于其生产规模巨大,每年生产所需采购的原材料、燃料、设备及配件等物资价值高达几亿,其中仅化工公司一家采购的物资价值就高达 2 亿元以上。如果采购价格发生 1‰ 的偏差,就可能产生 200 万元的损失,而现在市场比较混乱,价格、质量参差不齐,采购渠道又多又乱,企业面临着经济损失和质量损失的双重威胁。因此,严格控制采购物资的质量和价格就成为企业急需解决的一个重大问题。这样,购销比价管理法应运而生。物资购销比价管理即"进货要求同等条件选低价,销售要求同等条件争取最高价",它通过对企业购销环节全过程的动态控制,建立起严格的管理控制网络,具体体现在以下三个方面。

1. 控制网络化

为确保该项工作顺利实施,集团成立了总经理为组长,企管处、财务处、审计处以及物资采购部门负责人为成员价格监控领导小组。在各有关部门设立专门机构,行使价格监控管理职能。在审计处增设了物价科,作为公司价格监控的常设管理机构。由供销经营公司增设了价格管理小组,负责市场价格的收集。在信息中心建立了物价信息收集网络,通过加入国际互联网等,及时掌握国内外产品价格资料和信息。在企管处设立了专门的经济责任考核机构。物管处和质检处强化了物资入库前的检验职能。财务处向所有的物资采购部门输送了专职派驻员,负责采购物资的登记、造册、核算并开具内部票据。以上工作共涉及十几个部门一百多名管理人员(多为兼职),组成了一个严密的物价监控管理组织体系。

2. 管理制度化

搞好制度建设是实施物资比价管理的工作基础。审计处在原来已建立了15种内审计制度的基础上,又先后编制了"物价管理条例"和"定点采购物资暂行办法"等新规定,确定了物资价格审定的权力、责任、范围、内容和考核方法。这些制度,既成为大家的行为准则,也成为价格审计的依据。

3. 运作程序化

为实施"购销比价管理",亚星集团有一套严密的运作程序。在实施过程中,他们突出抓了"三审一检"。

(1) 采购计划审核。所有物资采购,首先由分厂、车间、供应处、设备处、物管处根据需要提交初步计划,由计划处根据掌握的情况进行分口分类把关、核实汇总后,报审计审核。目的是加强计划监督,避免重复采购和不合理采购,减少物资积压和资金占用。经审计处审核后的采购计划,报分管副总审批后,下达物资采购供应部门执行。

(2) 价格审核。物资采购部门根据批准的采购计划,填报《采购物资价格申请报单》,报审计处审核。《申报单》主要内容包括物资名称、规格、型号、数量、单价、技术要求、供货单位情况及货比三家情况;审计处为避免盲目采购和商品销售随意定价等问题,通过微机联网、订阅大量信息报刊、建立价格信息库等及时掌握市场价格动态,为企业制定采购价格提供依据,经经理办公会研究确定后,再以价格形式发到财务、物管等部门监督执行。如销售低于或采购高于控制价格或销售其他商品以及采购其他物资的,要重新报批。对物资采购实行"三比":即同样产品比质量、同样质量比价格、同样价格比信誉,以此确定采购价格及供货单位。对销售的产品,属高技术含量、高质量的紧俏产品,如氯化聚乙烯,为稳定市场占有率和企业的长远利益,价格控制在适当水平;对市场竞争比较激烈的长线产品,如烧碱等,则发挥企业依靠科学管理带来的低成本优势,在不影响企业效益的情况下,确定具有市场竞争力的较低的价格。具体管理程序是:由销售部门根据市场行情提出初步建议,通过经营公司调度会研究后报分管经营业务工作的副总审核;与此同时,审计处根据掌握的大量信息,将同类产品的市场价格及分析情况直接提供给公司总经理。由经营副总经理审核的销售报价与总经理掌握的价格在公司经理办公会上碰头,比价后由总经理拍板,销售部门负责具体实施。

（3）质量检测。采购进来的物资必须经过质检处进行严格的质量检验,检验结果以《检验报告单》形式随时报审计处、物管处和供应及生产技术部门。为确保检验的真实性和准确性,由质检处派员对每一批进厂物资到现场直接取样,实行"封闭"检测。所有样品检验后均留样备查。物管处凭质检部门发放的合格《检验报告单》办理入库手续。对达不到质量要求的采购物资,区别情况按有关规定作折价或退货处理。

（4）票据审核。所有采购物资的支付款项须经审计处审计后开具采购物资《审计通知单》,方能办理结算。票据审核的重点是看有无计划、《价格申报单》、合同、增值税发票和《检验报告单》等,对达到价格和质量要求的,除开具《审核通知单》外,还在购货发票上加盖"审计专用章",方可去财务部门一律不予付款。

实施比价管理后,亚星集团在以下几个方面取得了显著成效。

堵塞了购销环节的漏洞,降低了产品成本,提高了经济效益。实施"购销比价管理"四年来,各种产品成本逐步下降,按可比价格计算,1997年,主要产品氯化聚乙烯制造成本比上年降低3%,居世界领先水平;烧碱和聚氯乙烯制造成本居全国同行业前五名。

提高了进厂物资、设备的质量。由于对原材料采购质量的明确要求,严格对进厂物资进行计量检测,对达不到质量要求的即使再便宜也不准购进,杜绝了劣质原材料进厂,为组织生产、提高产品质量提供了条件。

提高了产品的市场竞争力,减少了两项资金占用。通过实施"购销比价管理",产品成本逐年下降,市场竞争力明显增强,主要产品在国内市场覆盖率已达到60%以上,主导产品氯化聚乙烯的产品价格已经可以影响和左右国内外同类产品的市场价格。公司对产品实行最低限价销售,并推行承包经营责任制,充分调动了营销人员的积极性,货款回收加快。

促进了各项管理基础工作的加强。"购销比价管理"把企业的成本管理、质量管理、资金管理、财务管理、营销管理、计量管理等各项管理有机地结合起来,统一到了降低成本、提高效益这个中心目标上,促进了企业整体素质和管理水平的提高。

规范了企业的经济行为和秩序。实行"购销比价管理"以后,按制度程序和经济规律办事,供销工作的透明度增加了,基本做到了公正、公平、公开、合理,有效地避免了领导批条子、经理定价格、采购员拿回扣等不正常现象。过去靠"人治",现在靠制度管理,一些"关系户"想推销质次价高的产品已无空子可钻。而列入企业计划定点的供货单位,更加注重了自己的信誉,从而促进了良好合作关系的建立,使企业经营行为更加规范,竞争更加有序。

（资料来源：陈卫中.管理学基础[M].北京：北京理工大学出版社,2014.）

第八章 管理创新

通过本章的学习,读者应能够:
1. 理解创新的含义和特征;
2. 理解管理创新的动因;
3. 了解管理创新的主体;
4. 掌握管理创新的内容;
5. 理解管理创新的原则和理念;
6. 掌握管理创新的程序和方法。

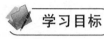

通过对管理创新相关内容的学习,从管理制度创新、制度创新、技术创新等方面让学生明确创新的重要性和必要性,掌握创新方法和技能,培养具有创新精神、创新思维和能力的人才。教育引导学生深刻理解并自觉实践各行业的职业精神和职业规范,增强职业责任感,培养遵纪守法、爱岗敬业、无私奉献、诚实守信、开拓创新的职业品格和行为习惯,努力成为德智体美劳全面发展的社会主义建设者和接班人。

腾讯的 HR 三支柱模式

HR 三支柱模式是戴维·尤里奇在 1997 年提出的,即人力资源业务伙伴(human resource business partner,HRBP)、人力资源的领域专家(human resource center of expertise,HRCOE)和人力资源共享服务中心(human resource shared services center,HRSSC),其核心理念是通过组织能力再造,让人力资源(human resource,HR)更好地为组织创造价值。

最早实行这种模式的企业是美国的 IBM,它于 20 世纪 90 年代中期就致力于人力资源管理的转型,而腾讯在 2010 年左右开始搭建 HRBP 体系,然后建立 SSC 与 COE。

一、腾讯的 HRBP

HRBP 由腾讯人力资源系统设在各事业群的人力资源管理人员组成。主要职责是针对公司内部客户——员工的需求提供人力资源的专业分析和支持,协助各业务部门负责人以及管理干部在员工发展、发掘人才、整合资源、培养能力等方面的 HR 需求发掘工作。HRBP 针对不同事业群的员工需求,积极主动地发挥人力资源的专业价值,从专家角度来帮助各个事业群分析人员需求、招聘计划、培训要求、绩效改进需求等。

衡量 HRBP 价值最重要的标准是能否支持组织战略、业务目标的实现,助力员工成长。对 HRBP 而言,不仅要在 HR 专业领域是专家,更要能够精通业务。

二、腾讯的 COE

COE 是腾讯人力资源系统中的专家支持部分,主要职责是负责人力资源前瞻性的研究;参与并解读公司战略,对接企业战略;规划人力资源战略;制定人力资源制度和政策,作为智囊团提供人力资源专家支持。

在腾讯,并没有一个名为 COE 的实体部门,这是一个由人力资源管理各个职能虚线划归而成的若干职能的集合。其中,包括了人力资源部、腾讯学院、薪酬福利部、企业文化与员工关系部,而每个部门又下设很多分支子部门。同时,COE 在企业中只是一个统称,不同部门、不同职位对 COE 的叫法也不相同,例如 C 招聘,是指 COE 的招聘职能,C-OD 是指 COE 的组织发展职能,C-ER 是指 COE 的员工关系职能。人力资源部包括三部分,分别是招聘配置中心(C 招聘)、组织发展中心(COD)和活力实验室。薪酬福利部包括长期激励管理组、福利管理中心、员工薪酬中心、薪酬福利综合组、绩效管理组。腾讯学院包括领导力发展中心、职业发展中心、培训运营中心。企业文化与员工关系部包括劳动关系组、沟通传播组、组织氛围组。当然,这个结构仍然还在动态变化中。总结来看,这些职能部门都借助本领域精深的专业技能和对领先实践的掌握,设计业务导向、创新的人力资源管理政策、流程和方案,并为 HRBP 提供适合业务的定制化人力资源解决方案。职业化竞争的企业文化在人力资源管理上,最佳做法不是靠人治,也不是靠政策制度,而是靠文化。

在腾讯,企业文化主要由人力资源 COE 下设的企业文化与员工关系部负责,由宣传平台组与综合项目组构成。这个部门对腾讯整个文化意识形态起到"大脑"的作用,是一个有知识的大脑、会研究的大脑、接地气去想问题的大脑,并为腾讯打造出具有鲜明文化特色和员工关爱特征的企业氛围。

COE 在仔细分析用户价值的基础上,进行了三层次的强化沟通体系的架构。第一,高层思想,通过有效的高层交流活动,让员工充分了解公司战略和管理意图。第二,中层话语,通过部门业务及战略沟通,让所属员工充分知晓信息、认同决策,知道业务方向。第三,员工参与,通过营造透明的氛围、运营沟通平台,使员工敢说话,员工声音有效传递,得到及时反馈和帮助,提升参与感与主人翁意识。

三、腾讯的 SSC

腾讯的人力资源平台部(SSC),为各个事业群内部客户提供统一的专业化和标准化服务,从而达到整合资源、降低成本和提高效率的目的。其主要职责是人力资源管理的日常职能性工作;交付招聘、培训、员工关系等人力资源需求。SSC 作为承接 HRBP 与 COE 的一个部门,在腾讯人力资源系统中发挥着营运推行通道的作用。

腾讯 HRBP 与 SSC 之间的协作是:HRBP 负责为业务部门提出解决方案,然后提交到 SSC 平台;SSC 平台通过自身的标准化与专业化的操作,将方案转化为产成品交付给业务部门,从而满足其人力资源管理需求。

腾讯 COE 与 SSC 之间的关系是:COE 制定人力资源战略、制度、政策后,具体的工作需要 SSC 进行落实和细化,将人力资源管理工作做扎实、做细致。同时,COE 制定的战略、制度、政策也成为 SSC 进行系统优化、外包管理的依据和准则。此外,SSC 在执行政策、标准并将其系统化、流程化、精细化的过程中,对发现的问题要积极向 COE 反馈,及时修正和提升人力资源的管理制度与政策,以提高人力资源管理的效率,优化政策、流程,提升人力资源管理效率。

腾讯公司人力资源三支柱的有效分工与协助,确保了人力资源管理工作的顺利开展,实现了价值导向的人力资源管理的顺利转型。并且腾讯将产品思维注入人力资源管理之中,强调用户思维,值得各企业借鉴。

(资料来源:HRsee. 腾讯的 HRBP 三支柱模式[EB/OL]. (2019-03-20)[2023-04-20]. https://www.hrsee.com/?id=1052.)

思考:腾讯所采用的 HR 三支柱模式是属于哪个管理创新的内容?

接下来,我们将带着以上问题一起来学习本章的内容。

第一节　管理创新概述

管理创新是组织生存和发展的根基。为了适应科学技术的发展、人们日新月异的观念,管理者比以往任何时候都更需要有强烈的创新意识,创新管理方式、方法,适应组织内外部环境变化的趋势,实现组织目标。

一、创新的含义和特征

(一)创新的含义

从一般意义上来说,创新是淘汰旧的东西、创造新的东西,它是一切事物向前发展的根本动力。最早从管理角度提出创新这一概念的是经济学家熊彼特。他认为创新包括五种情况:①引入一种新产品或提供一种产品的新的质量;②采用一种新的生产方法;③开辟一个新市场;④获得一种原料或半成品的新供给来源;⑤实行一种新的组织形式。在熊彼特看来,创新是指企业家对生产要素的新组合。随着信息时代和知识经济的发展,创新的速度加快、范围扩大,创新这一概念的内涵也在不断地丰富。从管理的层面上看,创新是指形成创造性思想并将其转变为某种有用的产品、服务生产方式或作业方法的过程。以企业为例,创新就是企业在生产、技术、经营、管理等各个环节,不断地创造、应用进步的思想、科学的方法、先进的技术,将过时的、落后的东西取而代之,借以达到更高目标的一切创造性活动。

(二)创新的特征

1. 首创性

创新从事的是开拓性的工作。创新的关键在于一个"新"字,是以新思想、新观念和新成果为组织输入活力的活动,因而其成果必然是新颖的。

2. 风险性

创新带有较大的风险性,是由于创新的过程涉及许多相关环节和影响因素,从而使得其创新结果存在一定程度的不确定性。

3. 高收益性

在经济活动中高收益往往与高风险并存。尽管创新的成功率较低,但成功之后可获得的利润却很丰厚,这就促使企业不断投入创新。

4. 先进性

创新所要解决的课题,都是前人没有解决的,或是在已有成就的基础上的发展,所以高于现有的成就。

5. 时机性

创新者在进行创新决策时,必须根据市场的发展趋势和社会的技术水平进行方向选择,并识别该方向的创新所处的阶段,选准切入点。

6. 适用性

创新并非越新奇越好,而是以适用为基本准则。能够真正促使企业发展和进步的创新,才是真正意义上的创新。

(三)创新是管理的核心要求

管理活动必须有创新相伴随,是因为管理活动每时每刻都处在变化着的内外环境中,必须以创新来适应和迎接这些变化。管理活动又是最富综合性的社会活动,受到国内外政治、经济、文化、社会等各种因素的影响,而这些因素在管理活动中的交汇,就需要管理者的创新举措来加以回应。再者,管理历来都是管理者施展才华、发挥创造性的舞台。管理是一门艺术,在这个领域中,必须不断地进行创新,才可能获得生存的价值。如果缺乏创新,平庸地去模仿那些成功管理者的做法,就难以取得成功的机会。可以说,在管理工作中,创新无处不在,事事都可创新。

创新本身并没有某种特有的表现形式,它总是在管理环节的所有活动中来表现自身的存在与价值。组织管理的成功就在于创新。管理创新就是指创造一种新型的、有更高效率的资源整合模式,它可以是指有效整合各类资源以达到组织目标的全过程管理,也可以是指某一方面的细节管理。在管理的每个环节中和每项职能中都存在着创新的问题。它贯穿于整个管理过程,使管理随着技术、市场等环境的变化而变化,也要求整个组织及其成员是创新型的,把创新作为其活动的主旋律。创新是一个国家兴旺发达的不竭动力,也是一个企业赢得竞争胜利和保持竞争优势的可靠保证。因此,创新管理是未来组织生存和发展的根基。

二、管理创新的动因

创新是随着人们的实践活动的展开而越来越受重视,越来越强化的过程,管理创新受内在动因及外在动因的驱使。

（一）管理创新的外部动因

管理创新有着多方面的外部动因，这影响、激励着创新主体的内在动因，共同发挥作用。对某个具体的组织来说，创新的外部动因有以下几方面。

1. 社会文化环境的变迁

人们的价值观念、兴趣、行为方式、社会群体，随着时间的延续都在变化之中，这要求社会组织的行为必须随之作相应调整以适应这些变化。如果墨守成规、故步自封，就会落伍甚至被淘汰。

2. 经济的发展变化

经济的发展最直接地影响着人们的生活方式、消费选择，呼唤着消费者对各种新产品、新服务、新时尚、新款式、新功能的追求。这极大地促使人们发挥创新的才智，发展生产力以满足上述丰富多彩的企盼。因此，也就需要不断进行管理创新，来推动生产力的发展。

3. 自然条件约束

人们越来越重视自然条件的挑战，自然原料日益短缺，运营成本日趋提高，环境污染日益严重，政府对自然资源的干预、对生态环境的治理不断加强，这些对企业都形成巨大压力，迫使企业进行管理创新，以适应严峻的形势。

4. 科学技术的发展

一方面，科学技术的进步为人类开辟了更广阔的新天地。作为管理主体，有责任通过不断创新，来引导和加速科学技术进步的过程。另一方面科技的进步对管理主体形成强有力的挑战：大部分产品的生命周期有明显缩短的趋势；技术与信息贸易的比重增大；劳动密集型产业面临更大的压力，我国劳动力费用低廉的优势将逐步减弱；流通方式向更加现代化的方向演进；对社会组织的领导结构和人员素质提出了更高的要求。

（二）管理创新的内部动因

创新的内部动因是指创新主体内在的激发创新的因素，如需求、成就感等。如果没有它，创新主体就失去了力量源泉，也很难取得创造性成果。管理创新的内在动因包括以下几个方面。

1. 人的心理活动需求

创新心理需求是因创新主体对成就、自我价值、社会的责任、企业的责任等的一种追求而产生，而这些本身也是创新行为的动因。由生理需要、安全需要、社会交往需要、尊重的需要、自我价值实现的需要分别产生的具体欲望都是无穷无尽的，这成为人们不断追求创新的永不衰竭的动力源。

2. 实现自我价值的愿望

创新主体对成就的追求、对自我价值实现的向往、对社会责任的道义渴望，更强化了创新的冲动，成为追求创新的动力。创新一旦成功可以提升创新主体自身的价值，也可以从中获得成就感，得到一种自我满足。与自我价值的实现伴生的是对社会、对组织的强烈的责任感,这会在创新主体的思想上产生强大的激励力量,促使其付出不懈的努力去从事创新活动。

3. 经济因素

创新主体对收入报酬的追求和需要往往也是创新行为的动因之一,不然就不必有专利保护、专利转让费的获取。

三、管理创新的主体

创新主体是创新过程的参与者和创新活动的承担者。创新活动都是由创新主体来进行的。他自始至终参与创新,并有意识、有目的地将创新付诸实施。以企业组织来说,创新主体主要由企业家、企业内有创新精神的管理者和员工这三部分人员组成,并且各自在创新中扮演着不同的角色,承担着不同的职责和功能。

(一) 创新型企业家

创新型企业家是指锐意进取、敢于承担风险的企业生产组织者和经营者。由于企业家在整个企业发展中所处的特殊地位和管理支配力,他们或亲自提出创意付诸实施,或对管理创新活动产生重大影响。特别是在决策方面,创新过程中每个阶段都要根据创新的进展状况和情况的变化,通过认真仔细地评估、慎重、果断、适时地作出相应的决策。决策主体是进行创新的主导者,他必须了解和掌握与创新方案和创新行为相关的信息,才能作出科学的决策。因此,创新型企业家是管理创新的领军人物,是管理创新成败的关键。企业要想不断创新,首先必须有锐意进取的创新型企业家。

企业家之所以能成为创新的决策主体,最重要的是与其所具有的品格,即企业家精神分不开的。企业家精神主要表现在以下几个方面。

1. 创新意识

企业家不满足于现状和维持旧秩序,而是不断地追求发展变化,认为发展变化是正常的和具有活力的表现,敢于破旧立新。这种创新意识推动企业家在技术创新活动中果断决策,不断采用新的科研成果,不断开发新的服务领域。

2. 实干精神

企业家不仅是战略家,更是实干家,富有吃苦耐劳的精神,有能力把创新决策方案落实到创新实践中去,不具备实干精神的人就不具备掌管企业的资格。

3. 机会意识

企业家有很强的机会意识,重视寻找和利用各种机会,重视与顾客、技术专家、市场营销人员的联系,从他们身上获取市场信息、技术信息,以便从中领悟到创新的启示。更重要的是,企业家善于对捕捉到的创新机会进行风险估算,往往能在情况不完全明朗时做出决策,不至于失去创新的时机。

4. 奉献精神

企业经营的动机是追求利润和积累财富,而企业家并不是以追求利润为唯一的目标,他们既具有一种服务于社会、造福于民众的奉献精神,也追求自我价值的实现。

（二）有创新精神的管理者

有创新精神的管理者是指组织中那些富有想象力、有胆识的、敢冒个人风险来促成新事物出现的中层和基层管理者。这些管理者在专业分工条件下对自己职责范围内的事务、人员、资源进行管理。其管理领域如人事、财务、生产、营销等均存在大量的创新空间：由于他们处于组织决策层与基层的中间接合部，具有实际管理经验和业务专长，并处在个人事业发展的中间阶段，思维活跃，对个人价值实现的愿望强烈，因而在创新上常常富于献身精神，并表现出果敢、勇于冒险、进取的品德。从这个意义上说，管理者无疑是一个充满创新活力的创新群体，是管理创新的中坚力量。但是，管理者的创新行为既要受到自身权限的约束，又要受到上级行为的影响。新构想只有在得到上级认可和支持的情况下，才有可能在各自的领域内进行创新，成为创新的主体。因此，有远见的领导者充分审视这些管理者的作用，积极促使其成为创新的主体，应该像重视技术和产品一样，注意发掘或培养他们的创新能力。例如，福特汽车公司管理人员创造出的"生产流水线"这一生产流程方面的重大创新，极大地扩张了生产规模，降低了生产成本，成为自工业革命以来足以同其他重大科技发明创造相提并论的一项管理创新。可见，管理创新的成功给企业带来的收益与技术创新一样是不可估量的。

（三）有创新精神的员工

管理创新活动的源泉在于全体员工的积极性、智慧和创造力的发挥。因此，组织领导者要创造出鼓励创新的氛围，依靠全体员工，开展管理创新活动，这样才能不断涌现新的创意，管理创新活动的推行也更容易得到支持。这里之所以强调有创新精神的员工，是因为创新是具有风险性的，需要有知识、智力和胆识才能产生创新意识。但是，就单个员工来说，很难成为创新主体，因为员工在企业中属于操作层，其行为要受到上级主管和各种规章制度的严格约束，一切善意的创新设想也必须在这种控制和约束下进行，否则就有可能受到"违反规定"的惩罚，危及自身利益。因此，与企业家和管理者相比较而言，员工的创新行为对于自身来讲是最具有风险性的。虽然单个员工成为创新主体非常困难，但是作为一个群体的员工却往往能成为管理创新的主体，因为一方面，由于小组工作、同事间协调、信息水平传递等，使员工有了更多的机会接触企业管理的实际问题；另一方面，作为群体的员工，能够产生大量的管理创意，具有被提炼、综合、实施的价值。当这些创意得到企业家认可并付诸实施时，这些员工就成为真正的管理创新主体。他们在每日的工作过程中就可以亲身实践。例如，日本企业通过全员性地参与管理创新，如合理化建议制度、零缺点运动、质量管理小组等，创造出许多广为流传的管理创新成果，像著名的全面质量管理、即时生产体制等，为企业创造了大量财富。

此外，管理专家和研究机构也是管理创新的辅助力量。在复杂、多变和激烈竞争的环境中，单凭企业家个人或几个管理人员的知识、智慧和经验是不够的，还需要借助一些专门的管理专家、参谋机构的理论和智慧，依靠他们来分析收集信息，制定创新方案，并帮助企业家付诸实施，这种利用"外脑"的方式对管理创新是非常重要的。据资料表明，国外一些企业的重大创新成果很多是由专家组成的"智囊团"和研究机构搞出来的。因此，管理创新也要充分发挥这部分力量的作用。

通过上述分析不难发现,企业管理的最高决策层、中间管理层、作业管理层和外部的管理专家都可能成为管理创新的主体,管理创新通常是群体运行的过程,管理创新的主体绝不仅仅限于企业家。企业家在管理创新中扮演着极为重要的角色,是管理创新的主要推动力。这与他所处的管理职位和拥有的管理职权是密切相关的。当企业家成为创新主体时,创新过程的进展应当更为容易,而其他人员若要成为创新的主体则困难得多,这既与企业家的管理风格有关,更与企业的创新机制、创新环境有关。

第二节 管理创新的内容

管理创新是指创造一种新型的、有更高效率的资源整合模式,它既可以指有效整合资源以达到组织目标的全过程管理,也可以指某个具体方面的细节管理。管理创新的内容主要包括制度创新、技术创新和管理方式创新。

一、制度创新

所谓制度创新,是指引入新的制度(组织的结构与运行规范)安排,大的如整个国家的经济体制,小的如具体企业的组织形态、运行机制。从一定意义上说,制度创新是指为确保创新顺利进行而对现行制度的改革。制度创新的范围很广,从宏观层面来看,制度创新包括政府职能转变、科研体制改革以及保护知识产权的法律制度等;从微观层面来看,企业制度创新主要包括产权制度、经营制度、管理制度和组织制度等方面内容。以下仅从微观经济的角度来分析。

企业制度主要包括产权制度、经营制度、管理制度和组织制度,它涉及保证企业正常运行、低耗高效以及为调动职工积极性而设计的一整套制度。只有先进的企业制度安排,才能调动各类人员的积极性,推动技术创新和管理创新的发展。

1. **产权制度创新**

产权制度是决定企业其他制度的根本性制度,它规定着企业生产要素的所有者对企业的权利、利益和责任。产权制度的创新要根据企业的性质、规模、社会地位等因素而决定。在知识经济中,有形的生产资料已经不再是企业的主导资源,知识和掌握知识的人才是企业的主导资源。一个社会要想促进发明和创新,就必须让潜在的发明家和创新家觉得这样做是值得的。因此,为了提高人们对创新的积极性,非常可行的方法是在法律上确定人们对新技术这种知识的拥有权,这就是知识产权制度。而专利制度是知识产权中最主要的,也是最早形成的。在产权制度创新中,知识、技术、才能应该获得应有的产权,并且在产权结构中所占的比重将越来越大。可以说,人类因不断技术创新所导致的技术进步,在很大程度上归于产权激励机制的不断完善,产权激励是技术创新激励的根本。

2. **经营制度创新**

经营制度是有关经营权的归属及行使条件、范围、限制等方面的基本规范。它表明企业的经营方式,确定谁是经营者,谁来掌握企业生产资料的占有权、使用权、处置权,谁来确定经营方向、经营内容和经营形式,谁来保证生产资料的完整性和保值增值,谁来对生产资料所有者负责、如何负责等。经营制度创新就是要寻求促使企业各种资源能够最有效利用的方法。

3. 管理制度创新

管理制度是行使经营权,组织企业日常经营活动的各种具体规则。管理制度的内容有分配制度、奖惩制度、招聘制度、作息制度、考核制度、劳动保护制度等。就分配制度来说,分配制度涉及如何正确地衡量成员对组织的贡献,并在此基础上如何提供足以维持和鼓励这种贡献的报酬。分配制度兼具激励和约束两种功能。如何在按劳分配的同时兼顾按要素投入分配,以及如何通过分配制度对经营管理者进行激励和约束,是一个重要的问题。目前,管理制度创新趋向于更人性化的管理。

4. 组织制度创新

前面在第五章已经介绍过组织变革的趋势:一是扁平化。随着信息技术的运用,信息可以在企业管理的高层和基层之间直接沟通,这将大大扩展管理者的管理幅度,减少中间的层次,提高管理效率,使传统的金字塔式结构趋于扁平化。二是专业化。为了提高企业的优势和自主创新的能力,把一些服务性、辅助性部门甚至生产部门剥离出去。而资源主要集中于优势产品或只是新产品的研究开发上,同时,增强与其他企业之间的协作力度,企业因而变得越来越专业化。三是柔性化。由于消费者的个性化需求使得市场需求呈现出小批量、多样化的特点,这就要求企业组织能够随时根据任务需要组合生产单位。在这种新形势下,许多新型组织形式应运而生,如虚拟组织、战略联盟等。"学习型组织"也是组织创新之一。这种组织能促进成员自我学习、自我发展和自我控制,能不断地根据环境变化作出有效反应,拥有较强适应与变革能力。

二、技术创新

伴随经济全球化的迅猛推进,为了提高经济竞争力,绝大多数国家或地区加大科技投入,普遍采用财税、金融等各类工具诱导资源更多地投入研究开发、高新技术企业发展、人力资本投资等领域。要想在经济增长方面取得较大成功,无一不将技术创新置于极端重要的地位,技术创新已成为现代经济增长的关键。

技术创新就是新颖性构思从研究开发一直到市场价值实现的全过程活动。就企业而言,技术创新是指企业应用创新的知识和新技术、新工艺,采用新的生产方式和经营管理模式,提高产品质量,开发生产新的产品,提供新的服务,占据市场并实现市场价值。它主要表现在要素创新、要素组合方法的创新以及产品创新几个方面。

1. 要素创新

企业的运营过程实质在于对资源要素进行合理配置,其资源要素包括材料、设备、人员等多类。要素创新包括材料创新、设备创新、人力资源创新。材料创新是指:开辟新的材料来源,开发和利用成本更低的替代性材料,提高材料的质量,改进材料的性能。设备创新是指:将先进的科学技术成果用于革新设备,采用全新的装备,代替原来的设备。人力资源管理的创新是指不断从外部吸纳高素质的人力资源,对企业现有的人员进行培训提高。

2. 要素组合方法的创新

要素组合方法包括了生产工艺与生产过程的组合。生产工艺创新主要是指创造出新的加工方法和工艺条件。生产过程的组合创新是指企业研究和采用更合理的空间布局与时间组合,以提高劳动生产率,缩短生产周期。改革开放以来,国内企业比较重视引进先进的管理方法和技术,例如全面质量管理等。近年来,物料资源规划、制造资源规划、企业资源规划、计算机集成制造系统、计算机辅助技术等都得到一定程度的应用,并结合企业情况创造了许多管理方法。企业引进或创新的管理方法和技术能否得到持续、有效的运用,又对企业制度创新进程的相互适宜性提出了新的挑战。

3. 产品创新

产品创新是指企业在推出第一次上市的新产品或对原有产品进行原理、结构、功能、成本等方面较大改进的一系列创新活动。智能手机、平板电脑、电动汽车、驾驶辅助系统、VR眼镜等都是人类杰出的产品创新。它们不仅给创新者带来显赫的竞争地位,甚至对国家竞争力也产生了举足轻重的作用。产品创新主要包括品种、结构、效用诸方面的创新。品种创新要求企业根据市场需求的变化及时调整生产方案,开发受市场欢迎的、适销对路的产品品种。结构创新是指通过改进使产品结构更合理、性能更高、使用更安全、操作更方便、更具有市场竞争力。效用创新则是指通过了解用户的偏好,以此为依据改进原有产品,开发新产品,使产品能给用户带来更多满足,更受用户欢迎和喜爱。产品外围创新是指随着产品而提供给顾客的一切有关的服务与信息。一般包括产品的商标、说明、包装、付款方式、安装、保养与维修以及产品担保等。

三、管理方式创新

所谓管理方式创新,是指一种更有效而尚未被企业采用,是组织创新在企业经营层次上的辐射,是企业把新的管理要素(如新的管理办法、新的管理手段、新的管理模式等)或要素组合引入企业管理系统的创新活动。它通过对企业的各种生产要素(人力、物力、技术)和各项职能(包括生产、市场等)在质和量上作出新的变化或组合,以创造出一种新的、更有效的资源整合模式。这种模式既可以是有效整合资源以达到企业目标和责任的、新的全过程式管理,也可以是具体资源整合及新的目标制定等方面的细节管理。管理方式创新主要包括以下几项。

1. 管理方法的创新

管理方法的创新是指企业在生产经营过程中引入一种新的方法。如引入网络计划技术、零库存管理方法、全面质量管理、统计分析方法、预测决策技术、项目评价方法等。

2. 管理工具的创新

从电话、传真到个人电脑再到互联网,每种管理工具的引入都大规模地提高了生产效率。其中值得一提的是互联网的引入,它使高效互动的信息沟通成了可能,从而使企业在这个迅速变化的环境里形成了自己的快速反应能力。

3. 管理模式的创新

管理模式的创新是指企业针对管理的某一个或某几个职能方面的模式(如生产管理模式、财务管理模式、人力资源管理模式、营销管理模式等)所做的综合性创新。

4. 管理文化的创新

管理活动是人的有意识的活动,必然受人们价值观念、伦理道德、社会习俗等的影响。管理活动与不同的文化相结合,形成不同的管理哲学和管理风格。在全球化的背景下,在管理文化上取长补短,相互融合是必然的趋势。例如,美国通过对日本管理模式的研究和反思,企业经营观念正在不断变化之中,如重视企业的社会效益、人力资源的开发和员工队伍的稳定等。日本也在检讨原有管理模式的不足,正在强化人事竞争机制,抛弃论资排辈,强调异质化、活力化、效率化经营等。因此,在保持本土文化基础上兼收并蓄,不断创新,建立既有自己特色又充分吸纳人类先进文化成果的管理模式,也是管理方式创新的一个重要方面。

制度创新、管理方式创新和技术创新三者是相辅相成的关系。

首先,制度创新是技术创新和管理方式创新的动力和基础,制度创新应该先行于技术创新和管理方式创新,为创新的主体提供一种将个人利益与企业目标相结合的制度安排,使组织的各个利益相关者(如所有者、管理人员、技术人员和普通员工等)能在这种安排下得到应有的利益,从而拥有追求技术创新和管理方式创新的动力。

其次,管理方式创新是技术创新和制度创新的组织保障,只有科学有效的管理才能保证制度创新的目标得以实现,使企业的激励约束制度发挥作用,从而发挥员工技术创新的积极性。

最后,技术创新是制度创新和管理方式创新的技术支持基础:先进的制度和管理只有在先进的技术支持下才能实现。例如,计算机的普及运用使原来难以实施的制度和管理方法得以产生和运用。现在,有许多大企业拥有自己的局域网,公司的员工可以通过上网进行沟通,了解公司的最新动态;在网上,下级可以向上级提出意见和建议,上级可以向下级发布公告。借助电子技术,企业对员工生产业绩的衡量能够更加准确、快速,这就能够使管理更加有效。

另外,新产品的产生需要企业有新的管理手段和制度。制度创新、技术创新和管理方式创新三者多是交替进行的,以追求创新带来的超额利润,促进企业的持续发展。

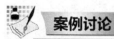
案例讨论

张三的小孩有病住进某医院。动手术的前一天,他照以往惯例给主治大夫、麻醉师等有关医务人员每人分送了多则五六百元,少则一二百元的红包。大夫们没多推辞就收下了,送出后,张三心里也就踏实了许多。

可第二天下午,张三却发现大夫们一个一个分别来到病房,每人手里拿着一叠信封,上面写着某某某的名字,将信封一个一个送给病人及有关人员。张三打开大夫送给自己的信封一看,里面装的正是自己送给大夫的红包。

这家医院针对病人送红包问题制定了一条特殊规定:凡发现某个大夫有收受病人红包现象,经查实,除了退还病人的红包外,该病人的全部医疗费用也将由这个大夫全额负担;同时,医院负责全额退还病人负担的一切医疗费用。

据说,这家医院以前曾针对大夫收受红包问题想过许多办法,制定了许多措施,但都不如这条规定有效。

(资料来源：宋圭武.由一则案例看制度创新[C].中国制度经济学年会,济南,2006.)

思考：

(1) 张三为何要给医务人员送红包？

(2) 医院的这一新制度是基于哪些方面杜绝了大夫收受红包的？

第三节 管理创新的原则和理念

一、管理创新原则

所谓管理创新原则,是指在管理创新活动中所应遵循的行为准则。它在创新行为中起到一种判定和筛选管理创新意念的作用,也对创新行为具有导向作用。

(一) 独创性原则

独创性原则是指创新活动选题应是前人没有进行过的,或是别人尚未解决的,这样才能保证创新对组织的发展有一定的应用价值,这是创新的首要原则。彼得·德鲁克讲过,"进行创新如同进行其他工作一样,要有天分、独创性和预见的素质。"管理者不妨经常问问自己,本公司与其他同业者相比较是否有独到之处？哪些环节现在已经步人后尘？怎样应对？要知道,在激烈竞争的知识经济社会中,一味模仿别人的企业是难以生存的。

1992年,美国通用电气公司总裁约翰·F.韦尔奇力排众议,按网络组织结构对公司管理机构进行的GE变革正验证了此点。韦尔奇在立足于日本企业成功管理经验的基础上做了两点重要创新：一是以削减管理过程中制造成本与销售单价之间的间接费用为突破口降低成本,不同于日本企业主要降低制造成本的一般做法；二是在业务结构战略上强调业务领域的专业化,不同于日本企业的业务结构多角化。最终,前人未曾涉及的这两个独特的创新思路帮助韦尔奇获得了巨大成功,他和通用电气公司成了世界各大公司效仿的榜样。

可见,独创性原则集中体现了创新的价值所在,是创新的内核。

(二) 理性原则

理性原则是指根据辩证唯物主义的科学世界观和事物发展的客观规律性来评估、选择创新活动的一种方法论原则。

理性原则对于管理者的经营创新活动的成败具有关键作用。正确的经营理念有助于指导管理者去发现事物发展的规律。诸如"某某公司应成为开路先锋","每个人都有做创造性工作的愿望,行政领导的工作就是给出课题,培养兴趣并鼓励真正的能力……"的企业理念就曾督促某某公司几代管理者注重管理规律,选择合适的管理方式方法,推动公司不断前进。当然,尽管理性原则对创新活动有规范、选择和指导作用,但理性并不能代替创新活动。与此同时,理性原则自身又是不完备的,它时时处于发展之中,绝不应视为僵死的教条。事物在发展,不可能存在一种永远正确的理性认识,过去以管理者自己理解的理性原则去看待某项经营或创新活动而导致扼杀人才,扼杀创新思想的错误不应在 21 世纪再度发生了。从理性原则的角度讲,经营、创新活动是一种探索性行为,是一种试验过程,应当能容忍这个过程中所发生的错误,并不断纠正、改善。

(三) 重优扬长原则

重优扬长原则是指在进行创新的选题和活动过程中,注重依靠自己的长处和已有的优势条件,扬长避短,量力而行,从而形成有特色的创新活动的要求。

任何一个组织的基本情况都有自己的特殊性,都存在相对优势和劣势。因此重优扬长原则的指导思想就是要求管理者在纷繁复杂的机会(领域)中找出哪一个更适合自己和自己所在的企业,发现更适合自己所擅长并已在实践中证明有能力进行的工作,并从中择善而从,最大限度地发挥自身优势。简言之,即要求管理者要使组织和自己的特性及创新机会协调起来,选择熟悉的领域,投身于艰苦的工作中去,进行成功的创新,并扩大创新成果的应用价值。

(四) 可行性原则

可行性原则要求对创新活动涉及的信息、资金、技术、设备和人力条件等方面进行周密考察和估算,防止不必要的损失。它是创新活动的前提条件。

在日常管理过程中,可行性原则主要体现在以下三方面。

1. **目标的可行性**

中国古代军事家孙子关于军事目标曾有这么一句名言:"途有所不由,军有所不击,城有所不攻,地有所不争,君命有所不受。"这句话告诉我们"有所不为才能有所为"。目标选择就是如此。一项创新要想行之有效,其目标设定就必须简易可行且重点突出,否则就容易把人们搞糊涂,非但起不到相应作用反而会引起麻烦。曾有人戏言,一项创新设想能得到的最高赞赏莫过于人们惊叹:"这么简单的事儿,为什么我没想到!"

2. **客观条件的可行性**

客观条件的可行性主要指为完成某项创新必须具备的诸如设备、仪器、工具等各种物质手段以及必要的资金、人才和信息等条件。客观物质条件是人类认识和改造世界必备的前提条件,尤其在当代社会,以计算机技术为代表的信息技术突破了速度和空间概念,软件和网络使世界成了小小的"地球村",经济活动的范围越来越大,商品和劳务贸易、资金和技术流动更为便利,这一切都迫使管理者不断运用创新的科学仪器、设备和手段去履行职责。

3. **主观条件的可行性**

这是指从事管理创新的人员为完成某个特定目标所必须具备的科学知识和研究能力。知识经济社会是信息化、智能化的社会,知识的驾驭将成为个人和企业获取效益,取得成功的主要手段。相应地,在企业组织内,应使各级管理者和每位员工都在原有基础上提高知识水平,鼓励他们成为智能型工作者,只有这样才能在真正意义上实施全员创新,将创新落到实处。可以这么说,哪个企业善于运用知识和信息,重视知识资源的开发,就能加快自身发展,屹立于创新事业的前沿。

二、管理创新理念

"思路决定出路。"回顾历史,人类发展进程中的历次重大变革无一不是以思想的进步和观念的更新为先导。任何企业组织的发展,经济形态的转变,也同样不能离开解放思想和更新观念。科技进步和生产力发展正将我们由工业社会的资源经济时代推入知识经济时代,这就对管理创新提出了新的课题和挑战。但是革新和创造毕竟不是动动嘴皮就能实现的,企业要想进行成功的创新,首先就必须冲破传统思维模式的束缚,树立起紧跟时代潮流的正确思想观念,以此指引自己的行动,推动管理的改进。在当今的社会经济条件下进行创新活动,企业组织应具备以下几种观念。

(一)知识增值观念

早在20世纪80年代,美国国家工业竞争调查委员会经过研究就发现,经济增长比以往任何时候都更依赖于知识的生产、扩散和应用。作为蕴含在人力资源和技术中的重要成分,知识所产生的影响力已远远超过18世纪末工业革命初期机器的产生对英国经济发展的冲击,创造财富的力量已不在于机器、原料和劳力,而在于一种更为重要的资源——知识。

步入世界著名软件生产厂商微软公司的总部参观,看不到大企业车水马龙的热闹景象,没有堆积如山的原料和产品库房。只有几座静静伫立于绿荫中的办公大楼,错落有致,委实一派逸雅氛围。但正是在这里,比尔·盖茨率领他的一班精英才子利用每个人办公室里的一张椅子和四五台电脑与散布在世界各地的数以百万计的用户进行着无形的国际贸易,其价值和作用难以用笔墨来描述。创业仅20余年,微软就以约1000亿美元的股票资本、2000亿美元的市场价值傲视群雄,其管理者盖茨本人更成为全球商界新贵,一跃而成世界个人财产榜首富。微软的成功只是美国诸多新型企业成功的一个杰出代表,有消息报道,近年来美国经济得以中高速稳定增长的主要源泉就是5000家软件公司,它们身上有一个共同特点:知识含量高。

经济合作与发展组织的《论以知识为基础的经济》的报告中指出,发达国家经济成分中,以知识为基础的经济已占其国内生产总值(GDP)50%以上,高技术产品在制造业产品中平均已占20%~25%,比20世纪80年代增加了1倍,而知识密集型服务业部门,如教育、通信等产业增加得更快。难怪有经济学家评论说,知识正在成为世界力量中新的重心和一种重要新资源。

(二)全球竞争观念

知识经济社会是一个"无国界"的经济一体化时代。由于电子技术的飞速发展,信息与网络技术的广泛应用,一轮轮沟通革命汹涌而至,"电讯全勤族"配备着最新的便携式电脑和移动电话,随心所欲地收发电子邮件,掌握世界信息,进行商品交易,充分享受着"流动办公室"给他们带来的种种便捷;企业和企业、企业和消费者、国内国外企业之间的距离已不再像以往那样遥远。

处在"地球村"中,生产的全球化、市场的全球化和消费者的全球化已经成为现实,当竞争者从万里以外的地方赶来,就像从毗邻城镇来串门般简单时,组织的压力可想而知。当然,每一个企业都可以在世界范围内选择适合自己发展的方式和途径,但成功与否则要看它有没有树立起强烈的全球观念,有没有从全球战略的高度去要求自己。在这方面,一些超级跨国公司做出了表率。如飞机制造业的波音公司,为了应对来自大洋彼岸的欧洲空中客车集团的挑战,一方面积极提升本公司的高科技经营管理水平,另一方面则采取种种大胆举措,包括收购老牌同行——麦道公司,以及不顾媒介的指责与日本企业结成联盟共同开发新一代波音产品等。又如汽车业的美国福特、日本丰田与马自达结成联盟,在电子产品领域IBM宣布与日本东芝合作等,都体现出这些超级巨头的全球战略眼光,那就是吸引管理先进、资金雄厚的潜在竞争对手加盟,在世界范围的竞争中最大限度地壮大自己。大凡成功的企业都知道进入21世纪,由于知识和经济的共享成为时代的潮流,绝对的竞争对手已不存在,不实行全球化,企业将失去"双赢"的机会,进而无法共存。

(三) 持续学习观念

随着经济、技术的快速发展和经营环境的急剧变化,传统的组织角色和管理方式面临着严峻的考验,众多管理者业已发现企业即使规模再大也不是牢固不破的堡垒,可能时时处于危机之中。这一切要求企业等组织必须坚持不断学习,不断更新已有知识,积极地去适应环境,才能创造企业发展的生机。

如果企业内没有树立正确的学习观,总是偏执地思考,只专注于个别事件,逃避责任及妄自尊大地套用错误经验,将会使企业组织陷入一种被慢慢侵蚀的状态,直到无可救药。因此,美国麻省理工学院的著名学者彼得·圣吉在其著作《第五项修炼——学习型组织的艺术与实务》中要求组织中每一成员都要敞开心胸,持续学习,不断充实自我、超越自我,而且强调知识整合的力量和进行凝结集体智慧的团队学习,以保持企业的永续活力。显然,彼得·圣吉和当代的其他管理大师们为人们指明了一个道理:在市场竞争的舞台上,企业很难永恒地卓越。只有让组织人人增强组织革新创造的能力,成为现代意义上的"学习型组织",才能产生世界第一流的管理。

(四) 战略管理观念

战略管理观念要求企业管理者在对企业外部环境和企业内部条件分析和预测的基础上,通过制定企业战略并付诸实施。

尽管"战略管理"已不能算什么新鲜名词,我们在这里仍然将它作为进行创新活动必备的观念提出来,是因为其顺应了当代社会经济发展的潮流:一是科学技术发展的步伐加快。新技术、新材料、新产品和新行业如潮涌现,原有企业和行业受到日益剧烈的市场冲击;二是世界经济一体化的进程加快,全球范围内企业之间竞争空前激烈,这点已在前面提到过,不再赘述;三是在世界范围内,由于发达国家与发展中国家经济发展不平衡而产生的各种矛盾明显暴露出来,东西方差距进一步拉大,贸易保护主义仍旧存在。政府对经济的影响程度加大,等等。身处如此压力环境,越来越多的企业都意识到在快节奏的国际竞争和复杂多变的内外部条件下,企业想要求得生存和长远发展,就必须"量物宜长,放物宜远",站在全局高度,去把握未来环境的趋势。于是,战略管理作为一种具有鲜明特征的观念和管理形态而备受人们青睐。

第一,战略管理强调以市场为导向,注重对企业外部市场环境变化及其趋势的判断,企业所做出的战略规划须尽可能地与市场的变化趋势一致,利用机遇,避开威胁。

第二,战略管理强调对企业发展方向的把握,注重企业的总体方向,如企业寻求的新的经营领域,期望在该领域取得怎样的差别优势,以及必须采取哪些推进步骤等。

第三,战略管理强调管理要面向未来,关注企业的长远利益,及时进行管理战略调整和目标的战略转移。

第四,战略管理强调寻求内部资源和外部环境的平衡点。通过对外部环境因素进行分析,预测环境变化。辨别可能的机会和威胁,然后对内部资源调整、优化并取得新资源。力求在未来时期企业与环境相协调。

仔细观察以上特点,我们不难发现,实际上实施战略管理本身就是企业面对市场竞争白热化局面而进行的一种管理创新,是企业对环境变化的一种适应和应对之策。

(五)知识管理观念

随着知识经济时代的来临,贯穿和渗透于社会生活中的知识的作用日渐凸显,知识在创造财富的过程中发挥出越来越重要的影响力。专家指出,知识和信息将逐步成为与人力、资金并列的企业第三大"战略资源"。于是,顺理成章地,有关对这种重要"战略资源"进行管理的新课题就被企业列上了议事日程,并正在成为管理学的一个热门领域,谁对知识管理的浪潮视而不见,谁就将错过探索管理前沿的良机。

 案例讨论

"阿米巴经营模式"是日本"经营之圣"稻盛和夫一生中最大的创新成就。稻盛和夫创建的两家世界500强企业之一的日本京瓷公司采取的就是"阿米巴经营模式"。京瓷公司创造了神话一般的业绩——50余年从不亏损,越是经济危机越是快速发展。因此,"阿米巴经营模式"受到大家的极力追捧。

"阿米巴经营模式"旨在最大限度地释放员工的创造力,阿米巴的经营模式核心就在于唤起每位员工心中的创业激情与企业家精神。"阿米巴"是变形虫的意思,最大的特征是能够随外界环境的变化而变化,不断地进行自我调整来适应生存环境的变化。

阿米巴模式源于稻盛和夫创业早年的困境,当时他一个人既负责研发,又负责营销,当公司发展到100人以上时,觉得苦不堪言,非常渴望有许多个自己的分身可以到各重要部门承担责任。于是,他把公司细分成多个所谓"阿米巴"的小集体,从公司内部选拔阿米巴领导,并委以经营重任,从而培育出许多具有经营者意识的领导。

京瓷公司就是由一个个被称为"阿米巴小组"的单位构成。与一般的日本公司一样,京瓷也有事业本部、事业部等部、课、系、班的阶层制。但与其他公司不同的是,稻盛和夫还组织了一套以"阿米巴小组"为单位的独立核算体制。"阿米巴"指的是工厂、车间中形成的最小基层组织,也就是最小的工作单位,一个部门、一条生产线、一个班组甚至到每个员工。每人都从属于自己的阿米巴小组,每个阿米巴小组平均由十二三人组成,根据工作内容分配的不同,有的小组有 50 人左右,而有的只有两三个人。每个阿米巴都是一个独立的利润中心,就像一个中小企业那样活动,虽然需要经过上司的同意,但是经营计划、实绩管理、劳务管理等所有经营上的事情都由他们自行运作。每个阿米巴都集生产、会计、经营于一体,再加上各个阿米巴小组之间能够随意分拆与组合,这样就能让公司对市场的变化做出迅捷反应。

因此,"阿米巴经营"既提高了员工的成本意识和经营头脑,又提高了员工的职业伦理和个人素质,这两方面相辅相成促成了"阿米巴经营"这种管理方式在京瓷的成功。京瓷成功地把"阿米巴"架构上的、以联结决算为基础的纵向管理网和间接部门间横向管理网结合起来,从而得以从两方面对经营业绩进行全局把握。所以,"阿米巴经营"被誉为京瓷经营成功的两大支柱之一。

(资料来源:MBA 智库 百科. 阿米巴经营[EB/OL]. [2023-07-23]. https://wiki.mbalib.com/wiki/Amoeba_Management.)

思考:
(1) 请根据案例内容指出"阿米巴经营模式"管理的优势。
(2) 请根据自己的理解说说实施"阿米巴经营模式"管理需要注意哪些内容。

第四节　管理创新的程序和方法

一、管理创新程序

事实证明,要有效地组织和进行一项创新活动,就必须了解和掌握创新的基本过程。自 20 世纪 50 年代起,创新技术开始在以美国为代表的西方国家逐步得到普遍使用,尤其是哥顿教授的综摄法发明之后,大家对创新技法更是好评如潮。但是,随着它在企业界的深入应用,以及使用地区的日益增多(如:日本、欧洲、苏联一些国家和地区),不少管理者发现,过去那种以为学习创新就是把握创新技法的看法,其实过于偏颇。因为创新在本质上是对原有事物及其秩序的破坏,客观规律要求它首先否定旧事物、旧制度;然后再寻找新事物、新方法取而代之。于是在最终成果获得之前,必然有一个反复、"试验"的过程,这个过程看似杂乱,实则暗含规律。没有谁可以忽略这个过程而直接到达胜利的彼岸。众多成功企业的经验告诉我们,创新活动是由多种因素和多个阶段所构成的,是一个复杂、有序的过程。下面就对创新的程序作一简略介绍。

(一) 自我准备阶段

在创新开展之前,需要管理创新人员自身做一些必要的准备,主要有以下两个方面。
(1) 具备合理的知识结构和丰富的经验积淀。也就是说应以宽厚的基础知识做铺垫,拥有一定深度的行业和专业知识,而且须注意日常工作中相关知识和经验的积累。创新活动是对创新对象有关知识、信息的组合,是在已有知识和经验基础上进行的升华。若是知识面不广,或缺乏相关领域的知识和经验,进行有价值的创新将成为一句空话。

(2) 清楚所面临的压力。压力包括两方面——客观的和主观的。客观压力即社会需求,需求越迫切,越能推动人们进行创新。如果一个企业总裁发现公司人员懒散、效率不高,严重到已经开始影响企业的生存,他就会去寻求一种新的管理机制,或建立一种管理信息系统,来监督员工的工作状况,这种情况下压力转变成了动力。而主观压力则是要求创新者有一种来自内心的强烈愿望和动机。因为事物的内部矛盾决定了事物的发展方向,有了愿望和动机,才有可能有创造性。

(二) 确定问题,寻求机遇阶段

创新是对原有秩序的破坏,原有秩序之所以要打破,是因为其内部存在或出现了不协调的现象或问题。创新活动就是从发现和利用旧秩序内部的这些问题开始的,也正是这些问题为创新提供了契机。

旧秩序中的问题既可存在于企业自身内部,也可产生于对企业经营管理有影响的外部。总的说,作为创新人员需要关注的问题有以下几种。

(1) 企业生产经营中可能影响劳动生产率提高的瓶颈问题。如某种材料的质量不够理想,且始终找不到替代品,或是某种工艺加工方法不够合理。

(2) 企业的分配机制、用工机制、人事制度一成不变的问题,它们会影响企业员工的劳动积极性。

(3) 外部的社会技术水平变化的问题。它可能影响企业资源的获取,生产设备和产品的相对技术优势。如两个规模相当的采油企业,A 企业已开始采用第三代采油机械,而 B 企业还在继续使用二三十年前的第一代采油设备,其市场竞争结果可想而知。

(4) 宏观经济环境变化的问题。经济迅速增长的背景可能给企业带来不断扩大的市场,而整个国民经济的萧条则可能降低企业产品需求者的购买能力。

(5) 文化与价值观念的转变问题。它可能改变消费者的消费偏好或劳动者对工作及其报酬的态度。

创新者应当奉行"问题即是机遇"的原则,以积极的态度探询和确定问题,并将此项内容与对问题做出反应放在同样重要的地位加以考虑。

(三) 搜集资料,设定目标阶段

资料和事实是创新活动的立足点。只有在搜集到了相关资料和事实情况,了解其社会历史背景后,才能将创新问题系统化、条理化,找出问题关键,为认清创新对象的规律和本质提供依据。创新者需对资料进行整理、鉴别,包括舍弃无用和关联不大的资料,对把握不大的资料进行考证,以及进一步搜集欠缺的资料,以便架构对设定目标和解决问题有所帮助的资料体系。这样一来,创新者就可以依据手头的资料,分析问题的原因及未来变化趋势,运用多种创新原理和创新技法,设定目标或课题,并提出解决目标或课题的多种构想和方案,进行可行性比较,形成一种最有可能使组织在更高层次上达到动态平衡的创新方案。

(四) 实施创新阶段

本阶段负责实施创新设想,由创新活动的实施者在一定创新目标的导向下,将形成的方案一步步落实,并注重同步创造条件。它是管理创新行为的重要组成部分。这一阶段又分为三个环节,即营造氛围、初步实施和持续实施。

1. 营造氛围

在实施前要大力做好宣传工作和沟通工作,营造起崇尚革新的气氛,以取得创新主体与客体的认同,克服和消除妨碍创新的心理障碍。在这一环节,除了使大家深刻理解创新的可能性和必要性外,还需创造条件,缩短软硬件差距,为下一环节做好准备。

2. 初步实施

通过授权有关部门和成员实施创新方案并制定短期目标,增强人们对创新的认同和信心。这一环节中由于涉及一些技术变化、组织变化和人员变化难以被准确预料或描述,所以需遵从以下三个原则。

(1) 坚定性原则。无论遇到多大阻力和困难都要坚定信心。坚持创新。

(2) 稳定性原则。管理创新是一项复杂工程,其实验环境只能是现实企业,因而有很大风险;为了保证创新的进程和方向,必须有意识地循序渐进,保持企业的稳定性。

(3) 应变原则。对创新中出现的新环境新条件,要及时反馈给创新行动领导层并修正方案,同时加强创新实施者自身的创新调适,争取更好、更快地实现短期目标并超越这一目标。

3. 持续实施

通过短期成果的示范作用,虽然可以增强大家创新的认同感,但由于旧观念旧体制根深蒂固,以及企业内外环境不断变化,要形成稳定的态度和巩固的行为仍显不易。所以,必须利用一些强化手段,将新行为与新态度固定下来并持久化,从而保证管理创新的持续性发展。这一过程也即固定和深化阶段。

(五)评价总结阶段

在经过一段时间的持续强化、固定后,创新领域开始出现新的模式,并日趋稳定,创新效果日益明显。此时,有必要对其创新效果进行论证,并科学总结这一创新成果。在这一阶段,一方面可以使企业经营管理者和广大员工在其成果得到社会认可时得到巨大激励作用,并促进企业自身再次比较发现与外界的差距,以进行更深层次的创新;另一方面也是为了使其创新成果向更大范围推广,促进其他企业审视现状、积极创新,以发挥企业管理创新成果的社会效用。评价总结阶段包含以下三个环节。

(1) 验证。也就是说在创新中所获成果是否有价值还应进行检验。在进行验证时,既要防止对成果期望过高而导致因某些偏差就对其不屑一顾,也要防止一味对其吹捧、评价过高,应实事求是地看待创新成果。

(2) 整理。即将创新成果书面化、理性化、系统化,使其表现形式更趋完善。

(3) 发表。在注重知识产权的前提下,将创新成果公之于世,取得社会承认同时适时地加以推广。

二、管理创新方法

创新是管理者工作的重要组成部分,它不仅需要正确观念作引导,还需要很多技术方法予以配合,只有通过这些具体技术的配合并且依照创新活动的原则,才能在实际管理工作中激发创新和实施创新。以下就将对几类常用的创新技法作简要阐述。

(一) 思维谋划法

思维谋划法是通过较多运用抽象思维方式来达到激发创新目的的一种技法。这里的思维是指人们大脑活动的过程,表现为对事物和构想进行分析、综合判断和推理,进而形成结论或方案的一种纯精神活动。它又包括各种不同形态的思维方式。

1. 直接思维法

直接思维法是指管理者在管理工作实践中,对所接触的事物在感觉和知觉基础上进而生成的新构想。它与一般思维方法相比较,具有生动性、具体性和直接性的特点。合理运用本技法需要有四个方面的基础条件。

(1) 知识。有知识的人才富于想象,知识存储越多,其创造力的根基越稳固。

(2) 经验。缺乏社会实践的人,纵然有书本知识,其想象也可能不具体、不可行,一些有价值的创新常产生于对丰富实践的总结和提高上。

(3) 直觉。即指未经充分逻辑推理的直观感觉,它是以积累的经验为依据的,因此这种直觉往往有一定的正确性和可行性。

(4) 概念。通过概念可以形成反映事物的一般本质的特征。从这些基点出发走向创新,往往可以形成新的管理工作构想和工作方案。

2. 倾向思维法

倾向思维法是指管理者在对工作内容和程序比较熟悉的前提下,沿着一定的目标和倾向进行惯性思维,通过细致的分析和推理发现解决问题的新思路,进而提出管理新方案的一种创新技法。由于条件限制,管理者认识事物常常要经过曲折的过程,并经过一定反复,才能对管理工作的某些本质内涵有真正的理解。在这个过程中思考是倾向思维的必然阶段,理解事物是倾向思维触发创造性思考的关键,而创新正是倾向思维的当然目标。值得一提的是,尽管倾向思维法有时依赖灵感思维寻求到创造成功之路,但它的真实基础仍应该是了解事物,勤于思考,正所谓"多思出智慧"。

3. 水平思维法

与倾向思维法相对而言,水平思维法多指离开原有固定方向的束缚,沿着新的方向从新的角度进行思考的一种技法。水平思维法自身又有多种形式,如提出尽可能多的见解、方法,然后加以比较分析和选取;把事物的关系故意颠倒;转换问题;将问题的重点转移到另一部分加以探讨等。

水平思维法虽能产生新思路,但更适宜于和倾向思维法结合起来使用,经过"横想竖想""左思右想",那么,由创新得到的新见解和新构想就能更具全面性系统化。

4. 逆向思维法

逆向思维法是在管理创新活动中被频繁使用的一种技法。多指从现有事物或传统理论的对立面出发,使用反常规、反传统的思维模式对管理问题进行思考、推陈出新的一种技法。顺向思维的常规性和传统性往往成为人们的思维框框,进而使大家形成封闭的思维定式,趋于从众,限制了创造力的发挥。此时如果能转换一下思考方式,与众不同的"逆行",常常可以取得令人惊奇的成功。此法的与众不同就在于它具有以下优势。

(1) 突破性。因其含有质变或部分质变的性质,因而能取得突破性成就。例如,组织结构"倒金字塔"论的提出就是运用逆向思维技法大胆地将原来的金字塔结构完全颠倒,真正将顾客置于顶层的结果。

(2) 新奇性。由于思维的反向性,改革幅度大,所以必然是新颖新奇的,易于引起人们的关注和重视。

(3) 实效性。如在多家世界知名公司纷纷合并以求更大发展时,IBM 却将公司"分裂",形成众多独立事业体,为的就是分散经营风险,让自己适于生存,收效甚佳。

(二) 类比创新法

类比创新法就是将两个或多个人、物体、情境或行为放在一起加以比较(这些事物行为可以同类,也可以不同类),然后找出它们之间在过程上或相互联系方面具有的类似之处,经过异中求同,同中求异的比较过程,可以产生新的认识,取得创新成果。类比创新法是一种富有创造性的发明技法,有助于为解决某些问题拓宽思路,有利于管理者发挥个人的想象力。类比创新法有很多具体形式,如拟人类比、直接类比、象征类比、荒诞类比、对称类比等。

1. 拟人类比法

拟人类比法就是运用人的情感和情感迁移来求得对问题的深层次认识,推动工作创意的产生。有这样一个例子,一位洗衣机厂的经理在某新型洗衣机正式推向市场、准备大张旗鼓开展宣传之前,在其筹备工作中进行了这样的类比:设想他自己变成了一台洗衣机,此时询问一下自己有何感受,"医生 A 喜欢我的功能 1,银行职员 B 对功能 2 感到厌烦,洗衣工人 C 觉得功能 3 实在没有必要……"以这样的分析为基础,针对不同消费人群可能的反应及地区间居民心理的差异瞄准特定消费群体在广告的创意上下功夫。他率领工作小组制定出更贴近实际的宣传口号和其他相关传播行动,使该新型洗衣机一经推出立即大受欢迎。实际应用证明,采用这种拟人化的设计,可以帮助我们更快、更有效地达到工作目标。

2. 直接类比法

直接类比法即尽力从自然界或已有的成果中去寻找与创造对象可以类比的事实、技术,通过比较,得出新构想或新方法。如设计水翼船的控制系统时,直接将汽车上的操纵机构、车灯、喇叭、制动机构加以改进,运用到汽艇上去,肯定优于凭空设想的结构。

直接类比法要求创新者清晰和干脆地对问题与某种事实、技术或观念之间的关系进行表述,这就提醒我们应有意识地注意不要使类比体之间关系过于贴近,以防距离太近而难以刺激出有用的创见。将卡车和轿车放在一块儿比较意义不大,可是将蝙蝠与回波探测仪加以比较就很有用处了。的确,将生物系统与非生物系统直接加以比较,或将生物的生态的及其他自然科学系统与社会系统相比较,都有可能为我们带来丰富的创新成果。

3. 象征类比法

所谓象征,是一种用具体事物来表示某种抽象概念或思想感情的表现手法,或者赋予创造对象一定的象征性,使它们具有独特的风格。美国学者威廉·戈登曾经谈过这样一个象征类比的案例：如何设计一种可装入 4 英寸×4 英寸的箱子中,向上可延展 3 英尺高,并能承受 4 吨重物体的起重装置。当时在解决这个问题的讨论过程中,有人建议将这个问题"比作印度人的绳索杂耍",由于这个建议,讨论过程被引向开始考虑这种绳索杂耍究竟有何实际利用价值。这种将熟悉现象陌生化的行为刺激研究人员从中获得启示,找到了解决问题的方案,那就是利用机械原理,让车链从一个方向展开,通过将两个链状装置连接起来,设计出了一种轻便但又足以承受重物的起重装置。

4．荒诞类比法

这种类比以弗洛伊德心理学理论的相关内容为基础,即创造性思维与愿望实现是强烈联系在一起的。如曾被一些西方创新学家列为荒诞类比典范的一个案例,说的就是某经理为设计一个由年轻人组成的高效率工作团队,将用烤箱制作烤饼的过程与培训开发年轻人的过程进行类比,获取所需过程要素的事例。

5．对称类比法

对称类比法即利用事物之间的对称性关系来进行类比,创造新事物。

(三) 头脑风暴法

头脑风暴法是 20 世纪 50 年代以后一种极负盛名的创造性解决问题的方法。它本是一种有效的会议技术,指在别开生面的小组活动情境下,鼓励大家自由发表想法,彼此促动,充分发挥集体创造力以求获得较多有价值的创新设想。"头脑风暴"意即参与者用大脑来激荡有关问题的处理方法,其过程可用于诸如激发新思想寻求可能的问题解,对解决方案的评价等众多问题的处理,适用面广,因此受到广大管理界人士普遍欢迎。

1．经典头脑风暴法

经典头脑风暴法是由美国 A. F. 奥斯本于 1940 年发明。奥斯本认为,群体压力对个体自由表达其思想观点有抑制作用,应设计一种结构化讨论形式,让每个人都能无约束地去提出自己的构想,并且不对任何他人提出的构想进行评价,如此直至各种构想表达完毕。它的基本原理要求参加人员尽量使用和促进发散性思维进行设想,推迟对任何观点作出评判,同时鼓励即兴想法的当众表达。其精髓在于广开思路、畅所欲言、暂缓评价。它在具体实施时有以下几条规则。

(1) 关于人数和时间。一般来说参加讨论的人数不宜超过 10 人,若参加人员缺乏经验,则最多增至 15 人；时间不宜太长,20 分钟至 1 小时即可。

(2) 提倡自由思考,各抒己见,尤其是不着边际的想法。可将众人的设想不分好坏一律记录下来,不要放过某些看来离题万里的想法。

(3) 不允许对别人的观点说三道四,尤其是带有敌意的评论。不做判断性结论。

(4) 对于某个具体与会者,要求他(她)用基本的问话来表述问题,且要有中心思想。

(5) 就数量而言,越多越好。因为观点数量越多,越有可能找出更适合的解决方法,要求与会者竭尽所能发挥畅想能力。

(6) 从主持者角度看,不仅要对参与者予以热情鼓励和支持,推动各人表明态度,还应有意识地引导大家去追求观点的组合和改进,如把两种或更多的观点糅合起来,形成更好的构想。

2. 区间式头脑风暴法

区间式头脑风暴法是经典头脑风暴法的一种变形,规则与经典式基本相同。其特征是讨论被划分为多个区间,也就是说在主持人将规则宣布后的时间里,首先让大家思考几分钟并陈述意见;然后进入静默状态,让参与者酝酿和激发新的想法及灵感;数分钟后再进行几分钟的一段讨论;之后再静默;以此类推。

3. 循环头脑风暴法

实施规则与经典头脑风暴法相同。只是它不要求参与者冲动地讲出即兴想法,而是让每人按顺序发表意见和观点,通过有规律的方式不断获得有价值的创意。这样不断循环至讨论结束。其方法步骤如下。

第一步,主持人公布问题。

第二步,参与者思考、记录构想。

第三步,参与者依次序表述构想。

第四步,对提出的构想进行集体讨论。

第五步,检查是否所有人都已倾其所想。

如果所有的人都已表达观点,则结束讨论;如果还有人没有发表看法,则要重新组织讨论。

4. 综摄法

综摄法又叫哥顿法,是美国麻省理工学院的哥顿教授发明的一种方法。他建议以已知的事物做媒介,将表面看来似无联系的异质事物结合起来以激发参加人员的创造力。由于它是摄取各种事物因素综合在一起创造新产品或新知识,故得此名称。综摄法与经典头脑风暴法有异曲同工之妙,即都鼓励对问题取得非常规的创新解决办法,所以也有人将其归为头脑风暴法。它在实施时的基本原则是"异质同化",靠非推理因素到陌生领域寻找看似与问题无关,实则有类似之处的因素,然后将这些因素与原问题相结合,用熟悉的事物、方法和已有知识去分析对待它们,直至求得问题的创新解决。它经常与类比法组合使用。

(四) 检核表法

检核表法是指全面地列出需要解决的问题,即经营管理过程中遇到的一系列问题——如为什么要建 A 码头,应该在哪儿建,在什么时间动工和完工,将来的使用和出售前景如何,将其列成一览表,然后从多个角度看待碰到的问题并创造性地解决它们。在这里介绍一下最为著名的奥斯本检核表(提纲)的主要内容,主要针对产品创新。

(1) 现有创新能否引入其他创造性构想。

(2) 现有创新是否可以和别的创新组合运作。

(3) 现有创新能否扩大应用范围和应用时限。

(4) 现有创新能否有其他用途。

(5) 现有创新能否有其他替代品。

(6) 现有创新能否更换一下顺序或型号。

(7) 现有创新能否颠倒应用。

(8) 现有创新能否缩小体积、减轻重量。
(9) 现有创新能否更新颜色、形状、味道或制造方法等。

检核表法适用面广,且可以启发人们多角度、多层面地去思考和解决问题,是一种实用性很强的创新技法。

(五) 列举法

列举法的出发点在于通过定性的方式,对目标问题的各个属性进行陈列、组合。然后对这些属性和属性组合作系统的考察、分析,得出理想方案。最初这项技术主要被用于推出新产品,现在它已逐步被应用到诸如扩大市场占有率、调整内部管理措施等方面。基本步骤如下。

(1) 扼要地对整个问题加以表述。
(2) 将问题划分为与之有一般性关系的若干方面(又叫维度)。
(3) 列出每一方面中相关的属性,如价格、产品质量、花色等,尽量详细并列上编号。
(4) 对上面第(3)步骤中列出的项目进行配对分析,运用排列组合原理尽可能将各种属性组合都考虑到。
(5) 对这些属性组合进行初步酝酿创意,选出较好的配对作为进一步考察的对象。

英国学者普罗克特就此举过一个实例:假设背景是某个新竞争对手在市场上推出一种新产品,迅速吸引了顾客。对应于以上谈到的五个步骤。

(1) 问题:如何应对挑战,夺回市场份额。
(2) 将问题划分出若干与之有一般性关系的方面,如市场营销、质量管理等。
(3) 以市场营销为例,列出其涉及的几个属性,编出序号,如 a. 销售、b. 促销、c. 顾客、d. 推销员、e. 价格、f. 广告等。
(4) 对诸项进行配对,如 ab 搭配、cef 搭配,或是 bf 搭配,等等。
(5) 经过比较选出 bf 组合为最佳搭配,实质上也就推出了一种营销创意,即使用促销和广告组合策略,大力加强上门服务,将产品广告做到顾客家里去,增强顾客对本公司产品的了解,争取客源。

列举法虽然对解决问题而言不那么新奇独特,但确实是有效的,它是一种直接切入问题本身的方法。

(六) 点线联想法

点线联想法是 20 世纪 70 年代日本学者中山正和提出的一种以词语联想为基础的技术创造方法。其内容是通过联想、类比等手法来搜索平时积累起来的"点的记忆",再经过重新组合,把它们连接成"线的记忆",从而涌现出大量创造性设想,获得新的创新发明成果。

(七) 价值分析法

价值分析法是一种旨在提高事物使用价值的科学创新技法。在此种方法条件下,管理追求的是:即使自己的产品或服务发挥与同类产品或服务一样的功能,同时还要使产品拥有较低的寿命周期成本。换句话说,就是寻找提供产品或服务的最经济核算、最具成本效益的办法。例如,某型电风扇,原来用优质钢铁生产风扇扇叶,但若用价格较低的塑料来替代钢铁作为扇叶的生产原料,效果近似,而且可以节省成本,那就不失为一种有价值的创新。

案例讨论

假如你作为公司的高层管理人员,发现最近公司的业绩下滑,员工工作积极性不高,且员工的离职率有所上升。

经调查发现,是由于以下问题导致的。

(1) 部门间工作不协调,信息沟通不及时。

(2) 部门之间、员工之间相互推卸责任,拖延决策处理时机。

(3) 销售业务回款慢,导致资金紧张,同时,销售部门员工要求提高薪酬待遇。

接下来请以 5~8 人为一组使用"头脑风暴法"对上述三个问题进行讨论,请做好以下工作。

(1) 准备好纸、笔,随时记录小组成员提出的问题和意见,并将提出的问题加入讨论。

(2) 当其他人提出意见或问题时不要反驳或否定。

(3) 整理出每个问题的各种解决方案,并筛选出最佳结果。

本章小结

创新是指形成创造性思想并将其转变为某种有用的产品、服务或生产方式、作业方法的过程。创新具有首创性、风险性、高收益性、先进性、时机性和适用性的特征。创新是管理的核心要求。在管理工作中,创新无处不在,事事都可创新。管理创新就是指创造一种新的更有效的资源整合范式,它可以是指有效整合各类资源以达到组织目标的全过程管理,也可以是指某一方面的细节管理。它受内在动因及外在动因的驱使,共同发挥作用。创新主体主要由企业家、企业内有创新精神的管理者和员工组成,他们各自在创新中扮演着不同的角色,承担着不同的职责和功能。

管理创新的内容包括制度创新、技术创新、管理方式创新三个方面。三种创新的关系是相辅相成的关系。

管理创新的原则是指在管理创新活动中应遵循的行为准则,具体包括:独创性原则、理性原则、感性原则、重优扬长原则、可行性原则。企业要想进行成功的创新,首先必须在思想上树立起紧跟时代潮流的正确思想观念,这些观念有:知识增值观念、全球竞争观念、持续学习观念、战略管理观念和知识管理观念。

管理创新不仅需要正确观念作引导,还需要很多技术方法予以配合,这些方法主要有:思维谋划法、类比创新法、头脑风暴法、检核表法、列举法、点线联想法和价值分析法。

关键术语和概念

管理创新 　制度创新 　技术创新 　管理方式创新 　管理创新原则

管理创新理念 　管理创新方法

思考与练习

一、判断题

1. 创新就是淘汰旧的东西,创造新的东西。(   )
2. 创新的结果存在着一定的不确定性,因此,创新具有风险性。(   )
3. 没有创新的内部动因,就很难取得创造性效果。(   )
4. 制度创新是技术创新和管理方式创新的组织保障。(   )
5. 只要有正确的思想观念,就能够进行成功的创新。(   )
6. 从传统理论的对立面出发,使用反常规的思维模式,属于逆向思维法。(   )

二、单项选择题

1. 在企业管理创新中作为主要推动力的是(   )。
   A. 创新型企业家   B. 有创新精神的管理者
   C. 有创新精神的员工   D. 外部的管理专家
2. 决定企业其他制度的根本性制度是(   )。
   A. 经营制度   B. 管理制度
   C. 产权制度   D. 组织制度
3. 在企业生产经营中,引入全面质量管理,属于(   )。
   A. 管理方法创新   B. 管理工具创新
   C. 管理模式创新   D. 管理文化创新
4. 用一种价格较低的生产原料代替另一种价格较高的生产原料,效果相似,而且可节省相当的成本,这种创新技法属于(   )。
   A. 检核表法   B. 列举法
   C. 价值分析法   D. 类比创新法

三、多项选择题

1. 下列属于创新活动的是(   )。
   A. 企业家对生产要素的新组合   B. 引入一种新产品
   C. 采用一种新的生产方法   D. 实行一种新的组织形式
   E. 开辟一个新市场   F. 获得一种原料的新供给来源
2. 下列属于管理创新内容的有(   )。
   A. 制度创新   B. 要素创新   C. 产品创新
   D. 技术创新   E. 管理方式创新   F. 管理文化创新
3. 运用直接思维法的基础条件是(   )。
   A. 知识   B. 技术   C. 经验   D. 直觉
   E. 概念   F. 推理
4. "横想竖想""左思右想"是(   )方法相结合。
   A. 直接思维法   B. 倾向思维法   C. 水平思维法
   D. 逆向思维法   E. 综摄法   F. 点线联想法

四、问答题

1. 什么是创新?创新有何重要性?

2. 管理创新的动因是什么？
3. 如何理解管理创新的主体及其素质要求？
4. 管理创新主要包括哪些内容？它们之间有何联系？
5. 管理创新的原则及其特征是什么？
6. 管理创新有哪些技法？
7. 几种头脑风暴法各有什么优缺点？在实际运用时应如何取长补短？
8. 试阐述从管理创新理念中得到的启示？

 案例分析

小米公司的管理模式

小米科技有限责任公司成立于2010年3月3日,是一家专注于智能硬件和电子产品研发的移动互联网公司,同时也是一家专注于高端智能手机、互联网电视以及智能家居生态链建设的创新型科技企业。小米公司创造了用互联网模式开发手机操作系统、发烧友参与开发改进的模式。如今,小米已经建成了全球最大消费类IoT物联网平台,连接超过1亿台智能设备,MIUI月活跃用户达到2.42亿。小米系投资的公司接近400家,覆盖智能硬件、生活消费用品、教育、游戏、社交网络、文化娱乐、医疗健康、汽车交通、金融等领域。小米公司迅速发展的关键是其与众不同的组织管理方式。

一、选才理念——花80%的时间找人才

小米在组织管理中能做到极致,也离不开他们在挑选的人才上下的功夫,小米公司的门槛高,对于没有经验的人他们是不考虑的,他们选的人起点高,有丰富经验,正因为这样,他们才会在短短几年占领市场。在员工招聘方面,小米一直坚持"用最好的人",要找能够劳逸结合的,能够战斗到底的人,所以在创业初期小米公司内部花了大量的时间在招人上面。对于公司来讲,最好的管理就是不需要管理,对于创业公司来说,如果公司找来的人还需要被管理,就需要花费很长时间来培训这些人,公司还没有大的发展之前,成本可能就消耗差不多了,所以小米只招那些自我驱动力很强的人。

在小米公司的创始人——雷军的演讲中曾经提到"当初我决定组建超强的团队,前半年花了至少80%时间找人,幸运地找到了7个牛人合伙,全是技术背景,平均年龄42岁,经验极其丰富。3个本地加5个海归,来自金山、谷歌、摩托罗拉、微软等,土洋结合,理念一致,大都管过超过几百人的团队,充满创业热情。"

某次,小米公司发出一条微博,并且围绕着"十亿赌局",邀请围观的博友们下注,只要转发微博,不管结果如何都可得到一部小米第八代手机,这一微博转发量达到了63万人次,娱乐同时,给小米做了一次很好的宣传。不得不说小米的公关手段高明。由此我们看出了雷军选人时做到了他的主张——在正确的时间找正确的人做正确的事,大大提高了整个公司的发展速度。

小米公司还会针对不同类型的员工,采取不同的培训策略。比如,对于新入职的社会人才,小米在进行员工培训的过程中,更注重价值理念、企业文化的传达,其次才是提高员工的工作能力。这种培训方式能够使员工快速将自己定位为企业大家庭中的一员,提高员工对企业文化的认可度,使员工的个人成长目标与企业的发展方向保持一致。

二、扁平化管理

"扁平化"管理是相对于"等级式"管理构架的一种管理模式。它较好地解决了等级式管理的"层次重叠、冗员多、组织机构运转效率低下"等的弊端,加快了信息流的速率,提高决策效率。小米公司相信优秀的人本身就有很强的驱动力和自我管理的能力,采用扁平化的组织结构管理,解决了传统企业金字塔管理模式带来的诸多难题。

小米公司的基本组织结构非常简单,就是"创始人——团队 Leader——员工"三层。创始人一共 7 人。而小米的每一个小团队一般而言不超过 10 人,团队 Leader 就是每个项目的负责人,除了要带领团队进行开发、进行日常管理事务之外,还要和其他的部门进行协调沟通。相比其他的行业大公司,小米的架构的确要扁平得多,因为有太多的大公司内部组织架构太过于复杂,公司内部信息的传达极不畅通,需要花太多的时间精力放在无谓的汇报、报批、开会之上。这样的管理制度大大减少了管理信息反复确认沟通的时间,采取简单的层级,使团队能够有有效地运营。

然而,小米公司的成长也有着比较独特的方式,或者说是特有的企业文化。一般公司除了一些固有的功能性部门之外,往往都会随着新业务的拓展,增加业务未划分的部门。小米公司则自己牢牢抓住手机等少数几个"自营"业务,其他业务都"打包"给生态链,不管触及多少个生态链行业,自己也只有一个生态链部门。一方面可以发挥小团队的效率优势,另一方面也能保持和激发创业者作用,甚至也能更好地独立使用股权激励招到更好的人才。

三、充分信任,不设 KPI

小米公司没有 KPI 考核制度,却有 KPI 指标:小米用户的体验满意度就是小米公司的内部 KPI。例如,公司不会关心你完成了多少任务,而是关心用户对你所研发产品的满意度,考察你为提升用户体验做了多少贡献。也就是说,小米将用户体验之后的回馈当成员工考核的重点。

小米公司的高层管理者认为,企业让员工保持创业心态,就能发挥他们的主观能动性,促使他们积极投入到自己的工作中,做事的人多,大家的注意力都协调到一处,自然不需要层层管理,也不需要来往程序监督执行反馈。而取消了 KPI 绩效考核和层级制度之后,员工也就不用"盯着职位",可以全身心地投入到产品的开发中,发挥主观能动性,与公司的目标协调一致,形成了一个良性循环。

四、福利激励机制

除了员工薪资之外,小米公司还为员工提供的"软性福利",体现在衣、食、住、行等多个方面,员工能够从中感受到公司的人性化关怀。

(1)衣。小米为员工准备了工装,并且会根据季节变化发放相应的服装,体现公司的周到之处。

(2)食。小米开办了自己的食堂,能够解决员工的就餐问题,且价格非常优惠。与此同时,小米与周边的餐厅建立了合作关系,小米员工消费时可获得实惠。另外,员工可以在下午享受公司提供的下午茶,小憩之后,员工能以精力充沛的状态继续投入到工作当中。

(3)住。小米联手多家房产中介,向员工提供公司周边的房源,员工通过公司合作的中介入住时不用交中介费。

(4)行。员工可以乘坐公司专用车来往于公司与地铁站之间。

在衣、食、住、行以外的其他方面,小米也为员工提供了诸多福利。具体包括:企业推出电子产品内购活动,员工可以用优惠价格购买电子产品;公司为员工配备工程机型的手机产品,员工工作满年则可转为私人财产;在小米工作满五年的老员工可荣获"金米兔奖"等。这些福利不会给公司带来多大的成本消耗,但能够给员工提供诸多便利,拉近了公司与员工之间的距离,激励员工全身心投入到工作中。此外,小米的这些举措能够提高员工对企业文化的认可度,增强企业内部的团结性,帮助企业留住优秀人才,进而提高企业发展的可持续性。

(资料来源:百度文库.小米的人力资源管理[EB/OL].[2023-07-23].https://wenku.baidu.com/view/0b8c46bab9f3f90f76c61bf9?aggId=undefined&fr=catalogMain_text_ernie_recall_backup_new%3Awk_recommend_main2&_wkts_=1702458232550.)

思考:
(1) 小米公司主要有哪些管理创新的内容?
(2) 小米公司的管理方式可能产生什么问题?应该如何防止这些问题发生?

上海施贵宝公司的管理创新

上海施贵宝公司是中美两国在我国境内成立的第一家西药制剂合资企业,又是完全按照世界卫生组织"优良生产质量规范(GMP)"进行设计、生产和经营、管理的现代化制药企业。该公司先后通过美国、新西兰食品药品监督管理局(FDA)和加拿大卫生保健局(HPB)批准,成为我国第一家制剂产品可以出口北美和新西兰市场的制药企业。十几年来,该公司始终坚持企业管理创新,进行着卓有成效的经营管理。取得了令人瞩目的成就。

1. 管理思想上创新

管理创新,首先是要在管理思想上创新。这是其他一切创新的前提,没有这个前提,就谈不上创新。企业管理创新也有个机制,这个机制产生于企业内部环境与企业创新的氛围中。具有创新机制的企业,对管理创新具有推动和激发的作用,反之则不能有效推出管理创新。上海施贵宝公司已成立十多年,在合资企业中成立较早,由于当时许多经营法规并不完善。因此,在操作上有一定的难度,既不能照搬美国投资方的做法,又不能按国内国有企业的一套做法,而是坚持走学习型、创新型路子。该公司真正在认识上、观念上、措施上到位。以管理创新对变革作反应,并把变革作为机会加以利用。把创新作为对付竞争环境的需要,是企业本身发展的需要。该公司的管理主要在四个转变上下功夫:①从传统企业和管理目标多元化向管理目标单一化转变。每年企业都有明确的目标,公司的领导、公司的各项管理工作都围绕这一目标而展开,追求管理的卓越和创新,从而带来最佳的经济效益。②从企业被动型管理向企业自主型管理转变,让企业成为管理的主体。公司内部建立了 IMP 和质量、财务、安全等内部审计制度,形成了自我检查、自我整改、自我完善、自我发展的机制。调动了管理人员的积极性和主动性,发挥管理人员的智能和潜能,创造性地开展创新活动。③从企业内部管理的计划经济模式向市场经济模式转变。上海施贵宝公司将市场占有率作为衡量企业经营好坏的重要标准。只有提高市场占有率,才能保持企业的生存和发展。他们坚持各项经营管理工作都以市场为导向,一切为市场需要服务,在营销工作中,坚持加强市场研究,讲究市场策略,重视市场投资,完善营销机制。针对药品的特性及其特定的用户,确定了"自销与通过商业渠道销售并举"的原则,立足"用掉",而不满足于"卖掉"。以形成销售、服务、消费、制造的良性循环。④从封闭型的企业管理向国际通行的现代管理转变,并密切注意吸取国外现代管理的信息,不断进行管理创新。如他们将处方药与非处方药分类管理,为我国实施非处方药管理提供了一些经验、建议和措施。该公司是国内第一家成立单独非处方药销售队伍的公司,大力开发非处方药(OTC)市场,扩大公司市场份额,积极开发医院和药房的销售,积极传播和促进药房的零售工作,努力塑造品牌,制订一个雄心勃勃的新产品上市计划,建立第一流的非处方药(OTC)销售队伍。

2. 以人为本是现代企业管理的重要创新

人的全面发展是在一个个具体的环境中发展的,由于分工的不同,每个人都有自己的工作岗位,在特定的工作岗位上创造性地工作,以达到企业目标,同时,把自己塑造成一个全面发展的人,这应是企业管理中对人管理的最高目标,它也是以人为本管理的真正要旨。上海施贵宝公司的主要做法是:①公开择优招聘,促进人才合理流动。招聘工作严格贯彻"公开招聘、平等竞争、严格考核、择优录用"的原则。②实行绩效评估,发挥激励导向作用。③引进竞争机制,改革分配制度。每年都要在同行业内或委托咨询机构调查劳动力的市场价格,以此确定公司合理的工资价位。④重视培训,强调学习。该公司为加强员工学习,通过各种方式加强岗位培训。例如,新员工必须进行上岗前培训,以学习了解公司概况、企业文化、劳动合同、员工纪律、行为规范、安全生产、质量意识等;营销人员每季度进行有关营销策略、销售技巧和产品知识的专业培训;生产人员进行GMP的管理专项培训;管理人员每年集中培训两三次,请国际专业培训公司讲授管理知识和技巧,指导部属学习掌握有关洽谈及领导沟通技巧、部门冲突处理技巧以及时间管理、团队精神、企业形象、学习型组织等知识;技术和管理骨干,则要出国参加专业培训或在国内参加专业培训班等。⑤为员工创造发挥才干的条件,营造"贵宝人和"的融洽气氛。该公司通过培训,使员工提高技能和才干,并通过绩效评估肯定和发扬员工的工作成就,还通过各种方式和活动增进员工之间的感情。建员工生日档案,公司向他们祝贺。在公司工作满五年的女工,公司领导邀请这些员工家属到公司来做客,参观企业并共进午餐。

3. 管理方法上创新

企业管理方法的创新,主要是实现管理科学化和管理现代化。上海施贵宝公司把现代科学技术的一些最新成果用到管理领域中来,如全面质量管理、统计分析、计算机网络计划技术、库存管理、决策技术、市场预测技术、生产资源计划(MRPⅡ)、预算管理、办公自动化等。如 MRPⅡ系统,分公司采用 BPCS 软件,使计算机网络管理完整地覆盖全公司各生产、经营部门,使市场预测、原料采购、生产作业、产品成本、库存状况、财务控制和质量控制等数据全都纳入一体化管理,从而有可能以最少投入、合理库存量和最高生产效率来编制生产计划,以更好地适应市场需求,在企业内部做到信息共享、决策科学和进行有效监督。另外,该公司还全面开展提高效率活动,制订节省成本、紧缩人员、提高效率的具体计划。这一活动的特点是面广,涉及生产、销售、财务、技术各个方面。公司在生产上开展了缩短生产周期的活动,对主要产品成立缩短生产周期项目组,定期活动,设立专职效率经理,开展大幅度提高效率活动。车间人均效率提高 50%,达到减人增产的效果。全面开展效率活动,包括销售效率、采购效率、新药上市周期缩短的工作效率和财务简化工作程序的活动(DIS-DOITSlMPLE)。该公司在年度预算中把提高效率、减少成本作为实绩考核的一项指标。

4．经营思路的创新

日本通产省曾对两个最大优秀企业进行调查,得出四个结论：①企业把主要精力放在提高劳动生产率、降低成本方面,经济效益一般；②企业把主要精力放在开拓市场上,经济效益较好；③企业把主要精力放在提高产品质量和开发新产品上,经济效益很好；④企业一手抓新产品,一手抓市场的开拓,经济效益最好。由此得出了管理、技术、产品、市场、服务五大创新的关键是产品创新和市场创新。这一结论公布后在国际企业界和理论界引起了强烈的反响。上海施贵宝公司牢牢抓住了产品创新和市场创新,他们在新产品开发上有五年滚动计划,每年都要上市 2~3 种新产品；新产品上市又有详细的上市促销和扩大市场占有率的策略,具有强烈的超前意识和市场占有意识。为了更好地占有市场,上海施贵宝公司成立了仓储分发部,把仓库、分发、车队归并在一个部门,加强合作,强化管理,保证 GMP。在全国设立了 14 个分发库,售后服务质量明显提高,如 98% 以上的产品在接订单后 2 天内送到客户手里(除超出客户使用的额度外),设立这一部门后,效率上升,费用下降,效果非常好。在国外设有专门的分发公司,而国内企业一般是通过商业部门销售,不设立全国的分发部门。面对国内应收账款较多等情况,上海施贵宝公司对客户实行了资信管理。其办法是通过建立客户资信控制与管理系统,对客户企业的创建情况、销售历史、还款率等资信情况都有完整记录,并根据客户资信状况的变化而调整销售政策。该公司还设立了专职的资信与收款小组,强化了收款工作,使公司应收账款处于良好的状态。

(资料来源：无忧题库．上海施贵宝公司的管理创新[EB/OL]．(2021-06-06)[2023-07-23]．https://www.freetiku.com/view-1-a2ovYDX9KPmvWIy9.html．)

参考文献

[1] 单凤儒.管理学基础[M].北京:高等教育出版社,2000.
[2] 徐艳梅.管理学原理[M].北京:北京工业大学出版社,2000.
[3] 乔瑞中,刘广斌.企业管理学[M].哈尔滨:哈尔滨工业大学出版社,2004.
[4] 汪解.管理学原理[M].上海:上海交通大学出版社,2000.
[5] 许洁虹.管理学教程[M].广州:中山大学出版社,2005.
[6] 苏照新.管理学教程[M].广州:暨南大学出版社,2005.
[7] 莫寰,邹艳春.新编管理学[M].北京:清华大学出版社,2005.
[8] 王凯,宋维明,董金岭.管理学基础[M].北京:高等教育出版社,2000.
[9] 黄雁芳,宋克勤.管理学教程案例集[M].上海:上海财经大学出版社,2001.
[10] 张闻选.决策与控制的艺术[M].北京:中国青年出版社,1987.
[11] 黄梦藩,赵苹,王凤彬.管理概论[M].台北:五南图书出版有限公司,1995.
[12] 王凤彬,朱克强.管理学教学案例精选[M].上海:复旦大学出版社,1998.
[13] 普蒂,韦里奇,孔茨.管理学精要:亚洲篇[M].丁慧平,孙先锋,译.北京:机械工业出版社,1999.
[14] 郭咸纲.西方管理思想史[M].北京:经济管理出版社,1999.
[15] 徐康宁.现代企业竞争战略——新的规则下的企业竞争[M].南京:南京大学出版社,2001.
[16] 周三多,等.管理学——原理与方法[M].上海:复旦大学出版社,1999.
[17] 彭剑峰.现代管理制度程序·方法·范例全集:组织设计与组织运作卷[M].北京:中国人民大学出版社,1996.
[18] 彭剑峰.现代管理制度程序·方法·范例全集:市场营销卷[M].北京:中国人民大学出版社,1996.
[19] 中国企业管理案例编委会.中国企业管理案例[M].北京:中国经济出版社,1993.
[20] 钱颖一.走出误区——经济学家论说硅谷模式[M].北京:中国经济出版社,2000.
[21] 王玉.企业战略管理教程[M].上海:上海财经大学出版社,2000.
[22] 王利平.管理学原理[M].北京:中国人民大学出版社,2000.
[23] 李海波,刘学华.企业管理概论[M].上海:立信会计出版社,2001.
[24] 李启明.现代企业管理[M].北京:高等教育出版社,2003.
[25] 杨明刚.现代实现管理学——知识·技能·案例·实训[M].上海:华东理工大学出版社,2001.
[26] 汤发良.管理学原理[M].广州:广东高等教育出版社,2005.
[27] 吴金法.现代企业管理学[M].北京:电子工业出版社,2003.
[28] 周三多.管理学[M].北京:高等教育出版社,2003.
[29] 斯蒂芬·P.罗宾斯,等.管理学[M].大连:东北财经大学出版社,2004.
[30] 哈罗德·孔茨,等.管理学[M].10版.北京:经济科学出版社,1998.
[31] 芮明杰.管理学教程[M].北京:首都经济贸易大学出版社,2004.
[32] 徐国华,等.管理学[M].北京:清华大学出版社,1998.
[33] 王凤彬.管理学案例[M].北京:中国人民大学出版社,1998.